MATÍAS MONTES HUIDOBRO:
SU OBSESIÓN
POR LA ESCRITURA

COLECCIÓN POLYMITA

EDICIONES UNIVERSAL, Miami, Florida, 2007

MATÍAS MONTES HUIDOBRO: SU OBSESIÓN POR LA ESCRITURA

Yara González Montes

Editora

...EDICIONES UNIVERSAL

Copyright © 2007 by Yara González Montes

Primera edición, 2007

EDICIONES UNIVERSAL
P.O. Box 450353 (Shenandoah Station)
Miami, FL 33245-0353. USA
Tel: (305) 642-3234   Fax: (305) 642-7978
e-mail: ediciones@ediciones.com
http://www.ediciones.com

Library of Congress Catalog Card No.: 2006937640
ISBN-10: 1-59388-096-6
ISBN-13: 978-1-59388-096-5

Composición de textos: Nury Rodríguez
Diseño de páginas y cubierta: Luis García Fresquet
Dibujo de la portada: Josep Lloveras de Reina
Foto de la contraportada: Mario García Joya

Todos los derechos
son reservados. Ninguna parte de
este libro puede ser reproducida o transmitida
en ninguna forma o por ningún medio electrónico o mecánico,
incluyendo fotocopiadoras, grabadoras o sistemas computarizados,
sin el permiso por escrito del autor, excepto en el caso de
breves citas incorporadas en artículos críticos o en
revistas. Para obtener información diríjase a
Ediciones Universal.

Para Ana María y Eugenio

*«la creación de palabras
fue el primer paso que me
propuse»*

*Desterrados al fuego.
Matías Montes Huidobro*

ÍNDICE

INTRODUCCIÓN 9
Yara González Montes
Matías Montes Huidobro: su obsesión por la escritura 9

NARRATIVA 15
William Siemens
Transformaciones paralelas en *Desterrados al fuego* 17
Elsa Gilmore
Elementos picarescos en *Esa fuente de dolor* 27
Patricia M. Montilla
Onirismo erótico y subversión surrealista
en *Esa fuente de dolor* 43
Jorge Febles
La historia cubana: eje equívoco del juego
intertextual en *Concierto para sordos* 57
Luis F. González-Cruz
Multipolaridad y laberintos en *Parto en el cosmos* 75
Armando González-Pérez
La aportación literaria de Matías Montes Huidobro
al tema negro 83

POESÍA 93
Jorge J. Rodríguez-Florido
(Auto)crítica estética y representación de la otredad
en la poesía de Matías Montes Huidobro 95

TEATRO 113
Jesús Barquet
Superposición de textos en *La Madre y la Guillotina* 115
Rolando D. H. Morelli
Escribir en un vilo:
(Expresionismo y realidad social en varias de las *Obras en un acto)*127
Georgina J. Whittingham
El movimiento escénico en *Lección de historia* 141

José A. Escarpanter
El metateatro en *Exilio* 149
David William Foster
Exilio y la representación de la identidad gay 159
Phyllis Zatlin
Oscuro total: entre la tragedia griega y el teatro del absurdo 169
Yara González Montes
Entre lo dionisíaco y lo apolíneo en *Las paraguayas* 183
Luis González-Cruz
Hacia el «eterno masculino»: nuevas visiones de Martí
en *Un objeto de deseo* 193

ENSAYO 202
Yara González Montes
La ensayística en la obra literaria de Matías Montes Huidobro 205

INFORMACIÓN BIBLIOGRÁFICA 257
Bibliografía activa 257
Bibliografía pasiva 269
Teatrología monteshuidobriana 283
Nómina de colaboradores 289

INTRODUCCIÓN

MATÍAS MONTES HUIDOBRO: SU OBSESIÓN POR LA ESCRITURA

Yara González Montes
Profesora Emérita, University of Hawaii

Matías Montes Huidobro (1931) inicia su carrera literaria desde muy joven, exactamente en el año 1950 cuando tenía 19 años. Desde ese momento siente una verdadera obsesión por la escritura que va a manifestarse en diferentes direcciones cuyo común denominador es un afán abarcador del todo. Desde ese momento inicial, esta será la característica principal de su quehacer literario. Es en esa fecha cuando envía su primera obra teatral, *Las cuatro brujas*, al concurso organizado por *Prometeo*, agrupación teatral dirigida por Francisco Morín, uno de los directores de teatro de mayor prestigio en Cuba. Recibe una mención honorífica en dicho concurso. Al año siguiente envía otra obra a concurso y se le otorga el *Premio Prometeo* por *Sobre las mismas rocas,* pieza experimental vanguardista de tónica expresionista que se estrena en 1951.

Al mismo tiempo Montes Huidobro forma parte de un grupo literario encabezado por Carlos Franqui, que publica una revista de literatura, *Nueva Generación,* de la cual Matías es cofundador. Dicha revista publica, en ese mismo año, 1950, su primer poema, «La vaca de los ojos largos», que con el tiempo será incluído en múltiples antologías. Se inicia también en la narrativa con tres cuentos, «El hijo noveno», «Abono para la tierra» y «Los ojos en los espejos», que aparecen en *Bohemia, Nueva Generación* y la *Revista del Ministerio de Educación.* Su interés por el ensayo y también por el cine, se pone de manifiesto con un largo artículo que escribe sobre «Hamlet» con motivo del estreno de la película de Lawrence Olivier. Finalmente, en otro número de *Nueva Generación* aparece un breve guión de cine: «La canción del pescador» inspirado en el mismo tema. El cine formaba parte intrínseca de su formación estética, como ocurría en otros escritores de su generación.

Todo esto tiene lugar entre el año 1950 y el 1951 que es un punto de partida definitorio de su posición como escritor. Pero la década del cincuenta va a ser un período difícil, en particular desde el punto de vista económico. En el año 1952 termina su doctorado en Pedagogía y yo termino mi doctorado en Filosofía y Letras, nos casamos en 1953 y dos años después nace nuestra hija Ana María. Los dos tenemos que trabajar para subsistir y Matías enseña en escuelas públicas y privadas, en sesiones diurnas y nocturnas. Yo enseño en colegios privados y doy clases particulares. No obstante su agotadora actividad docente, Matías sigue escribiendo. En este período escribe varias obras teatrales y una novela, todavía inédita, *El muro de Dios,* además de un buen número de cuentos. Del año 1956 es su cuento «La constante distancia», que Guillermo Cabrera Infante le publica en la revista *Carteles* con una nota crítica que define desde ese momento, muy certeramente, el carácter de su escritura: "¿En qué consiste la originalidad de Matías Montes? En una decidida intención de tomar de la realidad segmentos casi absurdos, para luego organizarlos en un orden veraz. Quizás esto lo acerque a Kafka, pero es un acercamiento «a posteriori», pues ya Montes trabajaba en sus cuentos, poemas y piezas de teatro de esa manera, mucho antes de que Kafka estuviera de moda». Y agrega, refiriéndose en particular al cuento que le publica, pero extensivo a otros trabajos: «Contando con una técnica morosa, demorada, en que cada parte de la verdad se conoce como un rompecabezas cuyas piezas nos facilitarán poco a poco, la narración ofrece las dificultades de lo verdaderamente durable: las murallas son herméticas para protegerlas del tiempo, no de los invasores». Este comentario, emitido en 1956, me parece muy importante y significativo, ya que señala anticipadamente rasgos fundamentales que van a caracterizar su obra posterior.

De la Revolución al Exilio

El triunfo revolucionario de 1959 va a ser un momento decisivo en su trayectoria como escritor, con la secuela de esperanzas, logros y frustraciones que va a representar este período histórico. Durante tres años va a participar activamente en el movimiento cultural que se va desarrollando en Cuba, sobre todo alrededor de los núcleos que se forman en torno a *Revolución* y a *Lunes de Revolución*, iniciándose un período de extraordinaria productividad orientado, principalmente, hacia el teatro. A pesar de todo esto inicia su publicación periodística, con un cuento, «Las auras», que es uno de los primeros trabajos de creación que ve la luz en el periódico *Revolución*. Sin embargo, como he señalado anteriormente, es el teatro el que asumirá en este período un papel preponderante en su producción.

Esta efervescencia crítica y creadora, de él y de sus contemporáneos, aparece claramente delineada en un libro que le publica Ediciones Universal en el 2002, *El teatro cubano en el vórtice del compromiso 1959-1961,* donde reúne los ensayos sobre teatro que publicó en *Lunes de Revolución* (incluyendo temas sobre el teatro bufo, Francisco Covarrubias, Stanislavski, Chéjov, Williams, Chayevsky, Cervantes, Ramos, Miller, etc.) y un buen número de reseñas y entrevistas a actores, actrices y dramaturgos, que aparecieron en el periódico *Revolución*, en el cual estuvo ejerciendo la crítica teatral. A esto hay que añadir, su participación en programas para la televisión cubana, como comentarista de teatro, y guiones de televisión, particularmente los que hizo de las obras de Piñera y de sus propios textos.

En el breve período de tres años, estrena y publica cinco obras de teatro: *Los acosados* (1959), *La botija* (1959), *Gas en los poros* (1960), *El tiro por la culata* (1961) y *Las vacas* (1960). Esta última recibió el Primer Premio Nacional José Antonio Ramos y fue estrenada en Bellas Artes, pero la edición en que se publicó en 1961 fue confiscada por el gobierno y la obra está perdida. Escribe, además, *La sal de los muertos* (1960) y *La Madre y la Guillotina* (1961). La primera permanece sin estrenar, aunque fué incluída en una antología publicada en Madrid en 1971 por Orlando Rodríguez-Sardiñas y Carlos Miguel Suárez Radillo. La segunda fue llevada a escena repetidamente. Ha sido publicada en inglés y en español y también antologada.

Las Palabras a los Intelectuales pronunciadas por Castro, poco después de la instauración del gobierno revolucionario, dejan claramente definidas las direcciones que va a tomar la cultura cubana. La consecuencia inmediata de las mismas fue la supresión del semanario *Lunes de*

Revolución, conjuntamente con el incremento de las actividades represivas por las autoridades revolucionarias. A pesar de los logros obtenidos y de las oportunidades que se le presentaban dentro del panorama cultural cubano, nosotros decidimos irnos de Cuba con nuestra pequeña hija Ana María y obtuvimos permisos de salida para el 27 de noviembre de 1961.

Tras las dificultades inherentes de nuestra situación de exiliados y una brevísima estancia en Miami seguida de unos pocos meses en Nueva York, nos trasladamos a Pennsylvania donde vivimos durante dos años. Allí nació nuestro hijo Eugenio y fue, además, donde comenzamos a ejercer como profesores de escuela secundaria hasta el año 1964. En esta fecha, Matías pasa a desempeñar una cátedra en el Departamento de Lenguas y Literaturas Hispánicas en la Universidad de Hawai, y al año siguiente yo también comienzo a enseñar en la misma universidad y en el mismo departamento. Allí permanecimos hasta la fecha de nuestra jubilación. Durante ese período de tiempo, Matías fue también Profesor Visitante en las Universidades de Pittsburgh, Swarthmore College (como Cornell Professor) y Arizona State University.

Sobre este libro

Este libro en cierto modo es una ampliación de *Matías Montes Huidobro. Acercamientos a su obra literaria,* que editaron Jorge M. Febles y Armando González-Pérez en 1997. Este texto significó un paso fundamental para la divulgación y mejor entendimiento de su obra, que queda ampliada y complementada con los ensayos reunidos en éste que ahora publicamos. Dividido en cuatro partes, la primera aparece dedicada a la narrativa, estableciendo un recorrido por cuatro de sus novelas: *Desterrados al fuego, Parto en el cosmos, Esa fuente de dolor y Concierto para sordos.*

Originalmente publicado en inglés a raíz de la aparición de *Desterrados al fuego,* William Siemens ve las peripecias del protagonista como una saga épica, con multitud de referencias afines con la labor crítica del autor, incluyendo las reiteradas referencias al *hieros gamos* sobre las cuales Matías volverá una y otra vez. Elsa Gilmore hace un minucioso y exhaustivo recorrido por la picaresca de *Esa fuente de dolor,* mientras que Patricia Montilla toma otra dirección, adentrándose en lo que llama onirismo erótico y ofreciendo una visión surrealista del texto. La diferencia de aproximación hace patente las posibilidades interpretativas de la novela. Medular especialista de la obra huidobriana, tanto en el teatro como en la narrativa, con la competencia que le es característica, Jorge Febles hace un exhaustivo recorrido intertextual por *Concierto para sordos*. En su ensayo, desentraña la que es, a nuestro parecer, su novela más compleja. Justo es decir que *Parto en el cosmos* le corresponde a otro conocedor de su obra, Luis F. González-Cruz, que lleva a cabo la interpretación del laberinto barroco de esta novela sin perder de vista el cubanísimo sentido del humor de su autor, desentrañando habilmente los dos extremos de su estilo. Armando González Pérez discute uno de sus cuentos, «Ikú», que no aparece incluído ni en *La anunciación* ni en *Ratas en la isla*, y que queda como muestra de un área donde todavía hay mucho material inédito. A modo de entreacto aparece un ensayo de Jorge J. Rodríguez-Florido sobre la lírica, que es un área menos divulgada, con una documentación hasta ahora desconocida. Pasando al análisis de su dramaturgia, Jesús Barquet escribe un ensayo sobre *La Madre y la Guillotina* enfocando la superposición de textos en los numerosos niveles que dicha obra presenta, Rolando D. H. Morelli y Georgina Whittingham se dan a la tarea de desentrañar desde diferentes perspectivas lo esencial de sus *Obras en un acto*, José A. Escarpanter y David William Foster, se concentran en *Exilio* enfocándola desde dos puntos de vista muy diferentes. Phyllis Zatlin se adentra en el meollo de la tragedia que encierra *Oscuro total*. En cuanto a mi interpretación de *Las paraguayas* escojo un acercamiento nietzscheniano, mientras Luis F. González-Cruz nos ofrece nuevas visiones de Martí en *Un objeto de deseo*, última obra dramática de Montes Huidobro.

Finalmente, el libro se cierra con «La ensayística en la obra literaria de Matías Montes Huidobro», cuya extensión sobrepasa la de los otros ensayos reunidos en este libro. En el espacio dedicado a la ensayística, cubro de forma somera y en relación con el ensayo, algunos aspectos de *Segar a los muertos* y *Cartas de cabeza,* dos novelas cortas que completan la producción novelística dada a conocer hasta el momento.

Las razones son diversas, pero en particular me pareció imprescindible extenderme de este modo, porque no existe ningún análisis previo sobre su contribución ensayística, desconocida en toda su dimensión, particularmente entre los cubanos residentes en Cuba e inclusive en el exilio. Por esas razones me ha parecido imprescindible dar a conocer este aspecto de su obra de la forma en que lo he hecho. A pesar de ello, mi ensayo no da más que una medida parcial de la incansable labor de Matías en la crítica literaria. No me ha sido posible abarcarla en toda su magnitud, pero me parecía importante destacar su labor en este campo, por tratarse en muchos casos de textos dispersos, particularmente, en los que se refieren a la literatura española. Estoy segura de que hay muchos cubanos, no sólo los que residen en la isla, sino también los que nos acompañan en este exilio, que no tienen la menor idea del esfuerzo considerable que estos ensayos han representado y la monumentalidad de las investigaciones que él ha realizado.

Esto explica las profusas notas en mi ensayo, que se complementan con la bibliografía que aparece al final, a pesar de que no se incluyen artículos breves y periodísticos, reseñas, prólogos, etc. Nuestros años de matrimonio, nuestra profesión ejercida en la misma universidad, nuestras participaciones en congresos nacionales e internacionales, me han hecho más consciente que nadie de su contribución ensayística. Esta experiencia directa y el tener a mi alcance las fuentes de trabajo y acceso directo a materiales e información de primera mano que el autor ha puesto a mi disposición, inaccesible a otros investigadores, me ha facilitado este trabajo, que sin embargo, dada la cantidad y la complejidad de su obra, no es más que un punto de partida. Hemos convivido nuestras experiencias profesionales, y la propia cercanía matrimonial me ha permitido establecer, con mayor facilidad esa valiosísima relación que existe en su obra entre la crítica y la creación, verdaderos vasos comunicantes que no puede perder de vista ningún investigador serio de la producción monteshuidobriana. Espero que mi esfuerzo por dar a conocer estos aspectos de su obra abran la puerta a futuras y serias investigaciones sobre los mismos.

Quisiera, por último, darles las gracias a todos los investigadores que han contribuido a hacer realidad este volumen.

NARRATIVA

TRANSFORMACIONES PARALELAS EN *DESTERRADOS AL FUEGO*

William L Siemens

Matías Montes Huidobro, uno de los integrantes más talentosos del grupo de novelistas que salieron de Cuba rumbo a los Estados Unidos, ha convertido en literatura su propia experiencia como exiliado en su novela *Desterrados al fuego*. Al leer su obra, vienen a la mente las palabras de Ruskin citadas por Kenneth Clark:

> Great nations write their autobiographies in three manuscripts, the book of their deeds, the book of their words and the book of their art. Not one of these books can be understood unless we read the two others, but of the three the only trustworthy one is the last. (1)

Ruskin y Clark se refieren sin duda a las artes visuales, pero si los manuscritos se entienden básicamente como las crónicas del país de origen, y si clasificamos la novela dentro de las artes, la obra de Montes queda como una fiel representación de algunas de las peripecias de los exiliados – más fiel aún que las experiencias registradas por la prensa periódica. Toda la agonía desgarradora del autor al perder una identidad para aferrarse a otra se representa en el estilo semi-alucinante que caracteriza la novela cubana del exilio. Es de notar sobre todo la manera en que la creación del texto se entreteje con el desarrollo de la nueva identidad del protagonista. Los dos son absolutamente interdependientes, y ninguno de los dos puede existir sin la realización exitosa del otro.

En el caso del narrador, los ritos que indican su trayectoria hacia la madurez son bastante tradicionales en cuanto al contenido, aunque dentro de un contexto estrictamente moderno. Son esencialmente parte de una búsqueda heroica que empieza con el encuentro clásico con la Diosa, en este caso la mujer del narrador, quien tiene el nombre significativo de Amanda. En el *hieros gamos* o matrimonio sagrado tradicional, hay un encuentro final entre *Logos* y *Eros* que representa el comienzo de un nuevo cosmos. En la primera página del texto, el traje de novia de Amanda, cuyo nombre no está lejos de la traducción de *Eros*, es confiscado cuando ella y su marido se van de Cuba. Ella reaparece solamente al final del libro, en Hawai, la otra isla tropical que se menciona en el texto. En Hawai, Amanda lo lleva puesto para poner fin a las aventuras del héroe.

Entre las dos islas, una que simboliza el caos y la otra el cosmos, se encuentra un descenso al infierno, que se representa en forma de un viaje al norte, como en el caso de Odiseo. Como el infierno de muchos mitos, éste no es un lugar en llamas, sino un páramo helado, materializado en la ciudad de Nueva York en el invierno. Por otra parte, debemos señalar que el fuego del título va a representar una imagen positiva, la de los volcanes de Hawai. Es curioso que el destino neoyorquino de la pareja quede determinado por el hecho de que una agencia de auxilio a los refugiados les da abrigos de piel en el momento de su llegada a Miami. Para el narrador en particular, el abrigo se convierte en la piel de un animal dentro del cual tendrá que morirse para renacer con una identidad nueva. Es comparable al caso de Hércules, el cual lleva puesta la piel de un león cuando realiza sus grandes hazañas, o aún antes que él, al de Gilgamés, que se envuelve en la piel de un león al que le ha dado muerte para entrar en el Jardín de los Dioses.

El abrigo de piel separa al narrador de su mujer, y, con el tiempo, el aislamiento viene a ser absoluto. Ella no presencia la fase final de su transformación. Amanda, por su parte, encuentra trabajo en una fábrica de máscaras y tiene que enfrentarse forzosamente con su nueva identidad. Mientras tanto, el narrador se pudre prácticamente dentro del abrigo y rehusa bañarse o cambiarse la ropa. Sólo en el delirio que experimenta, supuestamente producido por su negligencia, logra finalmente abandonar el abrigo. Regresa entonces al aeropuerto, que desde el primer momento representa para él, un microcosmos, un *imago mundi*, y se sitúa en un extraño restaurante donde un mago -que obviamente representa el arquetipo del Viejo Sabio con poderes misteriosos de transformación-, lo desnuda casi por completo delante del público, vistiéndolo acto seguido con ropa nueva y apropiada. Al mismo tiempo, el narrador está consciente de que también le debe al Viejo Sabio la limpieza de su cuerpo.

Con antelación a todo esto que venimos comentando, el protagonista ha preparado una serie de extraños actos para su transformación final. Primero pasa por un estado de delirio, cayéndose de bruces en la nieve. Se da cuenta del movimiento de sus dedos, que actúan como si él estuviera escribiendo en la máquina de escribir, que tuvo que dejar en Cuba conjuntamente con el vestido de novia de Amanda. «Era como si yo me viera dentro de un sueño y me soñara escribiendo» (102). Se imagina agredido por una redada de pájaros negros que, al acercarse a él, se convierten en palabras sin sentido formadas por tres letras, siendo la primera idéntica a la última. Las mismas recuerdan los ejercicios interminables que se hacen cuando se aprende a escribir a máquina: DED, FRF, DCD, etc. Estas letras llegan a cobrar connotaciones sexuales, «como si fueran aves, aves mitológicas en busca de semillas.» (106). El chillido de los pájaros le parecía, «un lenguaje» que «me despertaba y ayudaba a mi resurrección,» «como si quisieran unirse para decir algo.» (106) Efectivamente, los pájaros regresan, esta vez no para formar palíndromos sin significado, sino para representar frases, en ocasiones en inglés, idioma de la identidad emergente del narrador. Es más, las palabras llegan a ser expresiones que sugieren la paternidad o la maternidad: «pop,» «dad» y «mum.» La única combinación que no es palíndromo es «don,» que significa regalo en español y que en inglés es un nombre de pila.

Hay un momento en la narración en que aparecen palabras en varios idiomas, entre ellas «wahini,» que significa mujer en lengua hawaiana. (117) Esta palabra resulta ser profética porque el final de su búsqueda tendrá lugar junto a Amanda en Hawai. Su reacción a todo este fenómeno es pensar que «aquel lenguaje debía tener un oculto significado.» (107) A esto le sigue un frenético episodio sexual con las extrañas criaturas que lo acosan, llegando a visualizarse a sí mismo en todo este proceso como «una estructura pagana fertilizando aves.» (117). Anteriormente había afirmado: «la creación de palabras fue el primer paso que me propuse,» (108) y queda claramente expuesto que este es el renacimiento más apropiado para un escritor. En el mismo centro del texto el narrador omnisciente se pregunta, «¿Era exactamente yo el que resucitaba? ¿Y quién era yo?» (116). Al llegar a este punto el lector también debe hacerse una pregunta esencial: cuando un autor nace escribiendo, ¿qué tipo de nacimiento es ése y qué es lo que nace con él?

La imagen de las relaciones sexuales entre el autor y las palabras es sumamente significativa, sobre todo el momento en que fertiliza a unas «aves en busca de semillas.» (106) Al principio, la máquina de escribir produce sólo disparates, pero una vez que el escritor emerge y se involucra con las palabras como sucede en la unión sexual de un hombre con la mujer amada, ambos desarrollos, el del escritor y el de su lenguaje creativo comienzan a existir, a cobrar vida. Otro novelista cubano amigo de Montes, Guillermo Cabrera Infante, que lo ha mencionado en dos de sus novelas, al hablar de su propia obra, *La Habana para un Infante difunto*, en la cual cuenta las aventuras eróticas de un joven en la capital, nos dice: «I admit that within the sexual metaphor I am generating verbal texts. The book involves my erotic relationships with words.» (11). Al comentar estas secuencias me viene a la mente el comentario aparentemente extemporáneo de un personaje en *Crónica de una muerte anunciada* de Gabriel García Márquez en relación al hombre que ha seducido al personaje femenino: «Fue mi autor.» (60). Aparentemente varios escritores muestran un interés común en la analogía entre las relaciones sexuales y el nacimiento del texto literario.

Al comenzar la lectura de *Desterrados al fuego*, el narrador se visualiza como un escritor de poco éxito en Cuba, y es evidente que esto se debe en parte al hecho de que su estilo es intencionalmente imitativo de los escritores del siglo XIX. Expresiones como «el destierro, lugar donde habíamos llegado páginas atrás» (15), y el uso excesivo de los paréntesis, que a veces resulta sofocante, son prueba de ello. Sin embargo, con el desarrollo de la narración, estos resabios –tanto de su pasado como del género novelesco– desaparecen paulatinamente, y frases como «A propósito *boom*» (125) comienzan a aparecer, esta última haciendo referencia al éxito vertiginoso de la novela latinoamericana dentro del campo de la literatura mundial en la década de los sesenta. Las transformaciones positivas del texto reflejan las del autor. En el proceso de estas mutaciones el narrador se imagina quemando todas las páginas que había escrito, evidentemente porque ellas tienen nexos muy estrechos con su existencia previa. Esas páginas contienen hechos que resultan inadecuados dentro de sus circunstancias vitales que han sido transformadas radicalmente: «ardían las páginas, se quemaban las palabras de mi engaño, yo mismo creador del círculo ardiente que me abrasaba, o iba a quedar solamente la única realidad final del ave Fénix que surgía de las cenizas de mis propias palabras.» (199). Y el capítulo siguiente, el último, lo intitula, «El ave fénix.»

El destino del narrador y el de sus palabras están inextricablemente vinculados. Ese es el motivo por el cual, el factor paralingüístico ha sido tan fuerte desde el principio de la narración. Al mismo tiempo, explica por qué dicho factor ha jugado un papel tan preponderante desde las primeras páginas de la novela. El texto de Montes Huidobro es ferozmente autorreflexivo. Para el narrador, el texto tanto como el exilio son lugares por los cuales el narrador y el lector deben transitar cogidos de la mano. El se preocupa seriamente por el lector ficticio, y éste es un factor esencial en el texto. La narración comienza con la pérdida de la máquina de escribir, un evento que indica la imposibilidad de crear una novela, y termina con el testimonio de una novela ya terminada. Si el texto se considera viable, se convierte en evidencia, por su contenido, no sólo de la transformación sufrida por del narrador, sino también en prueba de tal transformación por parte del narrador como escritor. Si no se lee, existe sólo como un diario personal, pero si se lee, es una novela, y su creador es un novelista. En el texto se encuentran frases como «el que leyere,» (142) e «impaciente lector,» (14) junto con explicaciones adicionales para construir el texto porque al protagonista le preocupa el hecho de que el lector no vaya a seguir leyendo. De hecho, la creación del texto depende de la transformación del narrador y vice-versa, y ambos hechos dependen a su vez de la transformación que experimente el lector.

Un tema importante para la sicología moderna que se refleja en algunas novelas latinoamericanas es la necesidad que tiene una persona de ser percibida por otra, preferiblemente por la madre del individuo en cuestión. R.D. Laing comenta, que un niño llora cuando se va su madre del cuarto, no porque se sienta sin protección, sino porque teme dejar de existir si ella no lo ve: «It seems that the loss of the mother, at a certain stage, threatens the individual with loss of his self. The mother, however is not simply a thing which the child can see, but a person who sees the child.» (116). Este concepto aparece también en la novela de Carlos Fuentes, *Cumpleaños*, en la que el protagonista, cuando renace en otra época, está obsesionado por la necesidad que siente de ser percibido por Nuncia, que es la encarnación del arquetipo femenino. Y en otra novela de Fuentes, *Terra nostra*, tres mujeres se unen con los tres jóvenes héroes que llegan al Cabo de los Desastres y les dan vida y personalidad según las preferencias personales de cada una. En *Pedro Páramo* de Juan Rulfo, la muerte de Juan Preciado ocurre en el momento en que él visualiza a su madre diciéndole: «No, hijo. No te veo.» (60).

Algo similar sucede al narrador de *Desterrados al fuego*. Durante todo el proceso de su metamorfosis él está obsesionado con el deseo de encontrar a Amanda. Hay una secuencia en la novela en la que el protagonista tiene una visión similar a la de un iniciado en una de esas culturas en las que el individuo debe observar, en un estado de trance, su propia «muerte» y la desintegración de su cuerpo para poder renacer como otra persona. En ocasiones el iniciado mira sus propios huesos, despojados de piel y desgarrados. «Yo me sentía», afirma el narrador, «descuartizado, dividido en partes.» (196) Esto representa el fin del proceso de putrefacción de su propio cuerpo dentro del abrigo, y la autopercepción distanciada que tiene de sí mismo demuestra su alienación, su distanciamiento. Prueba de lo que venimos comentando es el uso frecuente del adjetivo demostrativo «aquel», que aparece durante varios capítulos, cuando el narrador se refiere a su propio cuerpo o a las partes que lo integran.

Es importante señalar que, cuando el cuerpo del protagonista es cortado por una sierra, existe una doble interpretación del ojo de Dios. Cuando nos dice: «el (ojo y) rostro de Dios en Majestad era una pre-existencia del mío.» (101) está afirmando, la existencia de Dios como una condición anterior a la existencia de sí mismo, especialmente cuando se refiere a la capacidad que tiene el Creador de percibir el renacimiento de su criatura. La realidad del narrador proviene no tanto de la realidad de Dios, sino de la percepción que Dios demuestra de su existencia.

Al llegar a Hawai, ya vestido al estilo hawaiano, contempla el maravilloso paisaje de la isla de Oahu, pero este paisaje resulta para él desértico. Aún después de haber comprobado su propia existencia a través de la percepción divina hay algo que le falta. Su situación llega a ser análoga a la historia de la creación que nos relata la Biblia, cuando Dios crea a Adán: «Y Dios vio todo lo que había hecho; y he aquí que era muy bueno» (Gen. 1.31). Más tarde se da cuenta, sin embargo, que falta algo en su labor creadora: «Y dijo Jehová Dios: No es bueno que el hombre esté solo; le haré una ayuda idónea para él», (Gen. 2.18). El narrador de *Desterrados al fuego* también ha sido creado y percibido por Dios, y colocado en un lugar cuyo nombre significa paraíso, pero esto no tiene valor alguno sin un encuentro definitivo con la mujer apropiada. Joseph Campbell afirma que, para el héroe:

> the ultimate adventure, when all the barriers and ogres have been overcome, is commonly represented as a mystical marriage (hieros gamos) of the triumphant hero-soul with the Queen Goddess of the World. (109).

De hecho, nuestro protagonista experimenta una aparición desde el avión – Amanda vestida de novia con el mismo traje que se vio obligada a abandonar en la otra isla. La percepción que tiene Amanda del protagonista, que ocurre en este momento de la novela pone fin al largo proceso de transformación sufrido por él.

Anteriormente a estos hechos que venimos comentando habían aparecido en el texto dos frases en aposición: «yo desintegrado» y «la palabra desintegrada» (195). Si el autor se encuentra finalmente reintegrado, lo mismo pasará con el texto. Si él está representado por el Ave Fénix del último capítulo y resucita de las llamas, esto pasa también con el texto, que resucita de las cenizas de las páginas escritas en la máquina de escribir que fue dejada atrás con el traje de novia. Dichas páginas quemadas contenían la expresión de una identidad previa que está llamada a desaparecer. Por consiguiente, el renacimiento del autor implica la creación inminente del texto, y la creación del texto depende de la toma de conciencia de la nueva identidad del autor. Estos cambios son un doble testimonio de la nueva existencia a la que se enfrenta el autor, incluyendo la descripción de la metamorfosis sufrida por él que finalmente, lo conduce al reconocimiento de su capacidad creativa. No obstante, el propio autor se da cuenta que le falta dar un paso más en esta trayectoria evolutiva, sintiéndose inseguro en su habilidad de escribir, hasta casi el final de la novela: «hace mucho tiempo... me quemaron las naves de novelar.» Si esto fuera así, ¿cuál es entonces el texto que tenemos en la mano? Él mismo nos afirma: «y esto que tan mal escribo no es otra cosa que espejismo del que leyere (ya que en moderna técnica novelesca el lector completa el cuadro con lo que omite el novelista)» (201). La alusión a las teorías de Julio Cortázar se reconoce de inmediato, pero para mí lo que dice el protagonista no es tan irónico como parece. Digo esto porque durante la lectura del texto el narrador indica su preocupación por la reacción de su lector ficticio, a quien le dice «el que leyere (si ha llegado hasta tan lejos)» (200), demostrando un temor constante de que el lector no vaya a tener suficiente paciencia como para continuar con la lectura de su novela.

Tanto el autor como el texto tienen que ser percibidos por una determinada persona que verifique su existencia. Si no hay interacción sostenida entre el lector y el texto, no hay texto, y si no hay texto, no hay testimonio de la nueva existencia del narrador, y esta, por consiguiente, resulta incompleta. La interacción entre el lector y la novela llega a tal punto que aparece entre paréntesis una supuesta corrección de lo que ha dicho el narrador, seguida de las palabras «probablemente quieres decir.» De esta forma, el receptor del texto se convierte también en remitente del mismo.

Como ya se ha indicado, el cosmos dentro del cual se lleva a cabo esta doble transformación es similar en algunos detalles esenciales al Génesis, en el cual Adán ha sido dotado de vida por el Creador por medio de la palabra, dándole a cada cosa su nombre correspondiente. En la novela el narrador, con su nueva existencia, con la palabra le da vida al cosmos que es el texto. Pero hay más. En un universo participatorio en el cual los físicos nos dicen que los eventos, por lo menos a un nivel subatómico, no son más que potenciales si no se perciben, hace falta otro acto de observación. En el caso de una novela que cuenta la experiencia de su creación y la de su narrador, es imprescindible que el lector le otorgue vida al texto y al narrador. Los dos no son nada más que potencialmente reales si no son percibidos por alguien que les confiera vida.

Cuando la transformación exitosa del narrador todavía permanece en duda, él comenta que muchos de los inmigrantes cubanos se han convertido en piedra, y dice que teme que lo mismo le pase a él. Siente como si el mundo del cual se ha enajenado empezara donde termina su cuerpo, algo parecido a lo dicho por Neruda en la «Oda a mis pies». Este narrador vive auténticamente sólo en el momento en que se leen las palabras con las cuales él ha sido creado. Todo parece indicar que el mensaje de esta obra, si es que hay un mensaje en ella, es que todos los inmigrantes llegados recientemente están en peligro de convertirse en piedra si carecen de una persona que establezca una interacción creativa con ellos. Lo mejor que les puede ofrecer la sociedad es que alguien se fije en ellos, los aprecie y los perciba como personas potencialmente creadoras, capaces de otorgarle a los demás el regalo que representa la vida en la medida en que ellos la reciben.

OBRAS CITADAS

Campbell, Joseph. *The Hero With a Thousand Faces.* Cleveland and New York: World Publishing Co, 1956
Clark, Kenneth. *Civilization.* New York and Evanston: Harper, 1969.
García Márquez, Gabriel. *Crónica de una muerte anunciada.* Bogota: Editorial La Oveja Negra, 1981.
Laing, R.D. *The Divided Self.* Baltimore: Penguin Books, 1965
Montes Huidobro, Matías. *Desterrados al fuego* México: Fondo de Cultura Económica, 1975.
Rulfo, Juan. *Pedro Páramo.* México: Fondo de Cultura Económica, 1955.
Siemens, William L. «Caín by Himself: Guillermo Cabrera Infante, Man of Three Islands», *Review 28* (Jan.-April. 1981)

Traducido por Wilma Detjens-Montero y Oscar Montero-López

ELEMENTOS PICARESCOS EN
ESA FUENTE DE DOLOR

Elsa Gilmore
United States Naval Academy

Esa fuente de dolor de Matías Montes Huidobro nos presenta una triste retrospectiva de la vida habanera durante los últimos años de la década del cincuenta. El entorno temporal de la novela coincide con un período de gran trascendencia histórica que abarca el final de una dictadura abyecta y los albores de una revolución apocalíptica. Irónicamente, la cronología de la novela, que está marcada por un sentido de cambio estructural inminente, está también caracterizada por una disfunción social crónica y por una moral decadente. La revolución que se avecina no es considerada como una ruptura de este modelo sino más bien, como un eslabón más en la larga cadena de sus manifestaciones. Lejos de ser un ícono nostálgico, La Habana se describe como el microcosmos precario de una nación forjada por una historia de corrupción, violencia y abuso. La novela se basa en «la percepción del devenir histórico cubano como círculo vicioso signado por el odio fratricida, el dolor, la represión y el pánico» (Febles 127).

Lázaro, el narrador-protagonista de *Esa fuente de dolor*, comienza su historia en el momento de su llegada a la capital. En una síntesis amarga que resume el punto de vista histórico de la novela, describe su reacción ante la ciudad de aquel entonces y sus recuerdos de ella a partir de su arribo a la capital habanera:

> No dejaría de ser una gran ciudad, como el mito nos cuenta: pero como una ciudad se ve desde los ojos del bolsillo y yo en ese senti-

27

do estaba ciego, o cuando menos tuerto, porque mucho no llevaba, nunca me provocó el éxtasis y mucho menos el orgasmo de la memoria. […] En lo que a mí respecta era una ciudad de vida o muerte, una comelata donde había dos opciones: comer con las fieras o dejarse comer por ellas. (9)

En *Esa fuente de dolor*, la compleja relación entre la historia y la ficción se desarrolla como un texto dialógico que sugiere sistemáticamente el modelo tradicional de la novela picaresca española, un género que por su parte, ha sido vinculado con las realidades sociales y económicas de la España de los Hapsburgos. El enfoque de este trabajo es específicamente, la apropiación de elementos picarescos por parte del autor de *Esa fuente de dolor,* particularmente, los que aparecen en el primer ejemplo del género: *La vida de Lazarillo de Tormes y de sus fortunas y adversidades*. Se hará hincapié en la caracterización, en la voz narrativa, en la estructura del argumento y en el repertorio temático. Aunque estos elementos frecuentemente se distorsionan o se desplazan, no obstante mantienen su función de subrayar la importancia de la historia y brindarles a los lectores un comentario sociohistórico.

Para establecer una conexión con el canon literario y a la vez reconocer que ha pasado mucho tiempo desde la publicación del *Lazarillo de Tormes*, el protagonista de *Esa fuente de dolor* abandona el diminutivo del nombre del protopícaro y lo reemplaza con la versión adulta. Casi quinientos años después de divulgar Lazarillo su trayectoria personal a un oyente anónimo, el Lázaro de Montes Huidobro relata sus aventuras como estudiante universitario habanero en vísperas de la revolución. Al principio de sus sendas historias, los dos personajes son igualmente inocentes y pobres, y por consiguiente, vulnerables. Aunque mayor que Lazarillo y a punto de matricularse en la universidad, las opciones del Lázaro de Montes Huidobro son tan limitadas por las condiciones sociales imperantes como las del niño nacido en el río Tormes. A diferencia del joven típico de las provincias ejemplificado por los protagonistas de *Till Eulenspiegel* y otras novelas educativas del siglo XIX, Lázaro, que se describe a sí mismo como un «guajirito de Victoria de las Tunas,» no va a emprender un viaje metafórico hacia el desarrollo personal y la aprobación social. Lejos de esto, durante toda la novela, Lázaro no deja de ser un héroe problemático. Como el pícaro clásico, empieza en la novela como una *tabula rasa* humana continuamente sometida a una educación implacable y negativa por parte de la sociedad en que se encuentra.[1] Hay otros elementos picarescos que tampoco han sufrido ningún cambio: los antecedentes humildes de Lázaro y su deseo de aprender las formas de conducta de su nueva situación se aproximan a los orígenes y las motivaciones de Lazarillo. El hambre voraz y su afán de medro, junto al hecho de que no logra obtener una posición de riqueza y aceptación social, son típicos de la caracterización picaresca de la España del siglo XVI. Además, Lázaro tiene la misma actitud del pícaro clásico hacia su sociedad. Como protagonista de su propia narrativa, tiene como preocupación principal el sobrevivir y mejorar su posición social. Como narrador, recuerda una vida en la que ha desempeñado el papel de un «conformist with little antisocial tendencies in the affirmative sense» (Blackburn 20).

En *Esa fuente de dolor* se encuentran muchos personajes con nexos muy cercanos a una serie de elementos episódicos que caracterizan la estructura narrativa picaresca.[2] Aunque no sigue un modelo estrictamente episódico e incluye poco desplazamiento geográfico, la vida de Lázaro en La Habana en los últimos años de la década de los cincuenta, en cierto modo, traza la trayectoria de un viaje fragmentado. Sus excursiones por la ciudad lo ponen en contacto con personajes de todas clases y de todos tipos, así es como los discretos tratados de *Lazarillo de Tormes* encuentran eco en la procesión de tipos raros que desfilan por *Esa fuente de dolor*. Algunos de estos personajes se relacionan entre sí sin tener un contacto directo con el protagonista, pero es en su nexo con Lázaro y dentro del ámbito de su relación autobiográfica que el lector llega a conocerlos –Castellanos, La Diosa de las Antillas y el joven Solavaya– aparecen en segmentos únicos o múltiples que adquieren cualidades oníricas, y después desaparecen de la narración. Sin embargo, cada uno de ellos representa un retrato grotesco de una clase o sector social particular. La profesión, la raza y el sexo se ajustan exactamente a la sociedad habanera de los

---

[1] Para una completa exposición de la evolución de la picaresca y del *bildungsroman*, consultar *Picaresque Continuities. Transformations of Genre from the Golden Age to the Goethezeit* de Robert Stone.

[2] El ejemplo medieval que inicia la tradición prosística secular contiene una introducción acompañada de una moraleja explícita, ambas dirigidas al lector. Stone siguiendo a Wolfgang Iser señala que los autores de novelas picarescas eliminan la moraleja mientras que los novelistas de *bildungsroman* suprimen el prefacio. Con el transcurso del tiempo, el mensaje de los textos que descienden de esta tradición se ha vuelto progresivamente más entretejido a la narrativa, por lo que esta ha adoptado una forma más uniforme y menos episódica.

años cincuenta: Castellanos personifica el sistema educativo; Gloria de Cuba, el mundo de la farándula; Tomasita, la clase seudo-intelectual; la Diosa de las Antillas, la amante mulata del blanco; Los Tengo Bien Puestos, el dictador militar; El Caballo/Solavaya/El Caimán de la Sierra, el líder estudiantil *cum* futuro dictador; Estrada Portela, el sistema judicial corrupto, etc. Como el ciego, el cura, el escudero, etc., cada uno se examina minuciosamente dentro del contexto de la autobiografía de Lázaro. Como en el *Lazarillo de Tormes*, la narración retrospectiva de la existencia marginada del protagonista funciona como un espejo cóncavo en que los otros personajes se reflejan grotescamente.

El personaje que más obviamente se basa en el *Lazarillo de Tormes* es don José González. Los elementos físicos y morales de González son una mezcla de las cualidades de dos personajes tan memorables como diversos de la novela anónima: el sádico mendigo ciego y el escudero honrado pero incapaz. Como el ciego, primer amo de Lazarillo, sirve para iniciarlo en su carrera y familiarizarlo con la brutalidad, el cinismo y las artimañas necesarias para sobrevivir en un mundo despiadado. Al final del Tratado Primero, el joven ha triunfado sobre su amo, haciéndole una mala jugada para vengarse.[3] En *Esa fuente de dolor*, González es un ciego veterano de la Guerra de Independencia de Cuba que llega a ser el compañero de cuarto de Lázaro y lo inicia por primera vez en las costumbres de la sociedad habanera. Tal y como el pordiosero, desempeña el papel de iniciador. Sin embargo, se queda atrás cuando las aspiraciones del joven Lázaro llegan a ser más grandes que la habitación que comparten. La ceguera de González, como la del mendigo, es una metáfora irónica de su

---

[3] Los golpes en la cabeza tienen un significado metafórico tanto en *Lazarillo de* Tormes como en la novela de Montes Huidobro. El ciego mendigo engaña a Lazarillo acercándolo a uno de los toros de piedra que se encuentran a la entrada de la ciudad de Salamanca. Una vez logrado su propósito, presiona su mano en la cabeza de Lázaro y la empuja brutalmente contra la piedra. Al final del primer tratado, Lazarillo le devuelve su crueldad pidiéndole al ciego que salte enfrente del pilar de un puente. A consecuencia de esto el ciego se hace una gran herida en la cabeza. En *Esa fuente de dolor* el Caballo/Solavaya pretende ganarse el apoyo de Lázaro cuando ambos suben la escalinata de la Universidad de La Habana. Al despedirse, el futuro dictador empuja violentamente la cabeza de Lázaro contra la estatua de mármol del *Alma Mater*. El doloroso golpe recibido convence a Lázaro de que debe distanciarse del futuro tirano. En ambos casos, la herida recibida por el protagonista lo guía dolorosamente hacia otra etapa de su vida: Lazarillo llega a conocer la vulnerabilidad, la soledad y la necesidad de cuidarse a sí mismo; el ciego, por su parte, se convence de que no se puede fiar del muchacho; Lázaro, por primera vez se da cuenta de que si Solavaya llega al poder será aún más brutal que sus antecesores.

habilidad de ver claramente la avaricia e hipocresía de los demás seres humanos. Aunque tiene la misma visión amarga de la sociedad que el mendigo, de cierta manera comparte la admiración que siente el escudero por ideales obsoletos y equivocados del mundo en que vive. Entre todos los personajes que pueblan los siete tratados de la obra española, sólo el pobre escudero inspira la piedad y el respeto del protagonista porque solamente él sigue portándose de una manera consistente con su posición social, aún después de que se hace evidente que este comportamiento anticuado sirve únicamente para perpetuar el hambre. El patetismo de la postura adoptada por el escudero también caracteriza a González, que siempre adopta una actitud optimista. Aunque se encuentre rodeado de la decadencia y la pobreza, el viejo soldado logra hallar un rayito bueno entre la corrupción generalizada y queda absurdamente esperanzado. Mientras se aproxima la víspera de la revolución, González sueña con un amanecer nuevo en la ciudad, un alba llena de cambios y de promesas.

En el primer capítulo de *Esa fuente de dolor* se establecen la modalidad literaria y la voz narrativa. Al igual que en *Lazarillo de Tormes*, la forma consiste en una autobiografía retrospectiva contada por un protagonista-narrador quien a veces habla como el autor implícito de la novela.[4] La narrativa confesional, iniciada en la literatura occidental por San Agustín en sus *Confesiones* y parodiada en el género picaresco (Friedman 12), se reproduce también en *Esa fuente de dolor:* desde la posición ventajosa de la adultez, y como Lazarillo, Guzmán de Alfarache o el Buscón don Pablos, Lázaro intenta distanciarse de sus acciones anteriores al contar su propia historia.[5] Como en la narrativa picaresca española de los siglos XVI y XVII, el joven protagonista «who acts out the episodes [...] is distinguished from the serious narrator who now recalls them» (Zahareas «Art» 435).

---

[4] El autor implícito a veces irrumpe en la narrativa con comentarios tales como. «Mis padres, con esfuerzos para qué contarles, porque tendría que escribir otra novela, me mandaron a la capital [...] (9). El capítulo III, contiene una larga descripción hecha por Castellanos de una novela que está escribiendo que parece ser análoga a la mezcla surrealista de autobiografía, ficción y profecía que contiene *Esa fuente de dolor.* Como si quisiera identificar al autor por medio de la metonimia, el protagonista continúa este diálogo pidiéndole prestada una novela a Tomasita. Es nada menos que *Desterrados al fuego* (1975), novela escrita también por Montes Huidobro.

[5] Según Anthony Zahareas, la tradición narrativa dual implícita en la novela picaresca autobiográfica, se remonta al *Libro del buen amor* del Arcipreste de Hita, cuyo serio poeta-narrador

Tal y como los pícaros clásicos, el Lázaro de Montes Huidobro se da a conocer como narrador contándole al lector hechos, sentimientos y pensamientos, los cuales, como protagonista, escondió de los otros personajes que aparecen en su narrativa. Su confesión, por lo tanto, deja al descubierto una transformación personal. Es más, revela la posición ideológica del autor implícito con respecto a las condiciones sociales descritas en la novela. En el caso extremo del Pablos de Francisco de Quevedo, por ejemplo, la confesión es una representación desdeñosa y burlona de la ambición de un hombre de la clase baja y su vileza moral así como de los errores sociales que resultan de su conducta. Para Pablos, y en menor escala para Lazarillo, el cuento grotesco que comprende sus memorias desempeña «the role of vicarious atonement» (Zahareas «Art» 435). De mayor importancia aún, es el hecho de que tal confesión apoya también, de una manera más sutil, el *status quo* imperante en la sociedad.

> [By] laying the blame for the pícaro's humiliations and physical sufferings on the literary figure himself as a result of his moral choices, the text releases the reader from any social or moral responsibility toward the character, displacing the latter from his connection to society to the fictive world of literature. (Cruz 78)

El inevitable fracaso de Lázaro como pícaro es presagiado por los comentarios retrospectivos del narrador de *Esa fuente de dolor*: «Como mi primo Panchito, quería escalar con la destreza de un pícaro de altura, pero sin la más remota noción de lo que era la práctica, no pasaba de un vuelo gallináceo» (19). Sin embargo, la metamorfosis de Lázaro de protagonista pícaro aspirante a narrador confesional se presenta como un proceso mental que se desarrolla con el tiempo y tiene implicaciones diferentes a las de *Lazarillo de Tormes* y las otras novelas picarescas clásicas. Las etapas de este desarrollo son señaladas por momentos de reflexión o crecimiento personal del personaje. El proceso empieza al comienzo de la novela, cuando el Lázaro protagonista decide abandonar su papel potencialmente lucrativo de esbirro de su primo Panchito. Lo hace porque tal trabajo incluiría incursiones a burdeles y teme «hacer el papelazo,» como

---

mantiene la distancia del personaje joven y atrevido. Zahareas sostiene que las contradicciones implícitas en este modo de narrar –a diferencia del estilo directo de San Agustín— sugieren grandes posibilidades irónicas. Véase *The Historical Function of Picaresque Autobiographies: Toward a History of Social Offenders*.

él mismo declara. Después rechaza otra oferta peligrosa de Solavaya que lo incita a meterse en la jerarquía mafiosa de la universidad, montado en el carro del futuro líder. El protagonista reflexiona sobre esta decisión en términos que se acercan a la sabiduría retrospectiva del propio narrador. El protagonista y el narrador llegan a ser casi la misma persona en los diez últimos capítulos de la novela, cuando el Lázaro protagonista se da cuenta de que ha resultado ridículo en su papel de amante de Conchita Estrada Portela. Como narrador, Lázaro finalmente coincide con los pícaros clásicos españoles al reconocer su propia incapacidad para el triunfo en la vida picaresca. Pero a diferencia de los otros, Lázaro empieza a comprender la imposibilidad de tener éxito como protagonista y no atribuye el fracaso a sus pecados personales (falta de fuerza moral, adulterio con la esposa de su primo y la decepción de Panchito). Tampoco le echa la culpa de sus desgracias a las circunstancias de su nacimiento. Esta explicación serviría para todas las personas nacidas en la pobreza, y es evidente que Panchito, a pesar de provenir de las clases bajas, ha logrado un ascenso estelar porque no respeta ni la ética ni a sus semejantes. Por consiguiente, la narrativa confesional de Lázaro no lo limita al campo literario, ni confirma la ideología del *status quo* histórico, sino que atribuye sus problemas a un entorno histórico-social fracasado. El pecado de Lázaro es haber nacido en una nación asolada de innumerables problemas económicos, políticos y sociales. En la novela de Montes Huidobro, la narrativa confesional se dirige contra una sociedad en la cual «joining the upper classes runs the risk of ruining one's humanity» (Stone 136).

Esa fuente de dolor y *Lazarillo de Tormes* encierran un contraste sutil entre un cuento personal presentado por el narrador-protagonista y el marco creado por el autor implícito. La primera obra presenta una cronología secuencial y lineal que difiere de la forma cerrada y circular trazada en la segunda. Las peripecias de Lazarillo, como las de Lázaro, se siguen la una a la otra en una evolución temporal. Sin embargo, el principio y el final de las dos novelas coinciden con el comienzo y el final de la historia contada por el narrador. Lazarillo escribe su autobiografía para contestar ciertas preguntas de un anónimo Vuestra Merced. La narración retrospectiva de Lázaro se puede identificar con la escritura de las memorias del autor implícito. Este marco es sugerido por el primer encuentro de Lázaro con González en el primer capítulo, en el momento en que el protagonista no es más que un «guajirito de Victoria de las Tunas,» y con su regreso a la pensión y el encuentro final con el viejo al anochecer, en vísperas del triunfo de la revolución. El marco dentro del cual se desarrolla la narración queda subrayado cuando el autor implícito se dirige ocasionalmente al lector a lo largo de su relato. En ambas novelas, la narración no deja lugar a dudas en cuanto a la ubicación de la obra literaria dentro de la historia.

Tanto *Lazarillo de Tormes* como *Esa fuente de dolor* aportan referencias a eventos históricos memorables con los que se pueden identificar fácilmente sus lectores contemporáneos. Lazarillo termina su historia situándola en el tiempo. Su buena fortuna personal (su matrimonio con la amante del Arcipreste) tiene lugar en el mismo año en que el «victorioso» emperador Carlos V entró en la ciudad de Toledo y tuvo en ella cortes en medio de grandes celebraciones públicas. Los primeros lectores del *Lazarillo* sabían que esto pasó en el año 1525, después del triunfo del Emperador Carlos V sobre su rival, Francisco I de Francia, en Pavía (Blackburn 31). En el último párrafo de *Esa fuente de dolor*, González sueña con un nuevo amanecer de libertad mientras Lázaro contempla con aprensión la noche más y más oscura que desciende sobre La Habana. Los Tengo Bien Puestos ha huído del país. El Caballo/Solavaya está a punto de entrar triunfalmente en la ciudad, y una nueva época de tiranía está por empezar. La referencia a la fuga de Fulgencio Batista en diciembre de 1959 y la inminente llegada de las fuerzas revolucionarias de Fidel Castro es evidente para un lector de su época.

Ambas novelas llevan un subtítulo que es un elemento significativo en la estructura del argumento que desarrollan. El subtítulo de *Esa fuente de dolor* es: *los juegos del amor*. La premisa que genera la primera novela picaresca es la indagación de un noble no identificado en cuanto a los rumores que corren por Toledo respecto a las relaciones íntimas entre el Arcipreste de San Salvador y su criada, a quienes les ha venido muy bien el matrimonio de ella con Lazarillo. La respuesta del pícaro es contar su historia desde el principio. El rechazo deliberado del narrador de «the epic convention of *in medias res* as unfit for his story» (Blackburn 48) hace imprescindible una cronología lineal en su exposición, pero más importante aún, sirve para ocultar la escandalosa razón, expuesta en la narración que escribe Lazarillo, de sus orígenes y de su vida. La mujer al centro del *ménage-à-trois* se describe sólo de refilón, como un personaje mudo. No tiene un papel activo en el argumento, y hasta el hecho de ser madre (tiene tres hijos naturales cuyo paradero nunca explica Lazarillo) no la hace «la barragana» del Arcipreste, que es el medio de garantizar la seguridad económica de su cornudo marido. Las protestas de Lázaro en cuanto a la virtud de su mujer no ocultan la incapacidad del protopícaro de competir con el Arcipreste en cuanto a riqueza y posición social. Más bien subrayan la falta de dignidad que origina su dependencia económica del amante de su mujer que es quien le ha proporcionado el medio de ganar un sueldo modesto como pregonero de la ciudad de Toledo. El resultado cínico de los juegos de amor en el *Lazarillo de Tormes* queda determinado por las jerarquías tradicionales. Una mujer de bajas clases sociales puede ser compartida; el poder social y económico, no. La superioridad moral que supone la nobleza se revela como una farsa (Rey Hazas 69), pero la estructura social de la Edad Media basada en la sangre y el nacimiento queda herméticamente cerrada.

El tema del triángulo amoroso se encuentra también en la novela de Montes Huidobro. Sin embargo, en *Esa fuente de dolor,* el papel de cada uno de los personajes ha cambiado. Panchito, el abogado rico y corrupto, es el esposo mientras Lázaro, el primo pobre, es el amante. La mujer que comparten es Conchita Estrada Portela, la hija de un distinguido abogado que tiene parientes relacionados con la historia del país, remontándose a la Guerra de Independencia de Cuba. El ha ofrecido su prestigio como mercancía al presente dictador. Mientras surge el *affaire* tempestuoso entre Conchita y Lázaro, la narración adquiere trazos de telenovela. Encuentros secretos en conciertos de *matinée,* citas clandestinas por la tarde, y complots de novela negra para eliminar al inconveniente marido, ocultan la verdadera naturaleza de las relaciones entre los tres personajes. Como Lazarillo, el Lázaro de Montes Huidobro nunca se enfrenta abiertamente a la humillación de compartir con otro hombre la mujer que ama. En vez de esto, se convence de que el triángulo amoroso es un arreglo provisional y se consuela con su capacidad de provocar la pasión desenfrenada de Conchita. Cree que la relación sexual que se desarrolla entre él y Conchita le sirve como un tipo de venganza sobre el fanfarrón de su primo, menos capaz sexualmente que él. El desenlace final de la novela es otro. En vez de romper con el infiel de Panchito y con la herencia corrupta de su familia, Conchita decide fríamente seguir a su padre y a su esposo hacia un exilio adinerado. Le ofrece a Lázaro una visa diplomática, lo cual le conduce a darse cuenta del papel servil que en realidad ha estado desempeñando como proveedor de servicios sexuales a una mujer rica que lleva una vida aburrida, posiblemente con la aprobación tácita de su marido ocupado en otros asuntos. La salida inminente de Conchita deja al descubierto que ella, la presunta víctima de la infidelidad de Panchito y el objeto del deseo sexual de Lázaro, tiene mucho poder y le interesa Lázaro sólo porque la satisface sexualmente.[6] Como en el triángulo formado por el Arcipreste- la criada- el Lazarillo, *los juegos del amor en la Habana prerrevolucionaria*, se nos revelan como relaciones de poder que favorecen al jugador que ya se ha apoderado del mismo. En el sistema capitalista de la Cuba de la década de los cincuenta, el dinero es el factor determinante del resultado final de las relaciones humanas.

Varios de los temas básicos del *Lazarillo de Tormes* y de *Esa fuente de dolor* les hacen eco a realidades históricas que quedan fuera de la ficción y que irrumpen constantemente en ambas obras literarias, convirtiéndose en la base genuina de las mismas. El *Lazarillo de Tormes* y el género que esta novela inicia coinciden con los principios morales de la era capitalista en la Cuba de los años cincuenta. En esos momentos:

> [...] the economic and monetary policies of Castile encouraged investment in financial paper rather than industry, with the result that beggars and vagrants could only hope to become servants or labourers or porters or to live off their wits [...] They would not become part of a preindustrial work force, as was happening in England, France and the Low Countries. Picaresque fiction evidently does not «reflect» the period of «primitive accumulation of capital» [...]. (Dunn 280)

Dentro de este contexto, las novelas picarescas clásicas reconocen implícitamente el poder asociado con el dinero, a pesar de que encarnan una cosmovisión esencialmente conservadora (Rey Hazas 69). Lazarillo, finalmente, llega a ser pregonero de Toledo, una posición apropiada a las circunstancias de su nacimiento. El mundo ficticio de la picaresca de los siglos XVI y XVII refleja las circunstancias históricas de aquel momento. Los dos ámbitos, el ficticio y el real, están regidos por el determinismo, y el afán de medro del pícaro no logra superar sus orígenes.

---

[6] José María Alegre contrasta el modelo de mujer y madre ideal que ofrece Fray Luis de León con los personajes de *Lazarillo de Tormes:* la madre de Lazarillo, su esposa, las mozas de las tabernas, las vendedoras de turrón y las prostitutas. Aunque la posición social de Conchita Estrada Portela es más alta que la de ellas, la mujer de Panchito se puede interpretar como una versión a la inversa, irónica y moderna de la perfecta casada.

Esa fuente de dolor marca el punto final del capitalismo en Cuba : su declive en la década de los cincuenta. En la novela se describe una cultura en que la posición social no está vinculada con el nacimiento, sino que es totalmente dependiente de la posesión de riquezas materiales. Los nombres de las familias de abolengo todavía tienen su fuerza, pero el verdadero poder se encuentra en el dinero, y el camino hacia la riqueza está abierto a quienquiera que tenga la poca vergüenza y la fuerza brutal de pisotear al prójimo. En la lista de requisitos necesarios para medrar, la primera e imprescindible condición es que el que quiera ser arribista necesita ser más despiadado que los demás. A diferencia de la España del siglo XVI, el entorno presentado en *Esa fuente de dolor* favorece las estrategias del pícaro y premia sus esfuerzos para alcanzar una mejor posición social. En la novela de Montes Huidobro, La Habana es una ciudad regida por varios bribones despiadados: el dictador y los políticos corruptos que forman un gobierno interesado; los mafiosos estudiantiles que controlan la política universitaria; los abogados rapaces que alegremente encuentran lagunas jurídicas para los poderosos, etc. A diferencia de Lazarillo, Lázaro pierde a la mujer que desea, no a causa de un hombre cuyo poder económico se vincula con la clase social a la que pertenece desde que nació, sino por el hijo avaricioso de un inmigrante de la clase obrera cuyo mayor talento es acumular dinero por medio de la corrupción. Panchito, el hijo de «un ferretero gallego y una pelandusca que atrapó al gallego en una encerrona» (14), se convierte en el trepador exitoso que nunca hubieran podido ser Lazarillo de Tormes, Guzmán de Alfarache o Pablos.

El *Lazarillo de Tormes* y *Esa fuente de dolor* comparten un repertorio temático esencialmente pesimista. El pesimismo del *Lazarillo* se manifiesta en los elementos narrativos derivados del folklore (por ejemplo, la historia de un ciego y su lazarillo o guía), la substitución de la apariencia por lo esencial constitutivo de un personaje (Lazarillo se declara un hombre honrado cuando logra juntar el dinero para comprar ropa de segunda mano), y sobre todo en la profanación carnavalesca del léxico espiritual tradicional y del perteneciente a los textos sagrados (Gómez Moriana 141). La novela de Matías Montes Huidobro también comprende un repertorio barroco de referencias a narrativas culturales existentes (de la música, del cine, de la literatura, de la política, etc.) que sirve para deconstruir los mitos populares y aquellos pertenecientes a la alta cultura habanera de la década de los cincuenta. El lenguaje corrosivo del narrador pone de manifiesto un pesimismo profundo, y su virtuosidad lingüística supera la de Lazarillo en cuanto a la frecuencia y la medida con que se atreve a entrar en el campo de lo vulgar y lo erótico.[7] La actitud cínica hacia los textos religiosos evidente en el *Lazarillo de Tormes* encuentra un paralelo igualmente cínico en *Esa fuente de dolor* al parodiar el tono retórico con que el discurso histórico cubano frecuentemente se refiere a íconos de la independencia nacional como José Martí, Antonio Maceo, Mariana Grajales, Carlos Manuel de Céspedes, etc. La valoración irrespetuosa y hasta vulgar de ellos en la novela, señala un punto de vista negativo en cuanto a la mitología cubana, no obstante la afirmación que hace el autor implícito de que está contando una pesadilla disparatada.

Como la aristocracia española del tardío siglo XVI, los pícaros exitosos de los cincuenta en la Habana se representan como personas a quienes no les importa mucho la trayectoria de la gente humilde. En ambos casos, a los poderosos sólo les interesan los pobres cuando éstos cuestionan sus valores más preciados. Así, Vuestra Merced interviene sólo cuando los rumores se convierten en una amenaza a la reputación del Arcipreste y por extensión, al edificio social de que dependen sus propios privilegios. Los Tengo Bien Puestos da la orden a sus fuerzas de responder con balas cuando una manifestación universitaria amenaza públicamente su régimen. En la novela de Montes Huidobro, como en los textos clásicos de la picaresca, los que sufren tal abuso responden con una lucha personal para sobrevivir que acaba con toda su energía y que hace imposible el desarrollo de la solidaridad entre los seres humanos. La depravación general no le deja más salida a la gente, con la excepción de un par de estoicos (como González y María la lavandera), que caer en la corrupción abyecta.

El uso de motivos picarescos en *Esa fuente de dolor* se puede relacionar con el análisis de textos narrativos históricos y personales descritos por Hayden White en su estudio «The Historical Text as Literary Artifact,» White sugiere que los textos narrativos, históricos y los literarios pueden coincidir en parte:

> […] The greatest historians have always dealt with those events in the history of their cultures which are «traumatic» in nature and the meaning of which is overdetermined in the significance that they

---

[7] En un estudio de *Macunaima* de Mario Andrade, Mario Miguel González observa que el protagonista y la narrativa estan empapados de un grado de erotismo que es algo nuevo en la picaresca del siglo XX.

> still have for current life, events such as revolutions, civil wars, large-scale processes such as industrialization and urbanization [...] historians *re*familiarize them, not only by providing more information about them, but also by showing how their development conformed to one or another of the story types that we conventionally invoke to make sense of our own life-histories. (399-400)

Al presentar una época de la historia cubana que para algunos ha adquirido cualidades míticas gracias a la revolución que la siguió, la novela de Montes Huidobro pone en duda la importancia del pasado en la vida actual. La novela actualiza los recuerdos, hoy distantes, de la década de los cincuenta, mostrando cómo los mismos coinciden con elementos negativos de una picaresca con la que estamos familiarizados. De esta forma los elementos picarescos que abundan en *Esa fuente de dolor* son verdaderas anclas que le aseguran su lugar a la novela como una obra literaria de función histórica. Se recuerda el comentario de Salman Rushdie cuando dijo que contemplar en el pasado a una patria distante tiene que hacerse reconociendo que «we will not be capable of reclaiming precisely the thing that was lost; that we will, in short, create fictions [...] imaginary homelands» (10). En el contexto de los comentarios de los dos últimos críticos citados, la bienvenida espeluznante que ofrece González a Lázaro al empezar su nueva vida en una pensión habanera venida a menos adquiere un significado especial:

> Bienvenido a las cámaras de gas. Este, hijo mío, ni que lo hubiera inventado Hitler. La Habana es un infierno que se le escapó a Dante...¿Qué más da que poetas, narradores y dramaturgos hagan las delicias de esta existencia chancletera? Nuestra joya arquitectónica, hijo mío, es la puerta del cementerio...(37)[8]

El comentario de González puede interpretarse como profético y autorreferencial en cuanto a la propia función novelística de *Esa fuente*

---

[8] En otra parte de la novela el narrador rechaza toda nostalgia por la arquitectura más renombrada de La Habana. Refiriéndose sarcásticamente a la metáfora poética que usa Alejo Carpentier para describir la capital en *La ciudad de las columnas* como el producto de un modo de pensar afrancesado. *Esa fuente de dolor* está llena de otras referencias intertextuales y descripciones de La Habana. Una escena de estas refleja lo que Alessandra Riccio ha señalado como el episodio más notable de la novela *Paradiso* de José Lezama Lima, cuando José Cemí presencia el asesinato del estudiante Rafael Trejo en la escalinata de la Univesidad de La Habana.

de dolor, mientras las delicias literarias prometidas por el subtítulo de la novela (*Los juegos del amor en La Habana prerrevolucionaria*) terminan por derretirse en el infierno histórico que sirve de escenario a la capital [...][9] El discurso aparentemente surrealista del ciego va más allá de la ficción novelística y pone de manifiesto el papel de la novela desde la cual habla como objeto de arte dentro del mundo. Como obra literaria, *Esa fuente de dolor* intenta aportar un punto de vista metafórico (un puente) desde el cual la triste historia cubana (el cementerio) se puede contemplar. Lejos de presentar un jardín de delicias, la novela expone un páramo en el cual triunfan el poder y la tristeza sobre *eros* y *ágape*. *Esa fuente de dolor* se apodera de una plétora de recursos literarios para lograr este fin. Entre ellos, los elementos reconocidos del género picaresco constituyen parte de la barrera colocada entre el lector y cualquier posible nostalgia del pasado.

---

[9] Aquellos lectores familiarizados con la obra dramática de Montes Huidobro reconocerán la conexión existente entre *Esa fuente de dolor* y *Ojos para no ver*, un drama en el cual los elementos visuales (o, por mejor decir, la visión limitada por la escasa iluminación, coloración, etc.) son la clave del código de la representación. Al final de *Esa fuente de dolor,* la Revolución ha triunfado y una noche sombría se extiende sobre La Habana. *Ojos para no ver* está situada en una oscuridad metafórica. Solavaya, el tirano, y Manengue, su asistente, asi como Pútrida, son personajes recurrentes en la obra de teatro y en la novela.

OBRAS CITADAS

Alegre, José María. «*Las mujeres en el Lazarillo de Tormes*». Arbor 117.460 (1984): 23-25.

Blackburn, Alexander. *The Myth of the Pícaro*. Chapel Hill: U of North Carolina P, 1979

Cruz, Anne. «Picaresque as Discourse of Poverty». *Ideologies and Literature* 1.3 (1985): 74-79.

Dunn, Peter N. «Don José Antonio Maravall, La literatura picaresca desde la historia social». *Bulletin of Hispanic Studies* 64.3 (1988): 279-282.

Earle, Peter G. «De Lazarillo a Eva Luna: metamorfosis de la picaresca». *Nueva Revista de Filología Hispánica* 36.2 (1988): 987-996.

Febles, Jorge. «La desfiguración enajenante en *Ojos para no ver*». *Crítica Hispánica* 4 (1982): 127-136.

Friedman, Edward H. «The Picaresque as Autobiography: Story and History». *Autobiography in Early Modern Spain*. Ed. Nicholas Spadaccini and Jenaro Talens. Minneapolis: The Prisma Institute, 1988, 119-128.

Gómez Moriana, Antonio. «Intertextualidad, interdiscursividad y parodia sobre los orígenes de la forma narrativa en la novela picaresca». *Dispositio 8* (1983): 22-23, 123-124.

González, Mario Miguel. «Picaresca, ¿historia o discurso? (Para una aproximación al pícaro en la literatura brasileña).» *Actas del VIII Congreso de la Asociación Nacional de Hispanistas*. Ed. David Kossoff, José Amor y Vázquez, Ruth Kossoff, Geoffrey Ribbans. Madrid: Ediciones Istmo, 1983, 637-644.

Montes Huidobro, Matías. *Esa fuente de dolor*. Sevilla. Algaida, 1999.

Rey Hazas, Antonio. «Poética comprometida de la novela picaresca,» *Nuevo Hispanismo* 1 (1982): 55-76.

Riccio, Alexandra. «Palabras para decir en La Habana». *La selva en el damero. Espacio literario y espacio urbano en América Latina*. Ed. Rosalba Campra. Pisa: Guardini Editori e Stampatori 1989, 59-72.

Rushdie, Salman. *Imaginary Homelands*. London: Granta Books, 1991.

Stone, Robert S. *Picaresque Continuities. Transformation of Genre from the Golden Age to the Goethezeit.* New Orleans: UP of the South, 1998.

La vida de Lazarillo de Tormes y de sus fortunas y adversidades. Ed. Francisco Rico. Madrid: Salvat Editores, 1970.

White Hayden. «The Historical Text as Literary Artifact,» *Critical Theory Since 1965.* Ed. Hazard Adams and Leroy Searle. Tallahassee: UP of Florida, 1986, 394-407.

Zahareas, Anthony. «The Historical Function of Art and Morality in Quevedo's *Buscón».* *Bulletin of Hispanic Studies* 61.3 (1984): 432-443.

———.«The Historical Function of Picaresque Autobiographies: Toward a History of Social Offenders,» *Autobiographies in Early Modern Spain.* Ed. Nicholas Spadaccini and Jenaro Talens. Minneapolis: The Prisma Institute, 1988, 130-162.

Traducido por Wilma Detjens- Montero y Oscar Montero-López

ONIRISMO ERÓTICO Y SUBVERSIÓN SURREALISTA EN *ESA FUENTE DE DOLOR*

Patricia M. Montilla
Western Michigan University

Esa fuente de dolor ofrece una visión satírica y a la vez desoladora de La Habana prerrevolucionaria. Matías Montes Huidobro ubica su novela en la década del cincuenta, un período idealizado por muchos teniendo en cuenta la Revolución de 1959 y los acontecimientos que sucedieron como consecuencia de la misma. Sin embargo, la trama de la novela no gira alrededor de la Revolución cubana, sino que Montes Huidobro la utiliza como marco referencial temporal para representar una sociedad en profunda crisis social, política y económica. La novela es una narración en primera persona cuya trama se desarrolla en diez capítulos. Lázaro, un joven provinciano con atributos de pícaro, recrea y revive sus años universitarios. El narrador-protagonista evoca y reconstruye de memoria diversas experiencias personales. Los sucesos de su vida cotidiana se combinan con episodios oníricos y eróticos, iluminando los eventos más significativos que se van presentando como escenas cinematográficas[1]. A lo largo de la novela, los encuentros diarios del narrador-protagonista se yuxtaponen y se contrastan con sueños y fantasías que recuerdan el Surrealismo en su presentación de la mujer como una imagen en la cual

---

[1] Al comentar la compleja estructura de la novela, Jorge Febles observa como «se entremezclan con cierta violencia las escenas vulgares por lo cotidianas con otras eróticas de cariz sugestivo, que se ajustan a recursos e imágenes aprendidos tal vez en el cinematógrafo y aún con episodios de raigambre surrealista, en que el onirismo se apodera de la página como ocurre con los textos de Joyce, Sábato o Virginia Woolf» (150).

el hombre proyecta sus deseos.[2] Las tendencias surrealistas, específicamente las imágenes y el discurso que aparecen en los sueños que tiene el narrador-protagonista con Conchita Estrada Portela, funcionan como mecanismos de la subversión por los cuales se desacreditan las normas y los valores de la burguesía cubana. En las fantasías de Lázaro, lo real se funde con lo imaginario o soñado para revelar una sociedad regida por la hipocresía y la corrupción.

En el primer capítulo de la novela el narrador-protagonista recuerda su llegada a La Habana adonde va para asistir a la universidad y, según su padre, hacerse un hombre «en aquel país donde era *hombre* aquel que los tuviera bien puestos» (10). La equiparación de la masculinidad con el órgano masculino, específicamente los testículos, aparece a través de la novela como el *leimotiv* por el cual se miden la virilidad y el poder social, político y económico, y es el eje en torno al cual se adaptan las estrategias estéticas y retóricas del Surrealismo. Lázaro afirma que «....esa tabla de medida era una exigencia brutal, como si todo tuviera que resolverse a fuerza de testículos y parámetros del pito, con lo que acabé siendo un acomplejado, sin razón, porque en cuestiones de medidas...» (10). Su inseguridad y preocupación constante por hacerse hombre se manifiestan en sus sueños. Para Lázaro, un pobre guajirito de Victoria de las Tunas, el llegar a ser hombre según los requisitos de la sociedad, mediante la adquisición del sexo, la riqueza y el poder, es una labor que nunca realiza excepto en sus fantasías eróticas. Por el contrario, su primo y patrocinador en La Habana, Panchito Poncela, encarna todas las cualidades necesarias para lograrlo: es bien parecido, inteligente, ambicioso y está «bien de posición» gracias al éxito de su padre, que es dueño de una cadena de ferreterías. Además, Panchito es el que le enseña a Lázaro una de las condiciones esenciales para ser hombre en La Habana al llevarlo a los prostíbulos de Colón y Trocadero, un evento que marca a Lázaro para siempre:

---

[2] Susan Rubin Suleiman identifica la posición masculina y heterosexual del sujeto surrealista en su análisis de dos obras fundamentales: la primera es la famosa fotografía de Man Ray titulada «The Surrealist Centrale» (1924), que muestra el *Centres de Recherches Surréaliste* donde los fundadores del movimiento colgaron del techo la figura de una mujer desnuda, y la segunda, es un fotomontaje publicado en 1929 en *La Révolution Surréaliste,* en el cual los retratos de dieciséis surrealistas (todos hombres) aparecen con los ojos cerrados, enmarcando la fotografía de una pintura de René Magritte que representa a una mujer desnuda y que lleva la siguiente inscripción: «Je ne vois pas la cachée dans la foret». Según Suleiman, estas dos obras simbolizan el sujeto surrealista, «who does not need to see the woman in order to imagine her, placing her at the center but only as an image [...]" (21-24).

> Una galería de putas despampanantes, cubiertas de crayola, dejaban al descubierto transparencias fisiológicas que me produjeron un impacto paralizador, un choque cultural entre el pene y la vagina, con resultados de película de mete miedo. Y advierto que no era maricón, pero en todo caso, vaya papelazo, porque si la meta era ponerlos bien, no andaba bien encaminado. Como si me hubiera agarrado en falta, esto inflaba a Panchito adquiriendo categoría de superdotado, cuando en última instancia no pasaba de hijo de ferretero (13).

Durante su primera experiencia sexual en la capital, Lázaro se queda paralizado del miedo, y su incapacidad de ejecutar el acto sexual con una prostituta refleja su falta de virilidad al igual que su potencial para triunfar en la vida. La inquietud que expresa Lázaro al especular que, como resultado de su ineptitud, Panchito se creería muy bien dotado, no solamente se refiere al físico, sino también a su posición socioeconómica, como lo indica Lázaro al decir que su primo, a pesar de todo, sigue siendo hijo de ferretero.

Asimismo, Panchito se destaca en la universidad mientras Lázaro se hunde en sus estudios con apatía. Después de considerar numerosas disciplinas y ponderar sus posibilidades, Lázaro opta por estudiar derecho como su primo, sólo para saciar su hambre y satisfacer sus necesidades económicas. No obstante, el narrador-protagonista se desilusiona casi enseguida con su selección de carrera al darse cuenta que entre los estudiantes de derecho «engendraba una buena porción del bandidaje nacional...» (16). Sin poder conformarse con la corrupción que lo rodea, ni tampoco distanciarse de ella, Lázaro vacila entre las dos opciones. Su compromiso con los estudios de derecho resultaría en su degradación moral mientras su inconformidad lo aislaría, apartándolo aún más de su meta de hacerse *un hombre*. Por lo tanto, Lázaro simplemente prolonga sus estudios universitarios para evitar su decisión. Sin embargo, su débil aquiescencia tambaleante no es una opción viable: «Panchito, que subía como la espuma, veía como me hundía en el pantano de mi subdesarrollo, y de vez en cuando, por lástima, hasta me tiraba la toalla, no sin antes decirme: «Eres un mierda. No llegarás nunca a nada», que era una espina que llevaba clavada en los testículos.» (23-24) El rendimiento mediocre de Lázaro también se percibe en su impotencia sexual y física. Su ineficacia se agrava por el hecho de que Panchito se va a casar con Conchita Estrada Portela, «una cubanita hecha en Hollywood», cuyo padre el honorable Ramón

Estrada Portela, uno de los más prestigiosos abogados de La Habana, mantenía una estrecha relación con el gobierno. (17-18).

La unión entre Panchito y Conchita no es más que un «enchufe social", un matrimonio basado en la comodidad social y económica, según lo advierte Lázaro en su primera fantasía sexual. El narrador protagonista enfrenta y coarta sus defectos en sus ensueños masturbatorios con Conchita, los cuales también revelan las verdaderas intenciones de Panchito: querer casarse con ella, al mismo tiempo que de manera indirecta se critica fuertemente a la burguesía cubana. El primero consiste en una serie de sueños eróticos que tiene una noche cuando Lázaro se acuesta a dormir sin haber comido. Su hambre puede verse como una necesidad de sustento al igual que un vehemente deseo de satisfacción personal y profesional. Primero, el narrador-protagonista confunde a González, su compañero de cuarto que es un ciego veterano de la Guerra de Independencia, con los filósofos Sócrates, Aristóteles y Platón, e imagina que cada uno de ellos le da lecciones de ética. En el sueño, González sugiere que Panchito es un animal salvaje capaz de tragarse a «un jurisconsulto, con bufete y todo, incluyendo a la hija» y «toda la billetería del padre»(32). El sabio también descubre a Conchita como una impostora que se tiñe el pelo de rubio, advirtiéndole a Lázaro: «tú te engañas porque estás atosigado de complejos y por ese jodido empeño de ser cabrón cuando eres un santo inocente». (32) Así se descubre el dilema moral de Lázaro y las razones de su ineptitud. El sueño deja al descubierto el fracaso de Lázaro en los burdeles de La Habana:

> Lo cierto es que yo caminaba por el barrio de las putas como un sonámbulo asediado por una gran pesadilla que no terminaba nunca, un deambular por las callejuelas estrechas de Colón y Trocadero y de Blanco a Vertientes, donde me llamaban por persianas entreabiertas, mostrándome bembas pintorreadas, vulvas succionantes, clítoris desvergonzados y lenguas de un kilómetro de largo que salían por entre las persianas como serpientes del paraíso, produciéndome un efecto de apendejamiento que me aterrorizaba: me metía en un lupanar sin salida por el cual deambulaba soñadoramente un comemierda empecinado. Estaba aterrado del ano al pito y empecé a chillar hasta que González apareció y me despertó a grito pelado mientras sentía el peso atrofiado de los testículos. (33)

La parálisis y el pavor de su primer encuentro sexual vuelve a sentirlos por medio de una pesadilla. Reducidas a grotescas partes del cuerpo femenino que lo amenazan, las prostitutas parecen súcubos, demonios con el aspecto de mujer que seducen a los hombres mientras ellos sueñan.[3] Dentro del prostíbulo, las figuras de Lázaro y Panchito se confunden. Es difícil determinar a quién se refiere el término «comemierda empecinado». Lo que sí está claro es que la figura representa al hombre *que los tiene bien puestos,* el modelo varonil al que Lázaro aspira y que Panchito personifica con éxito. Así, su presencia en el sueño no solamente le hace sentir temor, sino que también lo atrofian física y emocionalmente.

Al despertarlo de la pesadilla, González le habla a Lázaro sobre la naturaleza y el significado de los sueños, diciéndole que son «traumas, problemas del subconsciente, como decía Freud» aludiendo de esta forma a interpretaciones freudianas y surrealistas (34). Influenciados por los escritos de Sigmund Freud, los surrealistas recalcaban la idea de que los sueños son tan reales como los eventos que ocurren mientras uno está despierto, y que por eso se deben considerar igualmente significativos.[4]

González reitera esta noción al decirle al narrador-protagonista que «en el sueño uno mezcla la realidad con la fantasía, y esto es todo y lo mismo» y al afirmar que en «el sueño no tienes control de nada»(35). Estas declaraciones también recuerdan la definición primaria del término Surrealismo según la delinea André Breton en su manifiesto de 1924:

> SURREALISM n. Psychic automatism in its pure state, by which one proposes to express –verbally, by means of the written word, or in any other manner –the actual functioning of thought. Dictated by thought, in the absence of any control exercised by reason, exempt from any aesthetic or moral concern. (26).

---

[3] En sus investigaciones sobre la sexualidad, los surrealistas compararon las imágenes de los súcubos con las de las mujeres en sus fantasías masturbatorias. André Breton las distinguió en la primera sesión del estudio, cuyos resultados fueron publicados en *La Révolution Surréaliste* en marzo de 1928. Breton declara con la aprobación de sus colegas que «one difference is that with onanism one chooses what one sees, one is indeed very particular about it, whereas with succubi one doesn't have a choice». Véase *Investigating Sex: Surrealist Research 1928-1932,* ed. José Pierre, trans. Malcolm Imrie. (London: Verso, 1992) 7

[4] «I believe in the future resolution of these two states, dream and reality, which are seemingly so contradictory, into a kind of absolute reality, a surreality, if one may so speak». André Breton, *Manifestoes of Surrealism,* trans. Richard Seaver and Helen R. Lane (Ann Arbor: The University of Michigan Press, 1972) 14.

Como los sueños no son restringidos por la lógica ni la ética, pueden ser útiles para transgredir las normas sociales. El sueño de Lázaro cuestiona la concepción dominante de la masculinidad cubana y muestra a su primo como un codicioso arribista cuando imagina a Conchita, desnuda, toda rubia, acostada en su catre mientras Panchito le extrae billetes del cuerpo.

>—¿No te lo dije? Esta jeba es un tesoro. Lo que tiene aquí es una caja contadora, y te advierto, que no es ninguna pesetera. Mira, mira éstos son billetes de a cien. Y en dólares, porque los americanos tienen locura con las cubanas. Pero como las prefieren mulatas rubias, le he teñido hasta los pendejos. Este bocado no es para ti, Lázaro. Pero mirar, lo que se llama mirar, puedes hacerlo y después hacerte la paja. (35)

Conchita, la arquetípica cubana burguesa, se deshumaniza, convirtiéndose en una caja registradora cuya única función es producir ganancias. En el sueño Panchito le dice sus razones verdaderas para contraer matrimonio. Conchita es un tesoro literalmente porque su padre es un hombre rico y poderoso que apoya el gobierno dictatorial y los intereses de los Estados Unidos en Cuba. Panchito deja bien claro que Lázaro no se merece a Conchita, pero le dice que la puede contemplar y masturbarse, haciéndose eco de las fantasías surrealistas en las que la mujer imaginada se utiliza como accesorio para el onanismo.[5] El episodio onírico, entonces, culmina con un sueño erótico: « Y yo, efectivamente, me llevaba la mano a la portañuela 'esa fuente de dolor' en el momento que me despertaba y se me empapaban los calzoncillos con aquel coco donde lo había metido todo. Me ahogaba en un mar de leche» (35). Las deficiencias de Lázaro se equiparan nuevamente a su sexo, al cual le da el apodo de «esa fuente de dolor» en una referencia directa al título de la novela. Lázaro puede soñar con Conchita, pero nunca podrá poseerla ni a ninguna mujer parecida por no tener las cualidades masculinas necesarias: el cúmulo de proezas sexuales, el prestigio social y el poder económico. Desde este momento en adelante, Conchita se convierte en accesorio onanista del narrador-protagonista y en un medio por

---

[5] El onanismo se discutió en gran detalle entre los surrealistas que participaron en las doce sesiones dedicadas a las *Recherches sur la sexualité,* quienes acordaron que las imágenes de mujeres siempre acompañan a la masturbación.

el cual se invierte el orden social y su propio lugar en la sociedad habanera. Lázaro ocupa una posición semejante a la del sujeto surrealista, por la manera en que Conchita funciona como imagen en la cual él proyecta sus deseos sexuales y sociales que nunca se materializan en la vida real.

Quizás la escena más surrealista y subversiva de la novela, la boda de Panchito y Conchita en la «centenaria, pontificia, ilustrísima catedral de San Cristóbal» (55) es el lugar inesperado para la siguiente fantasía sexual de Lázaro. Antes de recrear el evento en su memoria, el narrador-protagonista recuerda la invitación de Panchito a su fiesta de despedida de soltero que terminaría en los prostíbulos de La Habana, una propuesta que Lázaro declina categóricamente. En una referencia a la primera vez que su primo intentó tener relaciones íntimas con una prostituta, Panchito le comunica a Lázaro las consecuencias de la abstinencia sexual y el autoerotismo: «No me irás a decir que el fantasma de la corneta que no pita, aquella apendejada criatura, todavía le tiene miedo al coco. Te advierto que el órgano que no funciona se atrofia y la paja es la antesala de la impotencia» (56). Lázaro le responde sencillamente a Panchito que no puede asistir a la fiesta porque tiene «otra cosa entre manos», haciendo que el lector recuerde su última fantasía masturbatoria y anticipe la próxima, la cual ocurre durante la boda de su primo.

El narrador-protagonista describe la ceremonia en la iglesia de manera hiperbólica muy carnavalesca: «La boda era de ringuirrango y aunque no asistía el Mayor General porque se estaba cuidando la tira del pellejo, de ahí para abajo se puede decir que hacía acto de presencia toda la plana mayor» (56). Entre los invitados presentes en la boda se encuentran «políticos, comediantes e industriales; concejales, representantes y senadores; administradores y botelleros de la botella nacional que arruinaban la hacienda pública; y, principalmente, toda la plana mayor del código civil y criminal...» (61). Afuera de la catedral se ven filas de Cadillacs de los nuevos ricos junto a vendedores, billeteros y pordioseros que buscan clientes y amparo de la lluvia. Sintiéndose inseguro y fuera de sitio, Lázaro entra en la catedral con la mano metida en su chaqueta «como si tuviera una pistola en el bolsillo, a imitación fílmica de un gangster de Chicago» (62). En esta afirmación también repercute la doctrina surrealista al insinuar la violencia y anticipa el acto sexual de transgresión que Lázaro comete en la iglesia.[6] Un lugar sagrado y emblema del orgullo nacional, la catedral misma se erotiza cuando Lázaro imagina a las monjas y a los curas «en sensual oración y tentaciones de sotanas que acariciando los recovecos húmedos y escondidos de la carne, deslizaban su miel y su aceite en el patio interior [...]» (60).

Esta descripción sexual de la iglesia establece el escenario para el ensueño que tiene Lázaro de Conchita al verla desfilar vestida de novia:

> La luz que atravesaba el rosetón la hirió de arriba abajo, descomponiéndola como un cuadro de Picasso. Se volvía cubista y parecía hecha añicos, como si la hubieran desarticulado y una parte del cuerpo se compusiera, por equivocación, con otra que no le correspondía exactamente. Tenía cubierto el rostro con un velo tras el cual sólo podía percibirse el lustre de sus cabellos que parecían lentejuelas como si Dalí también estuviera metiendo la mano. (63)

La luz que brilla por las ventanas de la catedral ilumina algunas partes de Conchita mientras opaca otras, fragmentándola de ese modo. Esta desmembración hace que Lázaro enfoque su mirada hacia la novia y note ciertas partes de su cuerpo, recordando el arte cubista y surrealista que con frecuencia descuartizaba la figura femenina, convirtiéndola en fetiche.[7] La referencia directa a Salvador Dalí prepara al lector todavía más para el salto a la segunda fantasía erótica que concibe Lázaro en torno a Conchita:

> Maniquí de carne y hueso, el velo caía por delante hasta los pechos, donde la tijera de la modista, precisamente en la punta de los pezones, había hecho un corte semicircular que bajaba hacia ambos lados dejando al descubierto los senos, firmes y turgentes, el talle estrecho, la curva perfecta de sus caderas, un rutilante brillante encajado en el ombligo y el sexo como centro y cetro del universo, adornado con un rizado negro natural que ponía en evidencia la persona, vida y máscara de sus cabellos. Todo muy natural, como si la estuviera encuerando algún pintor renacentista. Pero después, deshecha por el cubismo, las partes de ma-

---

6 Los surrealistas consideraban la ejecución de actos violentos como el resultado de una liberación absoluta de la imaginación. Véase André Breton, *Manifestoes of Surrealism*, 5.
7 Véase Mary Ann Caws, «Ladies Shot and Painted: Female Embodiment in Surrealist Art» *The Female Body in Western Culture* (Cambridge: Harvard University Press, 1986).

yor resonancia, se descomponían y multiplicaban, empezando a dar vueltas, particularmente la región del pubis. (63-64)

En el ensueño de Lázaro se ofrece una descripción insólita de una novia que expone su cuerpo desnudo mientras su padre la lleva al altar. Como en la primera fantasía erótica, Conchita se convierte en objeto: es un maniquí. Cuando se desplaza al ensueño masturbatorio, el narrador protagonista percibe los senos, las caderas, y el sexo de Conchita como si se vieran a través de su traje. Ampliado y multiplicado, el cuerpo desnudo de la novia se yuxtapone con las imágenes y miradas de los santos, mártires, vírgenes y demás feligreses mientras que Lázaro se auto-estimula: «Sacudí la cabeza. Aquello era un coco del subconsciente que había elaborado una masturbación absurdista del que no puede y se conforma con la mano» (65-66). Lázaro no sólo se masturba imaginando a la futura esposa de su primo desnuda, sino que lo hace durante la ceremonia nupcial dentro de un espacio venerado, desautorizando la inviolabilidad del matrimonio y desacralizando la catedral al ejecutar un acto profano de rebeldía social.

Es importante anotar también que después de terminar la ceremonia Lázaro se encuentra abrumado por el hambre, el mismo malestar a que atribuyó su primer sueño erótico en relación con Conchita. Débil y desorientado, recibe ayuda de «Cecilia Valdés», la querida mulata de Ramón Estrada Portela que también está celebrando la boda de Conchita con un gran banquete de delicias criollas. A pesar de que está famélico, Lázaro vomita incesantemente. Su purga puede verse como un acto simbólico de insubordinación, al igual que una manera de purificarse por la cual él reprende y rechaza los falsos pretextos de la boda y las apariencias fingidas de la sociedad que se reúne a celebrarla.

Cuando el narrador-protagonista vuelve a fantasear sobre Conchita, lo hace sin reconocerla, aunque el lector rápidamente descubre su identidad. Lázaro está parado en la esquina de una calle cuando ve a una mujer caminando hacia él y se escapa de la realidad una vez más tras un sueño erótico, contemplando «el cuerpo más bien delgado, la blusa blanca, de hilo, bordada a mano, que daba aquella impresión de transparencia, de desnudez [...]» (143). Como en el día de su boda, Conchita aparece vestida de blanco, y Lázaro la desviste mientras ella se le acerca. Este encuentro casual los conduce a entablar un adulterio. Al convertirse en el amante de Conchita, Lázaro transforma sus fantasías sexuales en realidad: «[...] aquel recorrido por el surrealismo del populacho habanero y el descenso al sancocho politiquero de nuestra jurisprudencia, se había resuelto con un episodio de alcoba que había eliminado, de sopetón, todos los complejos que me había inventado Freud» (171). La relación ilícita que Lázaro mantiene con Conchita le provee una sensación inmediata de adquirir y ejercer el poder, particularmente sobre Panchito. Sus sentimientos de inferioridad parecen disiparse con el entendimiento de que él es la persona que está ayudando a Conchita a ponerle los cuernos a su desprevenido primo. Mientras se desenvuelve la relación entre ellos, se ve que Conchita todavía sirve de objeto con el cual Lázaro puede proyectar y satisfacer sus deseos varoniles: «El logro de mi masculinidad se reflejaba en el cuerpo de Conchita, que era la afirmación de mí mismo» (188). Después de que su unión sexual se consuma, Lázaro sigue utilizando a Conchita como vehículo para imaginarse a sí mismo como un hombre de poder, clasificación que le elude y que no había podido alcanzar en la vida real.

Lázaro continúa evadiéndose de la realidad mediante ensueños eróticos con Conchita aún cuando están juntos. Una tarde cuando los dos se encuentran en un concierto, él se masturba imaginando que de esta forma revelan su relación íntima ante el público:

> [...] arrastrado por la sonata de movimiento continuo, nosotros dos solos, en dúo, y de las bocas allí en la sala de concierto, fantasía de eros, coco de la masturbación sinfónica, erección musical a la vista de todos, desnudando la pasión escondida, el manantial del pecado [...] (207)

El narrador-protagonista se excita al pensar en la posibilidad de dar a conocer abiertamente su amorío con Conchita. Su excitación se eleva cuando ve a Panchito acercarse a ellos y piensa que su primo lo va a coger «con la mano en la masa» (208). Sin embargo, Lázaro se decepciona cuando ve a Panchito reaccionar como si no estuviera haciendo nada malo. Es más, Conchita le asegura a Lázaro que no tiene que preocuparse porque su marido ya sabía que estarían ahí juntos. Después del concierto, Panchito y Conchita salen juntos, y el deseo que tenía Lázaro de despreciar públicamente a su primo nunca se materializa. El poder que le había conferido el adulterio termina siendo nada más que una ilusión.

Lázaro se encuentra solo, desamparado y humillado después de que Conchita lo deja y se va del teatro con Panchito. Anticipa su futuro abandono a la vez que experimenta una pérdida de dignidad y de valoración propia:

> Me seguía viendo como un incapacitado de la vida, particularmente ahora en que el abandono de Conchita se me había hecho evidente con la aparición de Panchito. Algo, que no podía predecir pero que sabría de un momento a otro, se me venía encima... Era como si todo lo hubiera eyaculado. Un fracaso total. Un falo que se desprendía en el vacío. (214)

Al presentir la huída al exilio de Conchita y Panchito, el narrador-protagonista vuelve a sentirse inepto y desprovisto de poder. Su renovado sentido de impotencia se revela en una pesadilla que tiene cuando regresa a su apartamento y se queda profundamente dormido. Lázaro sueña que viaja en automóvil por una autopista a uno de cuyos lados se encuentra el mar y al otro acantilados. Una mujer envuelta en gasa blanca de pies a cabeza como si fuera una momia está sentada con él en el coche. La desconocida tiene un cierto parecido con la Conchita vestida de blanco, como en las últimas dos fantasías, aunque el narrador-protagonista no se da cuenta de la semejanza:

> Bajo aquel vendaje que daba vueltas alrededor de ella, se marcaba un cuerpo delgado y esbelto, con unos pechos que apenas se insinuaban debajo de aquel encaje quirúrgico que la cubría con el recato de una monja, aunque la presión de la venda acababa por insinuar unos pezones que dejaban clara constancia de su género, haciendo ver que por debajo de la gasa no tenía nada puesto. (215)

Lázaro describe a la mujer casi de la misma manera que imagina a Conchita en sus fantasías sexuales, observando atentamente su cuerpo y enfocándose en sus senos. Las únicas características de la figura femenina que se distinguen son, que tiene la cara cubierta con la gasa blanca «salvo donde no estaban sus ojos y se distinguían dos aberturas oscuras e insondables, cuencas negras y vacías» y que su boca vacía «dejaba ver tan sólo la oscuridad de una garganta que no estaba» (215). Lázaro sospecha que no hay nadie debajo de las capas de gasa, recordando al lector la advertencia de González cuando dice en el primer sueño que Conchita es «un engaño» (32). Aún más perturbante para el narrador- protagonista es el reconocimiento de que la mujer efímera maneja el coche, hecho que le produce vértigo y náuseas como en sus fantasías anteriores. Sin embargo, en este sueño no se sabe exactamente quién controla a quién. Lázaro no parece ser el que evoca la imagen femenina, sino que es la mujer quien dirige las acciones que están sucediendo entre los dos mientras conduce el auto, se desviste y se desvanece a la vez.

> Ya completamente desnuda vi horrorizado como el pie desaparecía en el acelerador, hasta que al llegar a la única mano que le quedaba vendada, la que iba manejando, la otra que ya no se veía, la iba haciendo desaparecer. Me lancé sobre ella para que no fuera a desaparecer del todo, cuando en realidad nunca había aparecido, dispuesto a que la cópula se consumara. Busqué la humedad de su lengua en el oscuro total de aquella boca que ya no estaba y creí perderme en el vacío insaciable de la lujuria que nos lanzaba a la fosa del océano. (220)

Aunque Lázaro desesperadamente intenta agarrar y poseer a la mujer que está manejando, no lo logra porque ella realmente no existe. Entonces el narrador-protagonista se despierta del sueño repentinamente al oír el timbre del teléfono. La llamada es de Conchita, quien lo invita a su casa para decirle que han derrocado al Presidente y que ella se va a ir del país con su marido, su hija y su padre. Cuando le ofrece a Lázaro una visa para que él la acompañe, ambos, el lector y Lázaro, se dan cuenta de que, parecida a la mujer que guiaba el auto en su último sueño, Conchita ha sido la que ha dirigido su relación amorosa no tan clandestina. Elsa Gilmore anota en su análisis que los atributos picarescos de Lázaro se igualan a la oferta de Conchita:

> finally awakens him to the reality of his subservient role as a provider of sexual services to a wealthy, bored wife, possibly with the tacit approval of her busy husband. Conchita's imminent departure from Cuba reveals her, the presumed victim of Panchito's unfaithfulness and the object of Lazaro's male sexual desire, as a powerful subject whose interest in Lazaro is limited to her own satisfaction. (53)

Al final, los papeles desempeñados por Conchita y Lázaro se invierten, convirtiendo al narrador-protagonista en un objeto de consumo y satisfacción sexual. Las nociones de género y sexo inicialmente presentados a través de la novela, así como la idea de la mujer como simulacro del deseo del hombre heterosexual, se subvierten y desvalorizan.

Mediante su apropiación ingeniosa de la estética surrealista en *Esa fuente de dolor,* Montes Huidobro desmantela el mito idílico de La Habana utópica de los años 50 al cuestionar los valores de la sociedad, particularmente sus actitudes ante el género y el sexo, así como la desmesurada avaricia. Los sueños eróticos de Lázaro exponen como el insaciable deseo de dinero y poder genera la corrupcion desenfrenada y al mismo tiempo, revelan la represión y enajenación social que experimentan los que tratan de distanciarse de los criterios imperantes. Al final de la novela, el lector queda con la visión de una Cuba prerrevolucionaria donde uno puede conformarse con las normas establecidas, pero degradantes, o liberarse de ellas reaccionando en contra de las mismas. Tal rebeldía, no obstante, significa condenarse a existir sólo en el espacio urdido por la imaginación, el único en el que se pueden perseguir y realizar los deseos.

OBRAS CITADAS

Breton, André. *Manifestoes of Surrealism.* Trans. Richard Seaver and Helen R. Lane. Ann Arbor: The University of Michigan. P, 1972

Caws, Mary Ann, «Ladies Shot and Painted: Female Embodiment in Surrealist Art,» *The Female Body in Western Culture.* Cambridge: Harvard UP, 1986.

Febles, Jorge. Reseña de *Esa fuente de dolor,* por Matías Montes Huidobro. *Caribe* 2.2 (diciembre de 1999): 149-152.

Gilmore, Elsa. «Picaresque Traces in Matías Montes Huidobro's *Esa fuente de dolor,*» *Anales literarios* 3.3 (2001): 46-60.

Montes Huidobro, Matías. *Esa fuente de dolor.* Sevilla: Algaida, 1999.

Pierre, José. *Investigating Sex: Surrealist Research 1928-1932.* Trans. Malcolm Imrie. London: Verso, 1992.

Suleiman, Susan Rubin. *Subversive Intent: Gender, Politics, and the Avant-garde* . Cambridge: Harvard UP, 1990.

LA HISTORIA CUBANA: EJE EQUÍVOCO DEL JUEGO INTERTEXTUAL EN *CONCIERTO PARA SORDOS*

Jorge Febles
University of North Florida

Si como arguye Roberto González Echevarría, «Latin American history is to the Latin American narrative what the epic themes are to Spanish literature: a constant whose mode of appearance may vary, but which is rarely absent» (6), la producción novelesca de Matías Montes Huidobro confirma casi en bulto la validez de esa premisa. Muy en particular, el devenir histórico cubano, asumido o desfasado de manera idiosincrática, constituye el trasfondo textual de lo que bien puede designarse su «trilogía del sufrimiento colectivo e individual»: *Desterrados al fuego, Esa fuente de dolor* y su penúltima novela, *Concierto para sordos*. La primera narración se ocupa en forma alucinante del desarraigo y la enajenación experimentados por el escritor que se exilia en Estados Unidos tras el triunfo revolucionario y la subsecuente radicalización del proceso regeneracionista. El segundo libro se relata desde la perspectiva de un *artista adolescente* que, al enfrentarse con el ámbito sociopolítico y económico del segundo batistato, desmitifica con vigorosa crudeza la idealizada «Cuba de ayer.» Por último, *Concierto para sordos* supone una suerte de nexo pesadillesco entre espacios arbitrarios y períodos históricos concretos. Así se enlazan de manera enervante tanto las dos novelas anteriores como una gama de pasados, presentes y futuros. La trama se desenvuelve conforme a un complejo devaneo intertextual que, a un nivel básico, estriba en juguetonas alusiones pasajeras e insignificantes, las cuales remedan huellas arqueológicas ubicadoras, *citas* literarias o no superpuestas en el lenguaje narrativo y subtítulos descriptivos evocadores de la novela romántico-realista. En un plano más complejo, el autor real se hace eco de la propia obra con el objeto de remitir al destinatario a toda una textología sintetizada parcialmente en *Concierto para sordos* e inscribe de manera paródica un método expresivo en otro. Éste se trata del discurso histórico nacional que se denigra en forma carnavalesca o se reinterpreta con la vertiginosidad posibilitada por el entramado novelesco, por la armazón textual propiamente dicha. Se crea de tal forma una «concordancia de desviaciones» afín a la que Kristeva intuye en el *Jehan de Saintré,* narración en que los argumentos o polos yuxtapuestos se encadenan sin que se advierta el imperativo de resolver definitivamente su contraposición (52).

La complejidad técnica y anecdótica transparente en *Concierto para sordos* desmiente su sencillez ideológica. Conforme se ha adelantado, esta novela se centra en la enervante circularidad histórica cubana, caracterizada por etapas represivas que evolucionan *in crescendo* (o en «espiral» centrípeta como quiere el narrador) hacia una incierta apocalipsis. Ello, empero, se presenta mediante un montaje tan exuberante que admite el cuestionamiento de la propia integridad poética del protagonista, es decir, de su naturaleza *física* como ente de ficción que opera dentro de una trama particular. Su representación textual fluctúa entre la concretez humana y cierto carácter de entelequia simbólica, de abstracción instructiva forjada con el objeto de articular ideas extraliterarias.

En su reseña de la novela, Olga Connor la emparenta con esa tradición *cementeril* hispanoamericana que cifra en Elena Garro *(Un hogar sólido)* y Juan Rulfo *(Pedro Páramo),* o sea, con obras apegadas al realismo mágico en que los muertos hablan, sienten, perviven y no se distinguen gran cosa de los vivos, por simplificar a la ligera ese planteamiento ficticio. Acaso sería preferible, empero, vincular *Concierto para sordos* a dos diferentes esquemas creativos. Primero, se detecta en el libro la presencia implícita de cierta tradición mortuoria populachera, reflejada en textos líricos o musicales que fluctúan entre lo morboso y lo jocoserio. Pienso, por ejemplo, en «Bodas negras,» «En el último cuarto hay son» y el guaguancó de Rafael Blanco Suazo, «El muerto se fue de rumba,» especie de motivo recurrente en la novela. Segundo, el relato de Montes Huidobro se apoya en tales modelos clásicos españoles como *La danza de la muerte, El burlador de Sevilla* de Tirso, *El estudiante de Salamanca* de Espronceda y el *Don Juan Tenorio* zorrillesco, obras mucho más extravagantes en que se acentúa la transición entre mundos de manera dramática. En ellas se persiguen fines harto más pedagógicos gracias a su naturaleza emblemática, o sea, la muerte se manifiesta como convención, como recurso que posibilita el aleccionamiento. Lo importante no es tanto el haber dejado de existir, sino lo que se aprende al experimentar dicha transición que deviene luego comunicable mediante un curioso espiritualismo poético. Se piensa en la lamentación de Conan Doyle ante su época utilitaria y cientificista, la cual lo hace añorar otra edad en que literatos como Fenimore Cooper, William Cullen Bryant, George Bancroft y Nathaniel Parker Willis eran capaces de reunirse en torno a la mesa de las hermanas Fox para hurgar por medio de ellas en los secretos del más allá. Escribe con desesperada irritación: «The world since then [...] has erected great structures and it has invented terrible engines of war, but can we say that it has advanced in spiritual knowledge or reverence for the unseen? Under the guidance of materialism the wrong path has been followed, and it becomes increasingly clear that the people must return or perish» (87).

El lector de *Concierto para sordos* jamás se atreve a garantizar si el protagonista está muerto, si imagina su muerte, o si sólo la inventa conforme a la misión escritural que se le asigna tanto al principio como al final de la obra. Cuando menos metafóricamente dentro del contexto textual, sin embargo, el narrador en primera persona asegura que murió ejecutado por orden de un régimen tiránico indefinido; luego, insiste, sepultaron su cadáver en el cementerio de Colón tras sufrir el suplicio del garrote vil. Se le condenó a este castigo debido a sus creencias subversivas, constatadas por las autoridades cuando le trepanaron el cráneo tras ajusticiarlo y descubrieron que en su cerebro sólo había excremento. Una vez sepultado en la necrópolis, la extraña nueva vida del personaje deviene ambigua, improcedente, pues se desenvuelve en un microcosmos *sui generis*. Lejos de intertextualizarse o remedarse ese realismo ultramundanal que define las obras de Garro y Rulfo, tan profundamente mexicanas en el fondo, en *Concierto para sordos* se forja un espacio ambiguo de estirpe surrealista o expresionista dentro del cual el héroe muerto sobrevive de modo chocante e irracional. El cadáver enterrado en su féretro en el capítulo que se denomina «La ciudad de los muertos» se transforma a poco en el esqueleto de «Osario» que se auto-reconstruye valiéndose acaso hasta de huesos ajenos para deambular luego en forma carnavalesca por el cementerio. Se torna así en «un muerto que se va de rumba,» conforme a la tonada chocarrera de que el personaje principal se hace eco. Lógicamente, mueve la osamenta hasta «El panteón lucumí,» donde dialoga con deidades afrocubanas. Más tarde, en «El destino de los manatíes,» visita indígenas maltratados por los conquistadores españoles y pasa a dialogar con veteranos de pasadas gestas independentistas en el episodio llamado «El ara de la patria,» El autor implícito se remite a Martí tácitamente cuando da título a «El presidio político», episodio en que enfrenta a su personaje con esta circunstancia isleña consuetudinaria, mientras que en «El Tiznado» lo hace confrontar la figura del proto-opresor, a quien se caracteriza mediante ese nombre escatológico de Satanás. Se transparenta que, hasta este capítulo, Montes Huidobro traza un corto periplo extravagante para *desescribir* la historia nacional desde una perspectiva antropológica. Posteriormente, en fuerza del cariz cuasi alegórico de la narración, el personaje *resucita* en «Diagnóstico» y «Cuba eres tú» para sufrir nuevas penas mientras se encuentra hospitalizado. Los capítulos conclusivos, «La solución de la incógnita» y «La sílaba Om,» propulsan la fábula –coherente hasta estos acápites pese a su raigambre fantástica– hacia la reflexión filosófica de índole esotérica, hacia la totalidad imaginista que le confiere virtud literaria omniabarcadora. La síntesis del devenir histórico nacional está en función tan sólo de la forja del texto particular en que se imbrica, al que da pie como asunto. Por ello, cualquier lectura de esta novela exige la consideración de su naturaleza metafórica o emblemática, asentada sobre todo en su intrínseca intertextualidad, aun más que en el fondo político e historicista latente en ella.

Según se ha observado, en *Concierto para sordos* proliferan referencias veladas o abiertas a pre-textos con los cuales se dialoga en mayor o menor grado, *citas* reconocibles y estrategias textuales representativas de diversas épocas, todas las cuales subrayan el carácter profundamente literario de este escrito un tanto moralizante, a la par fabuloso y fabulesco. Así, por ejemplo, se apunta en un comienzo a Carpentier, otro gran veedor de La Habana y de la Isla, mediante una pasajera alusión a «los cánones del siglo de las luces» (2) y otra no menos decidora a un inevitable cataclismo previsto bíblicamente y anotado en «balbuceos de papel escondidos en los muros de la ciudad cuyas columnas, proféticamente, hacían sus vaticinios» (1-2). Montes Huidobro, escritor barroco de otra estirpe, se remite paródicamente a la pauta creadora esbozada por Carpentier, a su visión escultórica centrada en la interpretación de superficies, para adentrarse en el submundo grotesco citadino. *La ciudad de las columnas,* hermosa en su plenitud arquitéctonica, se vislumbra por debajo, desde los oscuros templos de la muerte, con una perspectiva más afín a la de Valdés Leal que a la de Wilfredo Lam, con la salvedad de que predomina ese «mestizaje,» ese «proceso de simbiosis, de adición, de mezcla» (s.p.) que, al decir de Carpentier, engendra el barroquismo cubano. Este proceder intertextual —imitativo, dialogante o contestatario— repercute a lo largo de la narración. Así se advierten referencias a *El ruedo ibérico* y *Tirano Banderas* de Valle Inclán, a las consabidas coplas manriqueñas, a *Falsa alarma* y *Electra Garrigó* de Piñera, a *Santa Camila de La Habana Vieja* de Brene, a *Calixta Comité* de Hernández Espinosa, a *El presidio político en Cuba* de Martí, a Genet y su teatro de la crueldad, a *Cecilia Valdés* de Villaverde, y a múltiples textos más con los cuales se configura un *tableau* polisémico que, como retablo de El Bosco, exige la concentración del mirar en detalles ínfimos mediante los cuales se amplía la proyección semántica de la novela. Además, como en otras narraciones de Montes Huidobro, se depende del recurso decimonónico que confiere a cada capítulo una suerte de autonomía asentada en la designación independiente, o sea, en el nombrarlos con el objeto de orientar, cual si los trancos narrativos constituyeran entidades independientes, cual si fueran mininarraciones hilvanadas para armar un gran todo.

Semejante estrategia narrativa adquiere índole aún más híbrida al integrarse en la novela fragmentos o citas procedentes de géneros extraliterarios. En un comienzo, por ejemplo, se menciona a *Nadie escuchaba,* filme anticastrista de León Ichazo y Néstor Almendros, que de algún modo apuntala el cometido crítico de *Concierto para sordos.* Se detectan múltiples alusiones directas o indirectas a los estilos pictóricos de Mondrian, Goya, Picasso, El Bosco y otros. Por último, la música popular isleña— sustrato paródico reiterado en la obra de Montes Huidobro —repercute en el trasfondo novelesco desde la tercera página, cuando se discute la imposibilidad de la escritura en un mundo caracterizado por la incoherencia primordial. Según el narrador, lo que surgía de esos excesos, «no era lenguaje siquiera. Cuando más, bolero que iba por la vereda tropical, melodía adormecedora del orgasmo al natural: ni siquiera reconquista colonial. Por hacer algo y no dejar de hacer, se copulaba. Pero, ¿es eso escritura?» (3) Al integrarse en el texto a través de menciones circunspectas, canciones banales como «Vereda tropical» y «Las perlas de tu boca» se unen a los ritmos afrocubanos para conformar una suerte de sonoridad ambiente denigratoria tanto de las relaciones humanas como del suceder nacional en que estriba la anécdota. Dentro de la estética de Montes Huidobro, el bolero representa invariablemente el sentimentalismo chabacano que opera en contra de la comunicación hombre-mujer (o protagonista-Cuba en esta fábula), mientras que la música enardecida apunta a unas carnestolendas perpetuas que aquí ofuscan las circunstancias compartidas en lugar de invertirlas chocarreramente. En *Concierto para sordos* lo carnavalesco se asienta en eventos sociales manipulados lo mismo que en la intrascendente euforia colectiva expresada por medio del baile enloquecedor, del *ilinx* o vértigo enajenante autoinducido si se piensa en términos lúdicos (27) como los definidos por Caillois.

Entre tal heterogeneidad intertextual descuellan las numerosas remisiones a escritos propios que, a veces, se citan ya bien para esclarecer, ya bien para complicar lo narrado. Al menos parcialmente, Montes Huidobro construye *Concierto para sordos* en base a un recorrido personal por su obra casi como para documentar el modo en que ésta se ha debido a su paso por la historia patria, de la que ha sido partícipe y en ocasiones víctima. El recuento de relatos y obras dramáticas que se perciben en el texto incluye, entre otros, *La madre y la guillotina, Gas en los poros, Oscuro total, Esa fuente de dolor,* «Espirales de celuloide» (primer título de *Parto en el cosmos), La sal de los muertos, Sobre las mismas rocas, La navaja de Olofé, Ojos para no ver, Oscuro total* y, ya al final, «El hijo noveno,» primer cuento del autor que se maneja simbólicamente en el texto para sugerir cierta circularidad anecdótico-conceptual.

A esta panorámica se añade el léxico populachero que, al intertextualizarse, se descompone analíticamente, se desconstruye para acentuar idiosincrasias nacionales. O sea, la voz del narrador que se eleva por medio de la referencialidad y hasta de la autorreferencialidad estéticoliteraria, se humilla al unísono como para definirse en relación con los variados estratos de la cultura cubana. Ello se debe a que toda esta estratagema textual se subordina al intricado asunto ventilado en la narración.

Conforme a sugerencias previas, si la circularidad histórica cubana, su carácter de vorágine ineludible marcada por la violencia y la represión, representa el tema de la novela, éste se trasunta en una enrevesada armazón anecdótica cuya índole compacta y arbitraria niega tanto el proceder cronológico como la naturaleza explicativa tradicionalmente relacionados con el relato que aspira a sintetizar hechos *auténticos* desde una perspectiva sociocientífica. Aclara Hayden White que «the historical work [...is] a verbal structure in the form of a narrative prose discourse that purports to be a model, or icon, of past structures and processes in the interest of *explaining what they were by representing them*» (2). La narración de Montes Huidobro, por el contrario, estriba parcialmente en acontecimientos concretos y en figuras verídicas, los cuales se entremezclan o coexisten con sucesos extravagantes, entidades legendarias y personajes inventados en un submundo cuya cara exterior se identifica casi hasta el clímax con el Cementerio de Colón. En ese sentido, su trasfondo historicista, es decir el tema, se descompone escandalosamente, se desfasa al intertextualizarse de manera peregrina, en juego de fuerza con el carácter convencionalmente narrativo, o politizado, o contestatario, o justificador, o fría e *imparcialmente* analítico de las historias oficiales en que se fundamenta la fábula. Tal procedimiento puntualiza la lógica inherente en este acerto de González Echevarría: «Intertextuality is not a quiet dialogue of texts [...] but a clash of texts, an imbalance among texts, some of which have a *molding and modeling* power over others» (10). Al recorrer la historia cubana, enterrada íntegramente con él en un microcosmo laberíntico, agrupador de etnias, de escalas sociales, de habitantes de épocas dispares que las reviven en una intemporalidad subrayada por la imposibilidad del cambio, por la persistencia nefasta del despotismo que reprime en perpetuas espirales ascendentes, el protagonista de *Concierto para sordos* procura entenderse a sí mismo como miembro de una sociedad en estado permanente de crisis.[1] Ésta proyecta su raíz carnavalesca tan lejos del pintoresquismo

---

[1] En su introducción al *Rabelais,* Bakhtin señala lo siguiente: «The feast is always essentially related to time, either to the recurrence of an event in the natural cosmic cycle, or to biological or historic timeliness. Moreover, through all the stages of historic development feasts were linked to moments of crisis, of breaking points in the cycle of nature or in the life of society and man. Moments of death and revival, of change and renewal always led to a festive perception of the world. These moments, expressed in concrete form, created the peculiar character of the feasts.» (9) Propongo que, en *Concierto para sordos,* novela ambigua en el sentido carnavalesco del término que estriba tanto en la dimensión más vasta del tiempo como en la transición de un espacio a otro, Montes Huidobro generaliza la noción de crisis, extendiéndola a toda la historia nacional. Cuba es carnaval y crisis, crisis y carnaval. Por ello atrapa en un círculo vicioso a los productores de esos dramas grotescos que son al unísono sus víctimas y sus reyes bufos.

localista que se propaga inclusive al más allá. De ahí que dicha configuración paródica exija un enfrentamiento agresivo con todo tipo de texto historicista tradicional, pues lo que se persigue es gritar, gritar alto, comunicar cuanto no se entiende a ciencia cierta, y sin gran esperanza de que ese arreglo cacofónico, ese hilvanamiento de ruidos enigmáticos grabados a base de antecedentes conocidos o estudiados, consiga despertar a todo destinatario sordo que habitó, habita o habitará el espacio poetizado.

Pese a las bifurcaciones antropológicas o metaliterarias que confieren al texto un barroquismo profuso, el juego intertextual que urde Montes Huidobro se afirma principalmente en una travesía historicista posibilitada por la ejecución del protagonista en un presente metafórico capaz de aglomerar o resumir etapas dispares. Si bien se asocia su muerte con la realidad cubana contemporánea, al aplicársele el suplicio del garrote vil representativo del cruento sistema colonial español y de las primeras décadas republicanas se le convierte en víctima propiciatoria arquetípica, prometeica. En virtud de su condición ritualista, esta tragedia particular esquematiza la de individuos y colectividades a lo largo del devenir nacional, puesto que como aclara Girard, «ritual sacrifices [...] are multiple, endlessly repeated» (102). De esa suerte se subraya la estirpe mítica de un suceder novelesco basado en el retorno a los comienzos, a la semilla, para descubrir la esencia tremebunda del carácter autóctono que desembrollaría la inextricable crónica patria. Se procura así indagar en el principio mismo de la escritura, o sea, aproximarse en forma arqueológica a esa *tabula rasa* previa a la formación de la voz esclarecedora u ofuscadora, en fin, al comienzo de la circunstancia humana. Por consiguiente, *Concierto para sordos* responde a ese prurito *desescritural* que, para González Echevarría, define la narrativa latinoamericana contemporánea (15), a ese desmontaje o deconstrucción de las *verdades* que han venido forjando una cadena de historias oficiales. El mito significa los orígenes, arguye dicho crítico, para luego decretar: «Latin American history is narrated in the language of myth because it is always conceived as the history of the other, a history fraught with incest, taboo, and the founding act of naming» (21). Como otros escritores modernos, Montes Huidobro se aferra a este atributo de la historiografía continental, a ese sustrato mítico que opera en contra de cualquier manida concretez analítica y que permite idear fábulas asentadas en el incesto, el tabú y el propio acto denominador.

Al comienzo de la novela, el protagonista se percibe como parte del doloroso laberinto tejido por una Ariadna identificable con el país natal: «Cuba misma en el telar, aquella mujer que me había soñado, jugueteaba con mi dolor y me hacía destilar aquel hilillo de sangre azucarada que se confundía con las gotas de semen de una erección provocada por el deseo y que anticipaba su propia erupción y muerte« (13). Se insinúa subsiguientemente que sólo el contar la patria, es decir, sólo el entregarse a ese acto a la par recuperador e inventivo, mimético y recreador en que consiste la escritura, facilitaría la ansiada fuga del nefasto círculo vicioso compuesto por la historia y la geografía magnetizadora cuya descontrucción iniciara Montes Huidobro en *Esa fuente de dolor,* texto a que apunta nada de soslayo el narrador mediante una alusión en apariencia baladí. Explica:

> Como una fuente de dolor, manaba de mi corazón la sangre y me empapaba el pecho, corriendo como un río por mi cuerpo desnudo y formando isla. Un hilo me estaba tejiendo. Quería, principalmente, salir. Pero, ¿cómo hacerlo? ¿Cómo poder describir un grito en el corazón? No tenía salida. Mi intención era escribir la saga, pero no históricamente. La llevaba adentro, como se lleva un puñal ensangrentado. (13)

Este empeño suicida se asienta en una relación incestuosa con la patria madre, con la seductora *belle dame sans merci* de dos caras, una exterior, bella y engatusadora; la otra interior, desquiciante, trágica, anciana como las piedras de que se compone. Cuando el narrador se detiene ante el pasado aborigen de la isla en su retorno a la matriz—o sea, a ese subsuelo patrio que encierra todas las huellas de una cronología monstruosa—, ésta se torna en tejedora y lectora de quipus improcedentes, leyéndolo en ellos a él como nudo diminuto de la extensísima cuerda nacional:

> Me lo explicó todo: como ya me estaba dando cuenta, todo había sido un plan premeditado. Los hombres, como siempre, se pierden por un culo y yo no iba ser la excepción que confirma la regla. Ella no era aquella chica, Cuba, como yo me había creído. Ella se llamaba Historia de Cuba, que era harina de otro costal. Yo estuve a punto de orinarme de risa, y no lo hice por respeto, porque de hacerlo iba a orinarla de risa, ya que estaba dentro del nudo. (57)

Parte del agobiante acontecer isleño, el personaje reconoce su relación sensual con la tierra en que nació, con el seno materno que al mismo tiempo se desea eróticamente con furor enfermizo. El matiz incestuoso sugerido en dicho fragmento se complica en «Cuba eres tú,» episodio clave que pone fin al contenido anecdótico de la novela. La isla se corporiza, se torna en enfermera que asiste al protagonista en su cama de hospital. Asume ante los ojos del paciente, sin embargo, la chocante doblez de un retrato cubista. Su geografía ambigua, polisemántica, polisémica, se compone a base de referencias contradictorias y de supuestos idiosincráticos asociables a circunstancias recurrentes:

> ¿Quién era? ('¿Cómo se llamaba aquella mujer? ¿Cuba? Una mujer fatal que tenía de todo. La perdición de los hombres, nacionales y extranjeros. La ley del deseo. [...] ¿Ahora? ¿Quién espera a quién? Una guajirita en el bohío saludando con el pañuelo. Una décima, un danzón. Un bolero, principalmente un bolero plagado de mentiras'). (101).

Por otra parte, la hilandera de un principio, forjadora de mitos en telares rudimentarios o enlazadora de quipus incomunicativos, sigue tejiendo, aunque el narrador discierne un método insospechado en su proceder. La voz omnisciente que se apodera de la narración en este capítulo y que reaparece en los posteriores, codeándose arbitrariamente con la primera identificada con el protagonista, resume la intuición de éste:

> Se dio cuenta entonces que no estaba bordando, sino que con las agujas de sus dedos iba haciendo nudos en una cuerda de seda. La estaba escribiendo. (¿Lo estaba escribiendo?). Ella parecía sonreír quizás reírse de él, mientras lo anudaba. (104).

La razón de su risa esclarece el motivo del complejo trayecto novelesco, del descenso a ultratumba para indagar en el pasado, el presente y el porvenir nacionales:

> ¿Escribir? Eso es imposible. Yo nunca he podido poner una letra al lado de la otra. Recordar, sí. Nunca he olvidado nada. Pero, ¿escribir? ¿escribirte? No había letras, no había alfabeto, y naturalmente no se necesitaba la sintaxis. Todas esas cosas vinieron después y me fueron creando de otro modo, pero no del modo que realmente era yo. (104-05).

De manera semejante al proyecto carpenteriano evidente en *Los pasos perdidos,* se ha emprendido una expedición antropológica hacia el principio mismo de la palabra, hacia el nacimiento de la historia por medio de la escritura. Así se descubre que aquélla coexiste con el mito para configurar una sola narración, variable y plurisignificativa. Lo histórico oficial o popular se intertextualiza con el objeto de componer un nuevo texto, ficticio e individual, en que el personaje mismo se torna en metáfora intrascendente de todo el suceder patrio así como en sinécdoque de la propia nación. Al reconocerse víctima, partícipe y hasta artífice de la historia nacional, el protagonista se percata de su función regeneradora. Ha viajado al elusivo inicio de la voz creadora, revelándosele finalmente que ésta radica en él mismo de manera exclusiva. Deduce casi al final de la novela:

> Del cordón umbilical al hilo de Ariadna, iba tejiendo poco a poco una red de palabras que me sacarían de aquel osario. Hilanderas de la vida, segregaban las palabras aquella seda que formaban hilos, tejidos y tapices que servían de sepulcro a los mortíferos insectos de la historia. Más allá se alimentaba y elevaba el pentagrama de las voces creando el único tapiz de la verdad posible, las sedas de la angustia y la belleza. Era yo el que hilaba, el que tejía, el que bordaba. Todo el rompecabezas tenía sentido, una composición secreta que a veces era una isla. (114).

Visto así, el personaje-escritor se salva proclamando la posibilidad de forjar su propio destino mediante la complicación del telar legendario en que estriba no sólo la historia cubana sino la historia punto. Por ello, los capítulos finales de la novela se apartan de lo concreto, afirmándose en un discurso filosófico abstracto que complica o supera el espiritualismo hasta cierto punto afrocéntrico que se advierte en un comienzo. De tal suerte, el juego intertextual cobra una complejidad ideológica harto más barroca, pues el trasfondo histórico casi se esfuma, cediendo espacio a divagaciones afirmadas en la descomposición, reconstitución y multiplicación del *yo* narrativo.

Estas meditaciones conclusivas se alimentan de conceptos esotéricos asentados en una pluralidad metafísica que apunta en direcciones a la par contradictorias y convergentes pues se resumen en la noción borgiana de la pluralidad del ser. Conforme a ese paradigma, la voz en tercera persona narra desde la perspectiva del protagonista para ubicarlo en un laberinto lineal de raigambre platónica, puesto que sus posibles salidas devienen barreras al reproducirse la una en la otra para revelar la imposibilidad del escape: «Pensó que un mismo ojo lo miraba desde ambos extremos del pasillo y que era un doble que hablaba ante el espejo para entretener su soledad» (111). La línea recta cerrada por un ojo idéntico que se percibe a ambos lados sin que se precise en cual de ellos se halla el espejo que lógicamente lo refleja, duplica al personaje pero también lo triplica gracias al otro cristal intersector de la raya infinita en que se emplaza. Está encerrado, a fin de cuentas, en lo que describe como «el laberinto de sí mismo» que lo encadena a «burdos juegos históricos» (112). Así va generando una autoconciencia ausente hasta el momento del texto: «Seguía inmóvil, haciéndose el muerto, aunque él sabía que no, que era una ficción más compleja de una realidad más simple que se podía contar con fechas y lugares que él había decidido borrar» (112). Dicho despertar del personaje a sí mismo, a su función histórico-ficcionalizadora, según ya se especificó, promueve un nuevo enajenamiento, esta vez autenticado por la propia forma de narrar, puesto que la impersonalidad inicial se entrega abruptamente al punto de vista subjetivo dominante:

> Tal vez, alguna vez, iba a poder escapar definitivamente. En mi propia insignificancia de carne y hueso, aquel motivo único de mí mismo, aquel ritornelo de la medianoche de mi memoria y de mi olvido, aquella constante que tenía que volver una y otra vez dentro de las variaciones musicales de la historia, aquel dictado que no me pertenecía, que era mi otro Mozart que me dictaba desde el otro lado del pentagrama cada letra, cada nota musical de las palabras, estaba ahí respirando silencioso en las galerías de la ratonera. (113).

Este tránsito al *yo* entraña el adentramiento en la propia psique por medio de reflexiones gráficas y enigmáticas al unísono signadas por la arbitrariedad pronominal. El personaje se autodescribe como entidad caleidoscópica que procura reconstituirse mediante una forma congruente definitiva, una armonía concebida esencialmente en términos musicales y abstracciones filosóficas. Para lograrlo, hurga en sí mismo como objeto y a la vez productor de la historia patria. Su retozo expresivo se remite con una lógica *sui generis* a conceptos religiosos disímiles que se hermanan con preceptos musicales ordenados de acuerdo con sugestivas medias tintas. Declara en un momento:

> Mi voz era toque de tambor, más grave y más agudo, la ley melódica que pulsaba el habla silenciosa. El código secreto del Twi y el Ewe evitaba a toda costa la palabra fatal, a menos que fuera YO. Entonces, no existía. Se había creído falsamente que el otro era capaz de mirarse con el solo ojo duplicado en la mirilla. No era el ojo de la Tiranía, porque éste, advierto, era otro jugador del ojo que vivía tinto en sangre en el espejo del crimen. Hablo del Ojo Mayor, el de la Cábala

> Descomunal debajo del cual todos los ojos palidecen, porque somos su paranoia. Claro que, por momentos, en La Ciudad de los Muertos, la mirilla apunta a matar con el ojo histórico. Pero ahora en el túnel estaba en un más allá de todos los otros ojos. Regresaba en milenios. Iba hacia atrás el espíritu de mi ignorancia para engendrar mi sabiduría, enterrarle, ojo por ojo, el dardo mortal al ojo tras la mirilla. En mi terror me había creado a mí mismo en el fondo del túnel, porque era el pozo. Y sin embargo, lo comprendía exactamente. La Voz es todas las voces y sólo basta ponerla en singular para apresarla, para apresarlas. La Imagen es todas las imágenes y sólo basta ponerla en singular para apresarla, apresarlas. (115)

La ambigüedad declarativa estriba primeramente en el «código secreto» o lenguaje reverencial de las tribus africanas de los Twi y los Ewe, quienes de acuerdo con Soler, jamás articulan los nombres de sus divinidades, permitiendo tan sólo que se golpeen o pronuncien con sus tambores (11). De una manera, esta identificación de la voz del personaje con los toques atávicos de índole africana que componen una serie de monótonos *yos* subraya un intuitivo primitivismo, el cual desmiente la naturaleza metafísica del fragmento citado. En lugar de señalarse según lo ha hecho hasta el presente el chivo expiatorio sacrificado por determinada dictadura, el narrador que batalla con su propia integridad se reconoce víctima tanto individual como colectiva del «Ojo Mayor, el de la Cábala Descomunal debajo del cual todos los ojos palidecen porque somos su paranoia» (115). El misterioso texto judaico, por lo tanto, matiza las lucubraciones confiriéndoles un cariz esotérico y universalizando la inseguridad humana. Para enfrentarse a esa teratología le urge reconocerse, de acuerdo con la hipótesis borgiana, hombre que remeda a la humanidad íntegra, voz e imagen que son todas las voces e imágenes, o sea, entidad cristiana o prometeica cuyo padecer metafórico deviene sinécdoque de la colectividad que se pretende rescatar por medio de la identificación suicida. Entonces, para componer el concierto para sordos, para lograr la armonía capaz de comunicar fehacientemente la clave del secreto vernáculo se impone, en arranque budista, «alcanzar en la nota precisa de hijo noveno la relación 9/1» (116). Ascendiendo al nueve que lo había definido en vida, hermanándolo con el consabido avatar, se lograría paradójicamente recuperar el uno definitivo, el *yo* auténtico productor de sonidos hilvanados con la debida nitidez.

Empero, semejante esquema numérico implica la obviación del 0, quebrantador de la reiteración infinita a base de múltiplos pues apunta como círculo, al caos cósmico, a la suma incoherente de todos los números. Ello promueve una complicación del método explicativo, que autoparodia el narrador al designarlo «chanchullo metafísico» (117):

> Yo era el hijo noveno múltiplo de tres y el retorno a la unidad; al mismo tiempo, era el círculo cósmico—esperaba YO. Ahora era capaz de comprender aquel empeño de producir en mí la parálisis (el garrote, el nicho, la camisa de fuerzas) (inclusive el movimiento paralítico de la carrera, aunque eso puede interpretarse como movimiento incesante de salida) era el intento de deshacerse de lo que era YO. A los efectos inmediatos, la historia aplicaba el torniquete de Dios, de acuerdo con sus propios intereses. (117)

Esta conciencia de su estirpe paradójica de figura plasmada por un devenir fuera de su control, pero irónicamente matizable por la pluma, lo hace depositario de textos que, al incrustarse en su piel, configuran el paso final del «concierto para sordos donde [su] osario era una sinfonía de palabras» (121). Entre estos *relatos* de que se compone su conciencia autorial sobresale «El hijo noveno,» primer relato de Montes Huidobro que retoma en esta novela para recalcar la busca inalterable del destino particular dentro de un andamiaje colectivo formado en base a múltiplos mágicos de tres que, armando círculos concéntricos o excéntricos, evolucionan lo mismo hacia la certeza del ser que hacia la nada.[2]

Sólo le queda al narrador encontrar la clave esotérico-musical capaz de facilitar tanto el reencuentro del *yo* consigo mismo como su identificación con la otredad colectiva de la que emana y que lo ha marginado por su vigorosa individualidad creadora, por su ansia de pervivir mediante la escritura, o sea, mediante la organización coherente, cuasi matemáti-

---

[2] «El hijo noveno,» relato que publicó Montes Huidobro en *Bohemia* durante la década de los cincuenta, tiene una función intertextual dinámica en *Concierto para sordos* debido sobre todo al juego numérico que lo caracteriza. En esencia, Montes Huidobro intuye el nueve como número sagrado que apunta a una suerte de completez realizada a base de múltiplos de tres que configuran, según se lo vea, un triángulo o un círculo, pero en cualquier caso líneas que se encuentran para insinuar la totalidad, la perfección. El protagonista criatura marítima esclavizada a la tierra por las circunstancias de ser el noveno vástago de un clan de labradores, se revela contra su destino, incorporándose a una familia marinera que carece del número que la perfeccione. Así evade su sino, navegando en la barca sagrada que se designa, en honor suyo, «El Hijo Noveno,»

ca, de palabras que son sonidos confabulados en un todo a la par melódico y anecdótico. Explica Soler: «El número, para el griego, y más tarde para el medieval o para ciertos compositores actuales, es el principio de todas la cosas: el universo proclama el reinado del número y éstos definen la esencia tanto de la música como de sus hermanas la astronomía y la geometría» (14). En *Concierto para sordos,* texto que, con arreglo a su título, procura elaborar una música inusitada,[3] los antitéticos Yin y Yan taoístas se resuelven textualmente en una fuga ambigua de cariz matemático:

> En algún punto indeterminado, numéricamente impar, 3, redondo, se había circunscripto al Yan celeste el numéricamente par, 2, Yin, cuadrado abarcador del círculo, concha envolvente. Se había compuesto una parte del concierto, pero ahora queda trascendido en un distanciamiento afilado que le da a la composición un filo único, más agudo, que penetra más lejos, como si fuera a romper un cristal tan fino que no ha sido creado todavía: una gota de agua en un cristal de cielo. (127)

---

[3] Las complejas referencias musicales que se advierten en los últimos capítulos de *Concierto para sordos* apuntalan la complejidad simbólica, conceptual y estructural de la novela. De cierta manera, Montes Huidobro emparenta su empeño estético con la polifonía de la música clásica. Ha escrito Aurelio de la Vega:

> De todas las artes, la música es, en su esencia, la más abstracta y la más difícil de comprender. Su naturaleza intemporal, unida al primitivismo del sentido del oído, la hace remota y hasta indescifrable para los muchos que sólo la conciben y gustan, en el mejor de los casos, como un vehículo utilitario para el diálogo con divinidades y la subsiguiente redención, como promotora de causas (del grito patriótico a la guerra real), como música incidental para obras teatrales o como subrayadora de imágenes y acción en películas y telenovelas; en el peor de los casos, la música se limita a ser mero entretenimiento para mover caderas, pegar cuerpos, batir palmas, contar nostálgicamente melodías de cinco notas o fumar marihuana. Pero en sus formas artísticas, dejado a un lado lo utilitario para existir por sí misma como forma sonora arquitectónica, la música es la última creación intelectual-estética que aparece en una cultura dada. (4).

Montes Huidobro parece hacerse eco inconsciente de estas meditaciones al trazar una novela que evoluciona, en términos musicales, de la monotonía monocorde basada en lo pedestre nacional al aparato sinfónico enrevesado y misterioso. Sostiene Soler, refiriéndose a unas observaciones de Bruyne: «La composición musical materializa la armonía invisible y la hace presente a la experiencia sensible de esta vida; pero en el momento en que el hombre quiere escrutar con la razón para comprenderla, se desvanece: la música no es enteramente inteligible porque sus fundamentos matemáticos son algo divino» (58). En ese sentido, los capítulos finales de *Concierto para sordos,* sugestivos e indescifrables en su meollo, documentan y comparten el proceso arquitectónico musical que se intertextualiza.

De ese modo, la narración pseudohistoricista se desfasa al disolverse en la poesía, en la música misteriosa que producen las palabras reunidas no tanto para articular significados sino para sugerirlos sonora y metafóricamente. Por eso la solución (o el enigma) textual se concreta en el mantra hindú OM, cuya naturaleza define Klostermaier de este modo:

> The most famous, most powerful and most mysterious of all mantras is OM [...], the ur-mantra.[...] The texts that speak of OM suggest that it has to be understood from within the context of the mantra-theory. A mantra need not have an intelligible word meaning; it is the sound equivalent of some reality and at the same time the medium by which this otherwise transcendent reality is reached. OM is not a concept of something but it is the *sabda-brahman*, the Supreme Being in the form of sound. It is the primeval sound, the medium between pure, spiritual *brahman* and the concrete material word. The *Chandogya Upanisad* calls OM the *all-word*. (78)

La esotérica palabra suprema, entonces, codifica el *Concierto para sordos,* para garantizar su lírica ambigüedad.

Para concluir, la historia cubana descuella en el barroco entramado intertextual que teje Montes Huidobro. Cuanto lo complementa—o sea, las referencias a textos ajenos y propios, las citas intercaladas en el discurso narrativo, la popularización de éste mediante chistes lexicalizados, alusiones musicales e improperios trillados—está en función de matizar el *tableau,* confiriéndole profundidad estética e ideológica. Los dos capítulos finales, en que se dialoga con el esoterismo y las teorías musicales para connotar lo que el relato tiene de exploración externa e interna con el objeto de autorrescatarse para rescatar, buscando la armonía mediante la palabra, amplían el bordado intertextual, pues destruyen el localismo aparente de la fábula, proyectándola hacia lo universal. Concretan esa trascendencia espacial y filosófica que, en el fondo, la novela busca desde un comienzo. Si el Cementerio de Colón adquiere virtud microcósmica, también Cuba deviene una suerte de espejo americano que refleja toda circunstancia humana en cualquier momento histórico. A la postre, la responsabilidad del escritor, del ser que historia críticamente para inducir el cuestionamiento por parte del destinatario externo, es siempre idéntico a pesar del espacio que se habite y los avatares políticos que le toque padecer: viajar al principio de la escritura para descubrir el vacío que urge llenar con esa voluntariosa voz propia cuya misión estriba en urdir una sinfonía capaz de saciar los anhelos individuales y, acaso, hasta de despertar a esos sordos obstinados en negar las cadencias de lo que va componiéndose sobre la marcha.

OBRAS CITADAS

Bakhtin, Mikhail. *Rabelais and His World.* Trad. Hélène Iswolsky. Bloomington: Indiana UP, 1984.

Caillois, Roger. *Man, Play, and Games.* Trad. Meyer Bash. New York: Schocken Books, 1979.

Carpentier, Alejo. *La ciudad de las columnas.* Fotos de Paolo Gasparini. Barcelona: Lumen, 1970.

Conan Doyle, Arthur. *The History of Spiritualism.* Facsímile. New York: Arno, 1975.

de la Vega, Aurelio. «Nacionalismo y universalismo,» *The Living Music Foundation.* <http://www.e-universe.com/Imfhome/journalx3a.htm>. 1-12. (Artículo aparecido originalmente en *Encuentro* 20 (primavera 2001): 49-56.

Girard, René. *Violence and the Sacred.* Trans. Patrick Gregory. Baltimore: The Johns Hopkins UP, 1989.

González Echevarría, Roberto. *Myth and Archive: A Theory of Latin American Narrative.* Durham, NC: Duke UP, 1998.

Kristeva, Julia. *Desire in Language: A Semiotic Approach to Literature and Art.* Ed. Leon S. Roudiez. Trans. Thomas Gora, Alice Jardine, and Leon S. Roudiez. New York: Columbia UP, 1980.

Montes Huidobro, Matías. *Concierto para sordos.* Tempe, AZ: Bilingual Press/Editorial Bilingüe, 2001.

———. «El hijo noveno,» La Habana. Cuba, *Bohemia,* 1950

Soler, Josep. *La música: De la época de la religión a la edad de la razón.* Barcelona: Montesinos, 1982.

White, Hayden. *Metahistory: The Historical Imagination in Nineteenth-Century Europe.* 7th. Ed. Baltimore: The John Hopkins UP, 1990.

MULTIPORALIDAD Y LABERINTOS EN *PARTO EN EL COSMOS*

Luis F. González-Cruz
Profesor Emérito, The Pennsylvania State University

La aparición de *Parto en el cosmos* en el año 2002, después de la publicación de *Concierto para sordos* en el 2001, viene a corroborar varios asertos nuestros planteados en un reciente estudio sobre la producción literaria de Montes en el cual afirmábamos que «el mejor modo de enjuiciar una obra de Matías Montes Huidobro es refiriéndose a la obra –prolífica– de Matías Montes Huidobro, puesto que cada (nueva) creación surge como parte integral y coherente de las que le preceden». La contraportada de *Parto* nos advierte: «Si en *Concierto para sordos* [...] tiene lugar un descenso a los infiernos en la necrópolis habanera del Cementerio de Colón [...], con *Parto en el cosmos* nos sorprende [el autor] con un giro completamente diferente en un viaje espacial del útero al universo». Sin embargo, contrariamente a lo que se nos indica, no encontramos gran diferencia entre estas dos novelas en cuanto a las preocupaciones que guían al autor en su labor creadora. En ambas existe un largo viaje eleático e ilusorio cuyo punto de partida es el Cementerio de Colón, en el primer caso, y un útero metafísico, en el segundo. Los personajes centrales también tienen mucho en común: en *Concierto* nos encontramos con un cadáver cuya deseada escapatoria y falsa resurrección lo llevarían a caer en otra forma de muerte; en *Parto* aparecen las mellizas Berta y Teresa que anhelan descubrir la verdad absoluta porque ésta les permitiría escapar del útero infernal que las enclaustra, en pos de una vida que es más bien remedo de la muerte. El estilo, de igual modo, refleja ese singular modo de narrar de Montes Huidobro: mediante la compleja concatenación de ideas conduce al lector por un mundo laberíntico que acerca el género de la novela al dramático o cinematográfico en virtud del carácter visual de sus descripciones y del cariz teatral de sus diálogos, que bien podrían saltar al escenario o la pantalla.[1]

Las protagonistas de *Parto en el cosmos* son dos mujeres que desde dentro del útero donde cohabitan, van realizando, antes de su nacimiento, una recomposición y evaluación del universo y de la vida humana; exponen, a su manera, los postulados, principios o razonamientos que a través de los tiempos han guiado al hombre en su historia, y aluden también a las atrocidades que aquél ha sido capaz de perpetrar. Mellizas idénticas en su apariencia, resultan antitéticas en cuanto a su temperamento: «Desde muy pequeña Berta lo recordaba todo mientras Teresa no se acordaba de nada. Esta diferencia fundamental [...] era el único abismo que separaba aquellas dos almas gemelas, que nacidas en un mismo parto y producto de una misma aventura uterina, sólo podían reconocerse a sí mismas por aquella característica que las diferenciaba [...]» (7). Con estas líneas comienza el texto, y a partir de este instante se sugiere la plurivalencia temática que domina la narración, porque Berta y Teresa no han nacido todavía y la novela cuenta el devenir de estos seres que se proyectan fuera del ámbito uterino para pensar y, siguiendo el modelo cartesiano, existir a través de dicho pensamiento. De hecho, la novela termina en el momento mismo en que la ansiada liberación está por producirse, cuando se vislumbra que van las dos por fin a abandonar el contorno que las ha cobijado durante nueve meses. Berta es la *mayéutica*, el «parto de las ideas», que busca la verdad para tratar de fijar en su memoria aquello que le permita descubrir su propio origen y, en consecuencia, el de todo el universo; Teresa es la *poiêsis* que busca crear su propia verdad de modo imaginativo por medio de un viaje ficticio fuera del vientre, fantasía que le permite aun componer una novela. Berta es la ciencia; Teresa es el arte. Pero poco a poco nos damos cuenta de que esta diferencia es en realidad

---

[1] Un comentario tocante a *Concierto para sordos* que también hicimos en el referido estudio [«Un héroe de la nada y su visión del caos en la novela *Concierto para sordos*, de Matías Montes Huidobro»] se puede aplicar sin el menor reparo a la obra que ahora nos ocupa: «Si no existieran el dramaturgo, el crítico de arte que analiza y discierne, y el apasionado del cine que anteceden al novelista, o dentro de él conviven, no sería del todo explicable la naturaleza singular de esta creación» (9).

sutil al punto de borrarse en ciertas ocasiones, intercambiándose los papeles. Ellas mismas se confunden; en una carta que le escribe Berta a Teresa cuando ésta está de viaje le dice «Querida Berta», en vez de «Querida Teresa»; en aquella donde le contesta Teresa a Berta, Teresa firma con el nombre de su hermana. Ambas, así, se complementan, de modo que cada una es parte y reflejo de la otra, incapaz de subsistir independientemente si se fragmenta la pareja.

El trastrueque de nombres, como se comprobará más adelante, no se limita a las protagonistas. Berta piensa que dado el deplorable estado psicológico de Teresa, causado por el encierro, ésta debe en sus viajes por Europa consultar a un famoso psiquiatra. En una epístola le dice: «La literatura acabará por estrangularte como un cordón umbilical [...] Si te decidieras a ver a un psiquiatra, te recomiendo a Sigmund Freud. Dicen que hace maravillas y se especializa en complejos como los nuestros. Yo, de haber ido a Suiza, lo hubiera consultado [...]» (54). Y luego: «Ese famoso psiquiatra, el Dr. Freud, no tiene consulta en Zurich. Estaba mal informada. Le acabo de escribir a Viena para ver lo que me dice. ¿Irías, Teresa, a verlo? ¿Lo harías por mí?» (62-63). La psicosis de Teresa parece centrada precisamente en su génesis, pues en sus recorridos vislumbra a dos personajes cuyos nombres se dan tan sólo como «Él» y «Ella», a los cuales comienza a perseguir, ya que tiene la sospecha primero, y la casi absoluta convicción después, de que son nada menos que sus padres, que andan juntos sin saberlo y que aún no han copulado para engendrarlas a ella y a su hermana. Teresa, por servir de Celestina, se introduce en las vidas de aquellos presuntos padres haciéndose pasar por Agatha Christie y justificando su interrogatorio como parte de su quehacer novelesco. Sus actos, según Berta los entiende por las cartas que la viajera le envía, van encaminados a acercarse al padre más que a la madre, lo cual es visto por la hermana racionalista como un peligroso caso del «complejo de Electra» que llevaría a Teresa al incesto con su progenitor. Por otra parte, entre Berta, que ha quedado encerrada, y Sigmund Freud se entabla una correspondencia que va fraguando entre ellos una relación afectiva orientada hacia el enlace sexual. Pero lo que nos interesa aquí, en particular, es esa plurivalencia que Montes subraya a cada instante, para confundirlo todo dentro de la coherencia absurda de los cuadros que nos presenta. En las cartas de Freud a Berta en las que le cuenta los pormenores de unas conferencias que ha oído en una convención de loqueros a la que asiste, habla de los descubrimientos de un

77

siquiatra nicaragüense sobre lo que se denomina «el parto negativo». A través de esta sección del libro llegamos a conocer una de las múltiples posibilidades del origen de las mellizas, puesto que se dio en Managua el caso de dos fetos, a quienes el facultativo llama Memoria (o sea, Berta) y Olvido Pérez (o sea, Teresa), que no querían nacer. Así explica el asunto: «El feto se encuentra tan bien y gozoso en el útero, que toma la decisión antifisiológica y contra natura, y particularmente anticristiana [...] de no querer nacer porque no le da la gana» (103). Al final del libro veremos que es precisamente esto lo que les ocurre a las protagonistas[2] cuando les llega la hora de nacer de veras... o de mentira, porque nunca la verdad es absoluta en esta historia. La referida plurivalencia llega a extremos en apariencia descabellados. Al médico nicaragüense se le nombra como a un tal Ibáñez Marañón, y después se le cambia el nombre a Ibáñez Novedades, Ibáñez Miró, Ibáñez Ciego, Ibáñez Espadas y Lénin Ibáñez. Una vez que entendemos el propósito de semejantes *desconciertos*, las piezas del rompecabezas van cayendo en su sitio y percibimos la meticulosa ordenación lógica de lo que resulta a primera vista ilógico y caótico. Lo que Montes Huidobro se propone es dar a cada dato, a cada hecho, la facultad de automodificarse, al cuestionar la validez de la más trivial afirmación. Al leer estas páginas nos vamos poco a poco sumergiendo, pues, en el *barroco* según lo definía Eugenio d'Ors, caracterizado por una «multipolaridad que deja desbordar las ricas y turbias fuentes de la subsconsciencia» (D'Ors, 112). Nada es, en fin, lo que es, aunque todo es lo que es, pero al mismo tiempo podría ser algo diferente, mas esa otra cosa tampoco es lo que parece, y sin embargo pudiera serlo, en relación con la primera, o sin relacionarse con aquella ni con ninguna otra. Esta formulación no es un mero galimatías puesto que estamos en presencia de la aplicación *práctica* y absoluta, por parte del novelista, del *barroco* según él lo concibe.

    Ante todo téngase en cuenta que «lo barroco» en literatura tiende a buscar formas irregulares y que la idea de la espiral, que viene de las volutas arquitectónicas, formada por círculos concéntricos que se van uniendo, alude a un entorno laberíntico y complejo. La estructuración de la novela es, por voluntad del autor, muy irregular, con sus saltos temáticos casi olímpicos, la introducción de los más inesperados elementos (Agatha Christie, cartas de Freud, viajes a lugares remotos)

---

[2] Aunque el útero que las contiene no les resulta *gozoso*, es el habitat conocido que saben manejar, opuesto al mundo exterior que se les presenta como un peligroso enigma.

y la concepción de un mundo insólito y desordenado. Algunos ejemplos específicos aclararán estos elusivos conceptos. Cuando las hermanas, asediadas por los nada misteriosos opresores, se ven en la necesidad de refugiarse en el desván para allí guardar sus más preciadas pertenencias, de los libros sale saltando el Homo Sapiens que, según escribe el novelista, «se arremolinaba en laberintos giratorios de palabras sin significado» (45). Las volutas definen también el cerebro de Teresa, que puede ser igualmente el cosmos o cualquier otra cosa: «Ella era el cosmos. El santuario interior de aquella masa gris estaba formado por un millar de formas fetales ovilladas en un laberinto de espirales» (45). Los libreros adquieren la forma del laberinto mismo que contiene a las mellizas: «Desfallecida, se dejaba caer entre las estanterías góticas que subían siguiendo la forma prevista de la espiral» (43). En otro sitio leemos: «Ellas habían elegido el silencio de aquel laberinto uterino donde el cosmos y la belleza formaban sus espirales» (134). Las mencionadas formas circulares concéntricas, típicas del barroco, que se elevan y sugieren movimiento, adquieren dinamismo en las páginas finales de la novela donde se describe lo que ocurre en el útero: «Todas estas cosas formaban el torbellino dentro del cual giraban las dos criaturas uterinas, despedazadas en un partir donde de dónde a dónde era una incógnita» (176). Pero deberá tenerse en cuenta, además, que la idea de escapar del útero o del laberinto es en sí misma un concepto barroco al cual también apunta Eugenio D'Ors, quien afirma cómo «las estructuras barrocas prefieren la forma de la fuga, sistema abierto que señala una impulsión hacia un punto exterior» (D'Ors, 112). Son notables, además, las abundantes referencias directas que hace Montes al barroco en la novela, en un contexto u otro, lo cual denota su interés en dejar sutilmente sugerida su intención. En una ocasión, por dar aunque sea un ejemplo, escribe Freud: «Lo que está presentando es un rompecabezas [...] Todo muy conceptista, culterano y barroco, digo yo, con su poquito de trabalenguas [...]» (66).[3] El lenguaje suele ser llano hasta llegar a menudo al

---

[3] Con el mismo tono travieso, Montes apunta que el cuento de la buena pipa «podría considerarse como un anticipo del barroco» (139). Ante el espanto de nacer y abandonar el hueco cálido, aunque horrendo (en esta historia valdrá más *malo conocido* que *peor por conocer*), dice Berta: «¡Quisiera nacer muerta!», sobre lo que el autor comenta: «Berta estuvo a punto de aclarar: 'Prefiero nacer muerta es igual a prefiero morir viva', pero no dijo nada porque le pareció una tontería del barroco. Metidas como estaban en aquel laberinto de la verdad, no sabían cómo salir de aquel atolladero» (169).

«choteo» salpicado de cubanismos, probablemente con la intención de que el lector pueda asimilar el complejo juego de ideas que anima el libro y, no obstante, Montes complica a veces intencionadamente la expresión para abarrocarla y hacerla pomposa, en un despliegue pícaro de cultismos que se vale de referencias míticas, preciosismos léxicos y escritura envolvente; sirva de ilustración el siguiente fragmento: «Frente a la biblioteca, gótico de la ignorancia, seguían aquellas dos estatuas paralelas del Homo Sapiens, que ella comprendió, como en un espejo, que era, una de ellas, la exacta imagen de Procónsul haciendo las veces de Minerva, mientras la otra era el vivo retrato de Ramapithecus representando las gracias de Atenea. Cubierto de unas arrugas profundas que parecían cráteres de volcanes extintos y los cauces sin aguas de ríos disecados, Homo Sapiens disimulaba el destello feroz que escondía el siniestro zarpazo, mientras que la sinuosa clave ofídica de la espina dorsal era prueba fehaciente de su veneno de víbora. Y no obstante, había en las catacumbas de su mirada un dolor de nervio óptico, un desconcierto, como si el mismo desconocimiento de Teresa y Berta se hubiera trasladado al sepulcro de su mirada» (42). En 1985, refiriéndose a la obra de otro autor cubano, Montes Huidobro escribió unas líneas que sin duda podrían aplicarse a la suya propia: «Como predestinado por su biografía, no puede escapar a la línea apocalíptica, al mural de su origen y de la historia. Este síntoma une a todos los escritores cubanos de hoy que se ven en la trampa de la realidad histórica y el compromiso inevitable» (Montes Huidobro, *Disgregaciones*). Si tenemos en cuenta esta observación, comprenderemos de inmediato el por qué de la angustia que posee a las hermanas gemelas. Cuando al final se produzca el parto, ¿a dónde llegarán por fin las dos mujeres? El texto mismo parece darnos la clave de una de las infinitas posibilidades: «La aplicación de los fórceps había sido necesaria y las recién nacidas, como si hubieran llegado en bote y huyendo de las metralletas, escapándose de las mazmorras y salvándose del paredón [...] expuestas a las tempestades y huyendo de los peligros del mar, pidiendo asilo político, entre la espada y la pared del agua (las patrullas de los guardacostas y las quijadas golosas de los tiburones), no estaban en las más perfectas condiciones» (109). El viaje de Teresa es, precisamente, una huida temporal de la psiquis al verse el cuerpo impedido de escapar en forma material del país de origen, que no podría ser otro que

Cuba: «Cualquiera que fueran los medios represivos que inventara el Servicio de Seguridad del Estado, ellas siempre tenían un modo más inesperado de escapar, especialmente Teresa, que era la más imaginativa. [...] En el fondo, Teresa y Berta eran enemigas del Estado [...] En la puerta de la casa colocaron dos militares de guardia, pues aquellas sordomudas eran capaces de cualquier cosa» (127). Las viejas que hacen guardia pegan sus cabezas «al vientre de la casa» (128) para ver si escuchan algo dentro y así descubrir si las mujeres son realmente sordomudas, lo cual ha sido, por cierto, un invento de ellas para mantenerse a salvo y no involucrarse en las cuestiones políticas de un sistema que detestan. La escapatoria será como ha sido la de todos aquellos que han abandonado la isla caribeña a partir del inicio de la revolución: «¿Adónde irían a parar? ¿A qué remoto paraje serían desterradas? ¡Qué pueril era Teresa empeñándose en almacenar cosas que le serían confiscadas uterinamente! De allí nadie se llevaba nada. Era un estado policíaco, un régimen totalitario donde no se podía decir ni pío» (170). El rechazo del medio que las agobia se hace patente al concluir casi la novela: «Daban vueltas y vueltas, desnudas [...] Cerrando la memoria, Teresa lo olvidaba todo. Pero Berta, decidida, avanzó y dejó a un lado todas las cosas. Sabía que la Ley decía que nada podía llevarse. Todo había sido confiscado. [...] El destierro era la única solución, porque de lo contrario se asfixiarían en aquellos conductos diabólicos de aquel útero infernal. [...] Entonces comprendió que el exilio del útero era la ley inexorable de la vida y de la muerte» (176). Y en efecto, la conclusión a que nos lleva el autor es en extremo sombría, porque lo que resultará de este «parto negativo» no será otra cosa que la muerte misma. Téngase en cuenta que el útero no es más que el cosmos donde los fetos de Berta y Teresa han sido engendrados por La Luz, según sugieren los capítulos iniciales; tales entes vivos, dos mujeres incapaces de fecundarse, condenarán a la especie humana a su inevitable extinción aún antes de nacer. No encontramos aquí, en esta descarnada visión de los tiempos y circunstancias que les ha tocado vivir a los personajes de Montes, ninguna esperanza de supervivencia. El mensaje es semejante al de *Concierto para sordos*, cuando el cadáver del protagonista, después de su viaje imaginario, cruza la puerta del útero de la mujer y con ello sólo logra volver al entorno anterior que era la muerte que le reservaba para siempre el Cementerio de Colón.

Queremos concluir con un comentario de otro escritor cubano que parece definir con exactitud el carácter primordial de la obra de Montes: "¿En que consiste la originalidad de Matías Montes? En una decidida intención de tomar de la realidad segmentos casi absurdos, para luego organizarlos en un orden veraz. [...] hay una clara traslación cubana del viejo complejo de Electra. [...] Contado con una técnica morosa, demorada, en que cada parte de la verdad se conoce como en un rompecabezas cuyas piezas nos facilitarán poco a poco, la narración ofrece las dificultades de lo verdaderamente durable: las murallas son herméticas para protegerlas del tiempo, no de los invasores». Lo curioso del caso es que este comentario, que podría referirse a *Parto en el cosmos*, tiene casi medio siglo, fue escrito por Guillermo Cabrera Infante, y alude al relato «La constante distancia», publicado en 1956, lo cual apunta a la fidelidad de Montes hacia esa manera tan suya de narrar que lo distingue de todos los demás escritores cubanos de su tiempo.

OBRAS CITADAS

Cabrera Infante, Guillermo. Revista *Carteles,* La Habana, Cuba, 4 de noviembre de 1956.
D'Ors, Eugenio. *Lo barroco.* Madrid: Aguilar, 1964.
González-Cruz, Luis F. «Un héroe de la nada y su visión del caos en la novela *Concierto para sordos* Estudio presentado durante el XXII Congreso de Verano del Círculo Panamericano, 26-28 de julio de 2002.
_____. *Disgregaciones. Poesía.* Madrid: Editorial Catoblepas, 1976, contraportada
Montes Huidobro, Matías. *Parto en el cosmos.* Madrid: Editorial Betania, 2002. *Concierto para sordos.* Tempe, Arizona: Bilingual Press, 2001.

LA APORTACIÓN LITERARIA DE MATÍAS MONTES HUIDOBRO AL TEMA NEGRO

Armando González-Pérez
Marquette University

La prolífica y cualitativa creación artística de Matías Montes Huidobro como poeta, novelista, cuentista, dramaturgo y crítico literario es extraordinaria y puede considerarse una de las más importantes de los escritores cubanos de la Diáspora. También, su labor como editor, con su esposa Yara González Montes, de las revistas *Caribe* (en su primera etapa), *Dramaturgos, Anales Literarios* y de la editorial *Persona* es gigantesca tomando en cuenta las dificultades que se encuentran en el exilio para mantener la viabilidad de estas publicaciones.

La producción artística de Matías Montes Huidobro está influída por su idiosincracia cubana y por su condición de exiliado. En una entrevista que se recoge en el libro *Matías Montes Huidobro: acercamientos a su obra literaria*, publicado por Mellen Press en 1997, afirma lo siguiente respecto a su idiosincracia cubana como escritor:

> Mi obra preferida es siempre la última que estoy escribiendo, pero, dentro de eso, quizás tenga una particular preferencia por *Exilio*, que representa un momento de mi plenitud como dramaturgo... Además, me define completamente como escritor cubano, que siempre seré... Cuba sale siempre en todo lo que escribo. Yo no defino mi cubanía en la medida de Belascoaín y Neptuno, o Galiano y San Rafael. Yo defino mi cubanía en cada una de las palabras que escribo. Simplemente, soy cubano, no importa el lugar de la tierra

donde me encuentre, o como excluyan, incluyan o clasifiquen mi escritura. (231-32.)

Por otro lado, al referirse al exiliado, define claramente lo que significa este vocablo y lo que representa ser un exiliado y publicar en el exilio:

> El exilio obliga también a las aclaraciones. No todas las obras escritas por cubanos que viven fuera de Cuba son obras «del» exilio. De ahí la diferencia al decir «en» el exilio: se dicen dos cosas diferentes. Algunos lo decimos sin darnos cuenta, pero otros no. Para mí exilio requiere en primer término una definición de esa posición ideológica y no es posible, por ejemplo, ser un escritor del exilio y publicar en Cuba, ya que esto es una contradicción. Un escritor se exilia porque, por razones ideológicas no puede vivir en Cuba o no lo dejan vivir allí, de lo contrario no es un exiliado. Esto no es ni bueno ni malo, simplemente son dos cosas diferentes. El exilio no es un hecho casual, una consecuencia genética o un accidente familiar. Para ser cubano hay que nacer en Cuba y para ser exiliado hay que definirse ideológicamente. (*Teatro cubano del exilio*, 1-2).

La trayectoria literaria de Matías Montes Huidobro, como señalamos más arriba, es muy variada. La mayor parte de la crítica literaria se ha concentrado en sus obras más conocidas como las novelas *Desterrados al fuego* (1975), *Esa fuente de dolor* (1999) y *Concierto para sordos* (2001) o las piezas dramáticas *Ojos para no ver* (1979), *La madre y la guillotina* (1991) y *Exilio* (1988). Conocidos críticos como Leal, Escarpanter, Febles, Roberts, Morelli, Gilmore y Schmidhuber, quienes le han dedicado profundos y reflexivos estudios a su obra literaria, tampoco han enfocado un aspecto muy importante de su obra, la presencia negra. El propósito de este ensayo es señalar mediante un análisis de la pieza dramática *La navaja de Olofé* y el cuento *Ikú* los múltiples elementos de la rica cultura afrocubana que nutren la obra creativa de este polifacético e innovador escritor para quien lo negro surge espontáneamente y forma parte esencial de su cubanía.

Matías Montes Huidobro escribe *La navaja de Olofé* en 1981 y la publica en 1982 en la revista *Prismal/Cabral,* editada por la Universidad de Maryland. Esta pieza fue estrenada con éxito en 1986 en el Primer Festival de Teatro Hispano de Miami bajo la dirección de Rafael de Acha. Los orígenes de *La navaja de Olofé* hay que buscarlos en una obra temprana que Montes Huidobro escribió por los años cincuenta que tenía por título *Las caretas*. Montes Huidobro afirma que, «en *esta obra* se establecen las bases de la relación hombre/mujer, de forma esquemática, y el elemento afrocubano es más bien ambiental». *(Escritura y teatralidad*, 1-2). El autor retoma el asunto en los años ochenta y reconstruye la obra dentro de un contexto más sólidamente afrocubano con un nuevo título. *La navaja de Olofé* se relaciona estrechamente con las creencias y mitos religiosos de los diferentes pueblos africanos traídos a Cuba durante la ignominiosa esclavitud para trabajar en las plantaciones de azúcar. La mayoría de los esclavos venían de la costa occidental africana, especialmente de la región del pueblo yoruba. Los mitos, creencias y ritos religiosos de este pueblo son los que predominan en la santería, creencia religiosa que establece un paralelo entre los orishas y los santos de la iglesia católica. Aunque la sincretización de los cientos de orishas del panteón yoruba se redujo en Cuba a unos dieciocho o diecinueve, la hibridización de diferentes creencias y ritos africanos y el sincretismo de los orishas en la santería dificulta a veces su clasificación debido a los distintos avatares o caminos que cada uno tenía originalmente. En *La navaja de Olofé*, las leyendas y mitos afrocubanos de la santería se relacionan con algunos orishas sincretizados en la isla, especialmente Ochún, Yemayá y Changó. Los protagonistas de esta pieza dramática muestran características específicas que asociamos con estas divinidades. Montes Huidobro emplea con gran habilidad las técnicas de la metateatralidad, el elemento mágico religioso afrocubano de la santería, la africanía de la sexualidad, las técnicas de la poesía afrocubana, la música afrocubana y la distorsión verbal para el desarrollo del argumento en esta obra en que se puntualiza la lucha por el poder sexual de los protagonistas con su toque freudiano, y el planteamiento de una deslumbrante coreografía.

    La magia y el espacio teatral tienen un papel fundamental en esta obra ritualista llena de intenciones míticas y sexuales. Montes Huidobro afirma lo siguiente respecto a la magia y el teatro: «La magia nos llega de modo muy directo a través de lo negro, constituyendo integrante esencial de lo afrocubano» *(Persona, vida y máscara...* 41). Al referirse al espacio teatral o área de acción de la obra, el dramaturgo nos indica que:

> *El espejo es el área narcisista del hombre, que al descorrerse el telón se estará afeitando con una navaja de barbero. El acto de vestirse nunca se llevará a efecto. Se tratará de un proceso ritual*

que no llega a su fin... El área del espejo es el área del hombre, donde se desarrollará el acto narcisista de adorarse a sí mismo, así como la ceremonia de adoración de la mujer (Navaja, 207).

El centro del proscenio lo ocupa el área del espejo. Las otras dos áreas de acción están a ambos lados. Según Montes Huidobro, «El área de acción de la mujer, cuando represente el carácter de la madre, será el del sillón; como la amante, la acción tendrá lugar en el lecho» (*Navaja*...207-208). En la puesta en escena de esta obra, en el Festival de Teatro de Miami bajo la dirección de Rafael de Acha, el área de acción cambia. La cama se convierte en el foco central de la acción y puede interpretarse como el principio y el fin de la vida en esta obra.

Montes Huidobro incorpora al texto la música y la poesía afrocubanas que le dan un deslumbramiento escénico a su obra ritualista. La música afrocubana (conga, rumba, toque de tambor), de las comparsas santiagueras durante los carnavales, se escuchará durante la escenificación de la obra. De igual modo, el repicar de tambores se escucha a lo largo de la representación y fuegos artificiales iluminarán la escena en ocasiones. En el orden poético, Montes Huidobro retoma las técnicas desarrolladas por la poesía negrista de los años treinta y cuarenta con el uso de la anáfora, la aliteración, la repetición, palabras de idiomas africanos y un esquema rítmico muy marcado que ejemplifican los siguientes pasajes. Los dos primeros muestran el punto de vista del hombre y la mujer, según se van definiendo sus personalidades en la obra:

> Oculé, Mayá, oculé Mayá,
> Negro prieto, ¿dónde tú estás?
> Oculé, Mayá, oculé Maya,
> Negro prieto, ¿dónde tú vas? (209)
>   ....
> Oculé, Mayá, oculé Mayá,
> Negra prieta, ¿dónde tú estás?
> Oculé, Mayá, oculé Mayá,
> Negra prieta, ¿dónde tú vas? (212)

El erotismo de la obra, con su alusión al mito del incesto de Changó con su madre Yemayá y su tía Ochún, se puntualiza en la siguiente canción de cuna:

> Drume, drume Changocito
> que Yemayá te quiere a ti...
> Drume, drume Changocito
> que Ochún pregunta por ti...
> ....
> Drume, drume Changocito
> que Yemayá tiene un regalito...
> Drume, negro bonito,
> que no se despierte mi Changocito. (209)

La anáfora destaca con su repetición el estado de frustración de la mujer ante la postura machista del joven:

> Tú ves, yo no puedo caminar,
> Tú ves, ya yo no puedo sinchar,
> Tú ves, que yo soy negra mandiga,
> Tú ves, que yo soy negra sin dinga. (209)

La lengua y la forma de hablar que Montes Huidobro da a sus personajes destaca la influencia de la cultura afrocubana y el lenguage vernáculo de la isla. Hay muchos vocablos relacionados con el mundo mítico-religioso afrocubano de la santería, la música y la poesía afrocubanas. Este aspecto lingüístico, sin embargo, es mucho más difícil de precisar debido al borroso sustrato lingüístico africano, las invenciones léxicas, y la propia mitificación creada por el autor.

La navaja de Olofé enfoca desde un principio la relación sexual de una pareja, un joven de unos veinte años y su amante, una mujer de unos cuarenta años, durante los carnavales santiagueros. El aspecto físico de la Mujer cambia, según indicamos más arriba, de acuerdo con su posición espacial en el escenario. Es atractiva y sensual cuando está en la cama o prematuramente envejecida cuando se sienta en la mecedora. La aparente sencillez de la trama se complica cuando el autor acude al mito yoruba del incesto entre Changó y su madre Yemayá. El título de la obra tiene varias posibilidades de interpretación simbólica. La navaja puede ser el instrumento que el Hombre usa para afeitarse, el arma que usa la Mujer para llevar a cabo la castración simbólica o el falo/objeto que simboliza la supremacía del poder sexual que se identifica con Olofé/Olofim, creador del universo, y Changó, encarnación de la virilidad. La actitud machista del joven mulato amante se nota al principio de la obra. Lo vemos afeitándose y contemplándose narcisísticamente ante el espejo. Esta mujer ya no le apetece. Se prepara para irse de juerga al carnaval y gozar con las mulatas calientes. «Santiago está que arde. Changó se ha tirado para la calle. No se puede dar un paso...¡Hay que arrollar! ¡Nadie puede quedarse en casa! ... Hoy se goza de lo lindo. Como nunca». (208-209) La Mujer se tumba en la cama y lo invita a fornicar antes de que el Viejo regrese de la bodega. El efecto de estas palabras surte un cambio en La Mujer. Montes Huidobro logra mediante el uso de la magia y el espacio teatral transformarla en una madre cansada y preocupada por lo que le pueda pasar a su hijo en esta noche de juerga: «Ten cuidado hijo. No tomes mucho esta noche y ten cuidado con la navaja, que tiene la media luna... Ten cuidado hijo. Esas mulatas jóvenes que se desnudan en un dos por tres, son candela y puedes quemarte» (209, 211). Ahora la Madre/Amante tiene celos de las mulatas jóvenes. Ella añora los buenos tiempos de su juventud: «¡Qué lejos están mis tiempos! Aquellas noches. El santo se me subía... Alcohol noventa con gotas de limón... ¡Ay, hijo, si hubieras conocido a tu madre en otros tiempos! Sería una de...ellas» (211). Le echa la culpa a Olofé de su deterioro físico: «¡Pero no yo, que ya soy gandinga con quimbombó, güira sin agua! (*De pronto cae de rodillas, levanta los brazos y grita.*) ¡Olofé, Olofé, sácame del pozo donde me has metido!» (209). Pero ella, como la diosa Yemayá, Tierra-Madre, Agua-Madre, no puede resignarse a esta vida encerrada en la casa. Ella todavía tiene sandunga y quiere, como las mulatas calientes, seguir gozando de la vida. De nuevo en la cama, la Madre transfigurada ahora en la Amante provoca al Hombre/Hijo lascivamente recordándole su encuentro con Olofé:

> ¡Ay, pero que lindo era Olofé cuando venía por las nubes! ¡Encuerito y sin taparrabos!... ¡Ven, Olofé, le decía la montaña, que estaba partida en dos por el valle! ¡Ven, Olofé, que yo soy la Tierra Olofé, la que lo tiene todo! ¡Mira estas dos cumbres, Olofé, rico, machito sabroso, chulito de la lengua! ¡Mira estas cumbres, Olofé, y se tocaba las puntas de los senos! ¡Yo soy Tierra Olofé, Olofé! ... y entonces Olofé bajó, porque tenía hambre. (210).

La evocación del mito incestuoso, con su toque freudiano, es obvia en esta relación. La Madre, como la diosa lucumí en el mito afrocubano, juega un papel activo en la seducción del Hijo a quien llama su Changocito. La referencia textual a la ceiba, la palma real y la espada se asocian con la virilidad sexual de Changó. Ella, como la diosa Yemayá, quiere que él la bese , la toque, la sienta y la posea: «¡Ven, tócame Olofé! ¡Olofé soy yo! ¡Olofé eres tú! ¡Olofé es la cama!... ¡Vuela y nada! ¡Nada en el agua!... ¡Nada...en el agua...!» (210). De Yemayá, la diosa del mar, la Madre/Agua, mana toda vida. El Hijo, poseído por la divinidad, exclama también: «¡Nada...en el...agua!... ¡Olofé soy yo!»(210). La Madre/Amante en su lucha individual con el Hombre/Hijo, quien la rechaza y abandona por las mulatas calientes, es la que asume el poder sexual que se asocia con Olofé/Changó. La escena que evoca la cópula mística en la cama, símbolo del principio y el fin de la vida, destaca el triunfo final de la Madre/Amante al llevar a cabo la castración simbólica con que termina la obra. Ella es la que tiene ahora la Espada de Olofé, es decir, el poder sexual de la divinidad que invoca: «Es mío y ya no puedes irte. ¡Yo soy la que tiene lo que tiene Olofé! ¡Yo soy la tierra y el cielo! ¡Yo tengo la espada de Olofé!» (218). La magia y el mito afrocubanos, el lenguaje metafórico y el espacio teatral son recursos que el autor emplea magistralmente para crear el desdoblamiento de los personajes en sus luchas internas por adquirir el poder. El papel de la mujer en sus múltiples papeles de Madre/Amante es un ejemplo magnífico de las grandes figuras femeninas creadas por Montes Huidobro en su espléndida creación dramática.

La navaja de Olofé es una obra sumamente compleja en cuanto a su forma y contenido. El autor ha logrado conjugar brillantemente en esta pieza dramática la leyenda y el mito afrocubanos, el espacio teatral y el lenguaje metafórico para abordar el escabroso tema del incesto con su complejo de Edipo mediante una deslumbrante coreografía.

Montes Huidobro acude de nuevo a la fuente milenaria de la mitología yoruba para la composición del cuento titulado *Ikú*, publicado en Madrid por la *Revista Hispano Cubana*. Este relato circular está estructurado mediante un diálogo que sostienen Solavaya e Ikú que puntualiza la relación existente entre estos dos personajes que personifican al dictador de la isla y la muerte. El cuento está redactado en tercera persona, es decir, que la presencia del autor omnisciente está siempre presente en el texto, ya sea directa o indirectamente. El narrador trasplanta al lector por medio de la magia de la palabra y los mitos afrocubanos, a una atmósfera onírica, alucinante, en que la realidad y la fantasía se superponen. El cuento comienza con Solavaya teniendo una pesadilla:

> ...tuvo una pesadilla de tormenta marina. Envuelto en una ola nadaba con las mandíbulas de un tiburón, atracándose de cualquier bal-

sero que le cayera en las quijadas, pero persiguiendo a un balserito al que no podía llegar mientras se le hacía agua la boca. Tenía un hambre feroz, pero cada vez que daba un zarpazo se le iba y sentía en el estómago una violenta puñalada que lo desangraba y aguijoneaba el apetito (149)

Ikú le velaba el sueño y cada vez que despertaba lo tenía al pie de la hamaca. A medida que penetramos en el relato vemos el miedo y la relación de interdependencia que hay entre estos dos personajes. Solavaya considera a Ikú su persona de confianza e intimidad. Eran aliados inseparables, pero la amistad no impedía que se tuvieran mutua desconfianza: «Los dos se miraban de reojo, pero, inseparables, no podían vivir uno sin el otro.» (150) Desde que se habían puesto de moda los balseros, Ikú, para entretenerse, lo metía en una que otra pesadilla. Le gustaba convertirlo en tiburón porque la muerte por agua era una de las favoritas de Solavaya ya que los ahogados no descansan hasta encontrar sepultura. Solavaya era muy cumplidor con su crueldad. Al poner al pueblo al margen de la mayor desesperación, hacía que muchos cubanos se lanzaran al mar jugándose la vida. Así mantenía contento a Ikú que no hacía más que comer y le perdonaba la vida. Pero Ikú no daba abasto y algunos se salvaban como en el caso en que ocho se ahogaron y tres se salvaron y llegaron a la otra orilla. Aunque no fuera el todo, a Ikú le satisfacía comerse sólo más de la mitad de ellos. Pero Solavaya no estaba conforme con más de la mitad. Estaba furioso porque uno de los que se escapó representaba el plato que más quería comerse. La muerte trata de explicarle al temido Solavaya que el niño está protegido por los dioses: «El problema es... –agregó Ikú sin atreverse–, que uno de ellos es un niño protegido por los orishas y no se podía ir, porque ellos lo querían aquí, «para más adelante». Quizás por eso no me lo pude comer.»(151). A Solavaya le parecía que la actitud alarmante de Ikú era exagerada. A fin de cuentas a él le sobraban loros, loritos y papagayos que repetían sus consignas. Pero el asunto del balserito era una cuestión de principios y, por eso, tenía que quitárselo a los americanos. Ikú le dice que es imposible que el niño regrese porque según el Oráculo está escrito en las cartas de la baraja y en las reglas de los caracoles que su destino no se puede cambiar. Solavaya, al oír esto, se puso como una fiera y la Muerte misma retrocedió temblando: «Si Ikú no hubiera sido la Muerte en ese momento lo hubiera mandado a matar, pero eso no tenía sentido. Y, además, la necesitaba.» (153). Ikú se satisface al comerse poco más de la mitad de los balseros, pero Solavaya no. El tiene que devorarlos a todos convirtiendo al pueblo cubano perseguido en una mera estadística. Ikú, la Muerte, cumple con su destino en la vida y no tiene rencor. Pero la crueldad del tirano Solavaya, Fidel, no tiene límites. Su odio es patológico.

Matías Montes Huidobro emplea en la parte final del cuento, en una atmósfera de realidad y fantasía, un lenguaje sardónico e irónico para relatar el intento de Ikú de acabar con el balserito. Ikú le dice a Solavaya que su fracaso se debió a la intervención de Yemayá, diosa del mar y Madre de la Tierra:

> ...porque detrás de aquellos delfines estaba la mano de Yemayá, que como bien sabes siempre anda hablando mal de ti y te tiene ojeriza... Como era la reina de las aguas, lo cierto es que lo tenía rodeado por todas partes y, como Cuba era una isla, no la podía vencer. Era su mayor enemiga, muy poderosa, y era la única vía que tenían los cubanos de escapar de allí. (153)

Pero Solavaya no se rinde. Aunque no confía en la sandunguera Ochún, sabe que ella apetece al niño y no se lleva bien con su hermana Yemayá. Además, él, Solavaya, tiene a los guardacostas y a los americanos, que ahora son sus compinches. Esta es una cuestión política y no podía dejar que el niño se quedara en la otra orilla. El Demonio tiene enchufes en todas partes y él, la personificación del Demonio, decide hacer una llamada urgente para resolver esta cuestión: Se dirige a Ikú y le dice: «–¡Coño, Ikú, alcánzame el teléfono que tengo que llamar a Washington!» (154).

El cuento *Ikú* es también definidor de la dedicación del autor a la experimentación artística y lingüística que vemos en su pieza dramática, *La navaja de Olofé* y, por ende, en muchas de sus obras: la metateatralidad, el cuento dentro del cuento, el elemento onírico, la realidad y la fantasía, el lenguaje metafórico, el uso del tiempo y el espacio, la leyenda y el mito afrocubanos y el uso de la ironía. En este relato, Montes Huidobro parte de una realidad histórica que le sirve de marco para enfocar la presente tragedia del pueblo cubano bajo el castrismo. Pero a esta realidad le da una proyección universal en la que las circunstancias de los personajes rebasan los límites geográficos y culturales de su entorno. Es decir, el sustrato histórico no se torna en una arenga apasionada que puede entorpecer la calidad estética del relato sino que el autor lo matiza en su deseo de enfocar el tema de la actual tragedia cubana a un nivel literario. De ahí que aunque el autor no predique en el texto y parezca impasible, desde la distancia, ante los hechos, el mensaje del cuento es explícito: la crueldad y maldad del tirano Solavaya, Fidel, en su despiadada persecución del pueblo cubano.

Matías Montes Huidobro acude a lo sagrado, lo mítico, y lo maravilloso del rico folklore afrocubano en su ritualística pieza dramática *La navaja de Olofé* y en el relato corto *Ikú* para ofrecernos una deslumbrante obra con sus múltiples interpretaciones y un cuento en que se enfoca la actual tragedia del pueblo cubano. Su acercamiento al tema negro es espontáneo y forma parte esencial de su cubanía. Estas obras son ejemplos de la habilidad y el genio artístico de uno de los autores más representativos de la literatura contemporánea de ambas orillas, Cuba y la Diáspora.

OBRAS CITADAS

Cabrera, Lydia. *El monte. Igbo Finda*. Miami: Universal, 1975.
————.*Yemayá y Ochún*. Miami: Universal, 1974.
Fisher, Seymour y Roger P. Greenberg. *The Scientific Credibility of Freud's Theories and Therapy*. New York: Basic Books, 1977.

POESÍA

(AUTO) CRÍTICA ESTÉTICA Y REPRESENTACIÓN DE LA OTREDAD EN LA POESÍA DE MATÍAS MONTES HUIDOBRO

Jorge J. Rodríguez-Florido
Profesor Emérito, Chicago State University

El conocido dramaturgo y novelista Matías Montes Huidobro ha cultivado diversos géneros literarios con mucha dedicación y entusiasmo. En cuanto a la poesía conviene recordar que apenas tenía diecinueve años cuando publicó, en 1950, «El campo del dueño» en la revista cubana *Nueva Generación*. Y desde su llegada a Hawai en 1964 hasta el presente ha escrito más de doscientos poemas. Muchos de ellos han aparecido en revistas editadas en Hawai (como *Mele*), en Estados Unidos continental *(Círculo Poético, Latin American Literary Review, Poetry 29, Q 21, Ometeca)*, en Puerto Rico *(Mairena, En rojo)*, en España *(Proa, Azor)*, en Bolivia *(La Prensa)* y en Argentina *(Letras de Buenos Aires)*. Además, su poesía ha sido incluída en varias antologías: *Antología de la poesía hispanoamericana* (Buenos Aires, 1969), *La última poesía cubana* (Madrid, 1973) y *Antología hispanoamericana* (Buenos Aires, 1978). También aparecen diez poemas suyos (de los cuales sólo tres eran inéditos) en *Poesía compartida* (Miami, 1980).

La canonicidad de la poesía de Matías Montes Huidobro se remonta a 1967. En este año se publica, en Hawai, *La vaca de los ojos largos*. Fue editado por su colega de entonces, el rumano Stefan Baciu.[1]

---
[1] Para un relato personal de la amistad entre Montes Huidobro y Baciu, consúltese el artículo de Montes Huidobro en *Linden Lane Magazine*.

La obra consta de treinta y seis poemas, de los cuales sólo dos habían sido publicados anteriormente («El campo del dueño,» en *Nueva generación* [1950] y «Soneto a la rosa de las rosas,» en *Mele* [1967]). En los poemas de este libro los tópicos son diversos: la geografía hawaiana, los viajes y las estadías del autor por Europa y Estados Unidos, las incidencias familiares, la guerra fría entre las potencias occidentales y los países comunistas, el militarismo, la decadencia de los valores morales tradicionales, el consumismo, la soledad, la enajenación y el amor sensual de corte erótico. Aparte de los tópicos que mencionamos anteriormente, Montes Huidobro se ocupa en este libro de la poesía misma. El arte poético le fascina y elucida la naturaleza de la obra lírica, buscando sus límites y cuestionando sus alcances.

Con esta obra se inscribe el autor a una lista larga de poetas cubanos exiliados. En 1973 sus creaciones líricas se incluyen en *La última poesía cubana,* editada por Orlando Rodríguez-Sardiñas en España. Por medio de esta antología el autor ya es más que un exiliado. Su experiencia fuera de Cuba lo traslada a la Isla ya que su nombre aparece junto a los de los demás poetas que residen en la Isla y que salen publicados en la antología. Dos años más tarde, en 1975, versos suyos se traducen al inglés en *Latin American Literary Review* junto con una entrevista. Es así como su obra da un paso más, incorporándose a la naciente literatura latina en este país, la cual será escrita mayormente en inglés. En el año 1997 su *opus magna, Nunca de mi te vas,* lo consagra como un poeta mayor de entre los cubanos de aquí o de allá. El reconocimiento oficial del poeta tiene lugar en 1999 cuando, en el monumental y autorizado libro *Las palabras son islas. Panorama de la poesía cubana. Siglo XX,* publicado por el Instituto Cubano del Libro, José Luis Arcos lo incluye entre «aquellos que no deben ser pasados por alto de ningún modo [en] un estudio del proceso poético cubano» (XII). Según el criterio de Arcos, Montes Huidobro comparte la misma distinción, desde Cuba, que Gustavo Pérez-Firmat, Juana Rosa Pita, Nivaria Tejera, Pura del Prado, Octavio Armand, Rafael Bordao, David Lago González, Zoé Valdés y José Triana.

Además del análisis de la otredad en su poesía, otro propósito de nuestro estudio es el de examinar la labor de editor y re-editor de sus propios poemas y de dar a conocer algunas de sus ideas sobre la propia obra lírica y sobre la poesía en general. Estas ideas constituyen un verdadero ideario o manual de poetas. Queremos señalar que en su actitud anti-poética e iconoclasta reside el valor único y perdurable de sus composiciones cuya originalidad se ha evidenciado y se habrá de reconocer en futuros estudios.

En *Nunca de mí te vas*, reúne lo publicado en las obras anteriores, incluye poemas del período cubano, otros aparecidos en revistas dispersas y muchos más inéditos. Precedido de palabras preliminares del poeta, consta de dieciséis secciones donde agrupa un total de ciento setenta y nueve poemas, muchos de ellos corregidos por el autor y, listados, al final del libro, en orden cronológico.[2] Puede decirse que desde 1965 hasta el presente, Montes Huidobro ha publicado poemas casi sin interrupción.

En este segundo libro también se ocupa de la poesía en sí misma con frecuencia e incluye una sección intitulada «Escala» que consta de quince poemas dedicados al arte poético que dejan entrever el credo del autor. En «Aprendizaje lírico», el hablante se desautoriza como creador de poesías («nunca he escrito poemas», 63), se descalifica como crítico lector («No entiendo/ la forma/ intrincada/ de sus versos») y contrasta negativamente la lírica con la prosa: («No hay caracteres./ No hay personajes que evolucionen a lo largo del tiempo»). Finalmente la compara con la muerte («la poesía es la muerte misma»). Para el propósito de este trabajo, «Aprendizaje lírico» es el punto de partida por el que seguimos al poeta no sólo como creador y editor de sus versos sino también como teórico de los mismos.

En este sentido los últimos versos de «Aprendizaje lírico» constituyen un verdadero manual para el poeta. Refiriéndose al arte de crear versos dictamina:

> Se toma una idea.
> Se entrecorta.
> Se asedia.
> Se limita.
> Se recorta una vez más.
> Se disminuye y casi no queda nada.
> O nada.
> Entonces se es un gran poeta (63).

¿Cómo se pueden interpretar estas líneas enunciadas por un hablante que se refugia en el «se» impersonal? Por una parte existe la creación

---

[2] Agradezco a Montes Huidobro que me proporcionara el manuscrito de *Nunca de mi te vas* antes de publicarlo. Este manuscrito, cuyo primer título fue *Concierto,* fue el que utilicé en la redacción de la primera versión de este artículo que fue editado por Jorge Febles y Armando González-Pérez. Referencias a los poemas de esta colección serán indicadas como *Nunca*, de acuerdo con la paginación del manuscrito.

de la obra, a base de una «idea» que sirve como punto de partida para experimentar tanto en el nivel conceptual como en el formal. El vehículo que conlleva la idea inicial hecha forma es susceptible a la poda, a los cambios sintácticos, a las estrofas y versos irregulares y disímiles, a la conversión de la lírica en la prosa y viceversa; pero, por otra parte, la idea misma también es objeto de cambios. Es propensa al sarcasmo, a la ironía, a la iconoclasia y a la reducción nihilista de la realidad.

Siguiendo su propio manual explicitado en «Aprendizaje lírico» y desarrollado en otros poemas de *Nunca de mí te vas* el creador deviene en editor constante de sus propios poemas que censura, destruye y elimina de una edición a otra. Siguiendo estas pautas Montes Huidobro excluye de su poesía la cursilería, el ruido de versos rimados sin sentido, los clichés, las vulgaridades, la ñoñería, la patriotería banal y la representación del amor sensual.

En una entrevista concedida al crítico Luis González-Cruz en 1975 Montes Huidobro revela sus propias ideas sobre la poesía. Arguye que un poema no permite la intimidad y la relación humana que se consiguen en una novela. Y califica la obra lírica de *deshumanizada* ya que lleva al autor a jugar con las palabras y a olvidarse de la condición humana. En la misma entrevista, manifiesta:

> Quizás yo escribo poesía sencillamente como una reacción antipoética. La vaciedad de tanta poesía que se ha escrito y publicado me preocupa bastante. Al mismo tiempo creo que es imposible no darles cierta importancia a cosas formales. Como dijo alguien, en la poesía las imágenes y los elementos formales tienden a poner las ideas a un lado, convirtiendo la poesía en una mera asociación de sonidos, lo que relaciona la poesía demasiado a la fonología y a la lingüística, algo que, para empezar, resulta terrible. (González-Cruz, 164)

Trece años más tarde, en 1988, reitera su opinión sobre la naturaleza de la poesía:

> La poesía tiene un germen de silencio. Es ese gusano insepulto que se come el papel, la polilla mortal que puede más que la inmortalidad del verso y digiere un buen número de pretenciosos disparates… La poesía es una cópula de palabras y las hay de todas clases, de ahí que la poesía sea, muchas veces, un parto malogrado… (Le Riverend, 136)

En los comentarios anteriormente citados, se nota, a primera vista, un temor a que la creación poética devenga antipoética, a que se reduzca la poesía a la grafía, y a que el lirismo escrito aleje al hombre de su ambiente inmediato y lo lleve a un silencio estéril.

En una carta que Montes Huidobro me mandara el 17 de agosto del 93 y que acompaña la primera versión de *Nunca de mí te vas* (entonces intitulada Concierto) dice: «Te mando los poemas. Como verás, los tengo ordenados para sacarlos algún día en un poemario, quizás bajo el nombre de Concierto... Además de Concierto, van otros poemas prosaicos bajo el título de Guantanamera, que quizás debiera descartar –me refiero a los poemas, no al título- por el carácter circunstancial y anti-lírico de los mismos». Un examen de Guantanamera revela que de los 20 poemas de esta sección sólo dos lograron publicarse. Diez habían aparecido en *La vaca de los ojos largos* y en revistas literarias y los otros ocho eran inéditos. Montes Huidobro demoró cuatro años en publicar este manuscrito, que vería la luz con el título de *Nunca de mí te vas* y en el que no incluiría ni los ocho poemas «prosaicos» ni el subtítulo de Guantanamera.

Sin embargo, la característica más llamativa de los cambios de una edición a la otra es la exclusión de ciertos poemas en que predomina el elemento erótico como son «Soneto a la miliciana cubana» y «Soneto a la rosa presente, Celia, secretaria fidelísima», a los que me referiré más adelante. De los excluidos, hay tres sin título. Uno de ellos comienza con los versos «Ya que no se ha comprobado/ la eternidad del amor»; otro con «Ahora los matrimonios modernos/ intercambian/ sus mujeres». Y el tercero empieza con los versos «Los Amantes de Teruel/ Nadie cree en ellos ya». Estos tres poemas causaron que se secuestrara la edición *Suplemento Antológico Torre de Tavira*, donde aparecieron publicados en 1970. Como es sabido, una fuerte censura existía en ese entonces en la España franquista y no es de extrañar, pues, que «el texto infringía el artículo segundo de la Ley de Prensa, por atentar contra la moral». Sin embargo, si Montes Huidobro omite la publicación de estos poemas en *Nunca de mí te vas* no lo hace tanto porque haya atentado a la moral como por creer que el tema abordado al nivel poético es un tanto prosaico. En una carta fechada el 17 de agosto de 1993, me dice: «También te adjunto... un dato curioso sobre una edición de mis poemas que fue confiscada en España por atentar a la moral, aunque quizás no les faltara razón, no por la moral, sino por algunos «versos» que no son muy buenos». En el caso de «Los Amantes de Teruel» el poeta-editor de *Nunca de mi te vas* incluye una versión modificada, libre de imágenes sexuales. La referencia directa a los órganos reproductores del hombre y la mujer que aparecía en *La vaca de los ojos largos* y en la edición secuestrada de *Suplemento Antológico Torre Tavira* ahora es mucho más indirecta: «nadie cree en ellos ya,/ sepultados/ bajo las tres XXX/ de la sexualidad/ segregaciones de celuloide/ sierpe incoherente de sonidos» (95).

Aparte de esta autocensura, otra manera de seguir su propio criterio poético en *Nunca de mí te vas* se manifiesta en la creación de poemas cortos, minipoemas y poemas casi microscópicos. La «poesía muerta», superpodada, castrada y casi eliminada de la hoja de papel en blanco, es la que aparece en «Cuba» en la sección del mismo nombre y que está situada hacia el final del libro. En cuatro páginas el poeta escribe lo que cabía en un solo párrafo. En la primera escribe: «Cuba/es/un punto fijo/ en el desierto/ de la memoria» (210). En la segunda: «Cuba/ es/ el desierto. Cuba/ es/ la memoria» (211). En la siguiente: «Cuba es un • » (212). Y en la última: «Cuba» (212). Los poemas cortos impactan no tanto por su brevedad como por su carga semántica, por lo que en ellos se dice. En «Islas», el poeta resume su larga estancia en Hawai: «Somos islas./ El mar parece rodearnos./ Tiempo llegará/ en que entre las olas nos perderemos» (57). Y en «Lapsos», se presenta el rápido correr del tiempo de esta manera: «Un día/ es sólo un lapso/ entre/ estar presente/ y haber partido» (57). Otros poemas de siete líneas o menos, que llaman la atención del lector por una razón o la otra son: «Auto de fe» (57), «Escritura» (70), «Bogotá» (86), «Haiku» (105), «En breve» (106), «Memoria» (164) y «Vuelo» (164). En estos poemas habría que preguntarse si su tamaño reducido fue resultado de podas editoriales o si el autor los escribió desde el primer momento buscando en la brevedad de ellos la grandeza de la buena poesía.

La poética de Montes afecta su propia creación. Y no sólo eso, sino que también sucede al revés: su creación motiva sus ideas estéticas. El juego entre la teoría y la práctica se manifiesta, por ejemplo, cuando copia un poema de *La vaca de los ojos largos* (7)[3] y lo presenta, en forma de ensayo, para anunciar su credo poético:

---

[3] De ahora en adelante las referencias a los poemas de *La vaca de los ojos largos* serán indicadas seguidas de los textos, de acuerdo al orden de aparición en el poemario, ya que éste no tiene paginación. Observaciones acertadas sobre esta obra pueden encontrarse en la reseña de Victoriano Cremer.

> «La poesía no es nada. Son letras muertas que se unen en palabras y oraciones silenciosas más silenciosas que el fondo del mar donde dicen los sabios que no hay sonido.» (Le Riverend, 136)

La aparente falta de distinción entre el texto poético y el de la prosa sorprende al lector desprevenido. La distinción subraya la sensación del enajenamiento, de la otredad que al autor le motiva y le preocupa. El lector confronta una poesía cuya existencia misma se cuestiona; muerta y silente, con un valor incógnito y con un distanciamiento físico de los elementos circundantes, la poesía se queda, al parecer, perdida en el fondo del mar.

Y es en esta poesía donde existe una marcada escisión entre el hablante y el lector. En este sentido, el formato y la edición de *La vaca de los ojos largos* contribuye al enajenamiento. No hay paginación, la mayoría de los poemas no tienen título. Falta un índice y los poemas se dividen entre sí por una raya. La disposición estructural y la fragmentación de los poemas subrayan una separación entre el que escribe y el que lee. A esta separación colabora también la caracterización que el hablante hace de sí mismo. En un poema afirma: «Nunca he escrito poemas./Detesto la poesía.../Mis versos siempre serán malos» (12). En otro poema también denigra la condición de éste: «Hoy voy a escribir cien poemas./Cien poemas malos que/no servirán para nada» (13). Como Sábato en *El túnel*, como Cortázar en *Rayuela*, Montes Huidobro se distancia del lector, se enajena y le otorga la opción de que interrumpa la lectura del libro.

Además de caracterizarse a sí mismo como el otro del lector, Montes Huidobro configura a éste como un otro rechazable, cuando le advierte de esta manera:

> A lo mejor hay algún idiota por
> el mundo
> en este mundo de idiotas
> que se le ocurra decir
> algún día
> que mis versos son buenos.
> Hay idiotas para todo. (*La vaca*, 13)

El antagonismo entre autor y lector corre paralelo con la distancia que existe entre la realidad representada por el emisor y su propia actitud enajenante. Y, así, se nota en muchos poemas un distanciamiento, o falta de familiaridad, entre el hablante y los elementos físicos que le circundan. Estos elementos parecen ajenos a su destino, como si se esfumaran de sus manos o nunca hubieran llegado a ellas.

En *Nunca de mí te vas*, el antagonismo entre el lector y el autor parece haber disminuído. Montes Huidobro reedita los poemas de *La vaca de los ojos largos* y ahora los incluye omitiendo, en muchos casos, las líneas donde el creador se enajena del sujeto lector. Pero la otredad, el desajuste de un hablante que se siente distinto de la realidad circundante permanece vigente. En «Música» se muestra esta escisión o desajuste:

> Cuando busco algo
> no logro encontrarlo.
> No está sobre la mesa
> entre los libros
> ni en las palabras escritas.
> Se van,
> se esfuman entre mis dedos,
> mariposas que escapan.
> como si no hubieran estado
> aquí
> jamás
> …….. (*Nunca,* 39).

El hablante se siente inadaptado, incomprendido y no asimila la realidad circundante. La realidad, pues, no es propia, es una otredad, que en el poema anterior era elusiva y en el siguiente resulta misteriosa:

> Estoy rodeado de misterios insondables.
> El disco que gira,
> las notas de Beethoven,
> no entiendo.
> . . . .
> Estoy rodeado de misterios
> que se me escapan entre mis dedos,
> horas que me son robadas,
> entregadas a la angustia y el silencio. (*Nunca,* 28)

Es esta representación de la diferencia entre el yo y el no-yo la característica fundamental de la poesía de Montes Huidobro. Los misterios del poeta evidencian una imaginación barroca, que contrasta lo que es con lo que no es, el yo con la otredad. En este sentido, puede decirse que la poesía de Montes Huidobro incorpora elementos del realismo mágico, que fuera tan popularizado en la literatura hispanoamericana del boom, sobre todo en la prosa.[4]

La realidad misteriosa, que subraya las diferencias entre los objetos, a veces se sugiere en la sombra, un tópico esencial de la poesía de Montes Huidobro. En la sección «Presencia de Eros» (*Nunca*, 21-40), que consta de trece poemas, la sombra juega un papel fundamental. En otros poemas la sombra será un halo o foco de luz que no se puede ver («Motivos del aire», *Nunca*, 49). Otra vez se insinúa en forma onírica («Sueño», *Nunca*, 52) o de plasticidad («Transición», *Nunca*, 55). La sombra son las mariposas que se le escapan o una silueta difusa que no puede retener entre sus manos. En otro poema de esta misma colección, se deja ver un duende invisible, capaz de penetrar el propio cuerpo y atacarlo («Duende», *Nunca*, 135). O todavía en otro poema, «Espuma de luz», pertenece al ser amado que se aleja del poeta:

> Caminas al terreno del agua
> vuelta intangible
> y no puedo tocarte,
> respirar tu aliento vital.
> ....
> El pincel nos vuelve
> sombras de arena
> espumas de luz
> en la cresta de una ola (*Nunca*, 32).

Aún estando cerca del hablante, la presencia de la sombra resulta elusiva y misteriosa: «¿Será cierto/que tú estás siempre a mi lado/...o es sólo un misterio?» (PC, 74).[5] La sombra, pues, representa la incapacidad del poeta de asir la realidad inmediata y de comunicarse con ella. Muestra también la lucha por conocerse a sí mismo, por descubrir algunos indicios de su propia identidad.

Además de la sombra o de los objetos circundantes, la representación poética de la naturaleza muestra a un hablante aislado por la geografía hawaiana que lo circunscribe y lo aísla del resto del mundo. En

---
[4] Sobre la relación entre el boom y la otredad, consúltese el excelente libro de Martínez-Torres.
[5] Este poema pertenece a *Poesía compartida* (PC), ya mencionado. Para un estudio de este volumen consúltese la reseña de Jorge Febles.

«Islas», un breve pero elocuente poema, anuncia un destino demoledor: «Somos islas./El mar parece rodearnos./Tiempo llegará/en que entre las olas nos perderemos» (*Nunca,* 57). Rodeado de agua y arena por todas partes, reconoce en el mar el origen de la vida, pero también un compañero tedioso. En «En un recodo» la preponderancia de la naturaleza se afirma con el correr del tiempo:

>El reloj
>no deja descansar su tic-tac insomne.
>Las olas persisten en el mar.
>La lluvia en su erosión
>recrea
>capas de tierra
>gestas de montaña. (*Nunca,* 33.)

En otro poema, el hablante se enfrenta al cañón Waimea, falto de vida, abismal y, sobre todo, desprovisto de civilización. Pocos son los poetas que hayan podido captar un fenómeno natural y presentarlo como un paisaje desgarrador, casi extra-terrestre, como lo ha hecho Montes Huidobro en «Desolación»:

>la naturaleza en todo su horror
>   en todo su espanto
>tan distante de las iglesias
>   de los cementerios
>dimensionales
>Estás más allá del tacto.
>De la voz
>   y del sonido.
>Los turistas
>cuando se detienen para contemplarte
>son cadáveres admirando su sepulcro. (*Nunca*, 34.)

El cañón Waimea representa el yo, al parecer estéril, de un poeta desterrado que, falto de comunicación con lo que le rodea, acude a la iglesia, a los cementerios, a la muerte misma, para responder a la otredad con la otredad misma. El terror que experimenta ante el cañón se repite cuando el hablante, en «Terapia», visita los hospitales:

>Los hospitales son blancos.

> No hay luces ni sombras.
> Todo tiene la nitidez del cloroformo.
> El seco sabor de la higiene.
> La sonrisa amable de las enfermeras.
> Las sombras siniestras de las radiografías.
> La pulcritud inútil del silencio.
> Los hospitales son así,
> Tan buenos, tan gentiles.
> con una espada traicionera.
> Quiero que Dios me libere
> de la lacerante luz de sus eclipses
> y me deje yacente
> en las antiguas catedrales
> entre gárgolas horrendas
> y ángeles transparentes. (*Nunca*, 141.)

De nuevo, como ante el cañón Waimea, ahora, dentro del hospital, el hablante se refugia en la quietud de las iglesias para escaparse de un ambiente desagradable y desolador.

Además de los elementos circundantes, de la geografía hawaiana, del cañón y de los hospitales, el poeta expresa la otredad en la reacción a las personas que lo rodean. Su propia familia es su no-yo, que lo atrae y con el cual dialoga. En un poema dirigido a su hijo Eugenio, la ternura del padre contrasta con la simpleza y el balbuceo del vástago, cuyo lenguaje resulta difícil de descifrar. La transcripción del diálogo entre padre e hijo representa la otredad lingüística en «Un poema de voces desde Eugenio»:

> ....
> -Eso no se hace con yo.
> -Con yo no, con mí.
> -Eso se hace con ti.
> -Yo soy Eugenio.
> ....
> Voces de mi hijo
> que se perdían a lo lejos...
> que se esfumaban.
> Palabras que...
> quizás...
> no volvería a escuchar otra vez. (*Nunca*, 45)

Por muy cercanos que se encuentren el padre y el hijo, al relacionarse por el lenguaje, el hablante se siente extraño. El padre, como tal, acepta al otro en el hijo, pero el adulto rechaza las señales ininteligibles del párvulo. El niño, como los elementos circundantes en los otros poemas, también se le escapa de las manos.

De igual manera, al aproximarse a su hija Ana, el hablante revela que hay un distanciamiento entre ambos. Revela también que la comunicación entre padre e hija es limitada. Que, a la larga, Ana será la dueña de su propio destino y que se liberará completamente del mundo adulto que ahora le rodea en «Un poema de voces para Ana»:

> Un poema de voces para Ana
> . . . .
> Abre las puertas encontrarás detrás de ellas
> la sombra de un misterio.
> Hay bellezas que yo no puedo decirte
> y que tú sola has de conocer.
> Horas que tendrás que descubrir
> sin que nadie te las explique.
> Siluetas que se irán perfilando
> lentamente,
> hasta que con ellas puedas formar un rostro.
> Libros tan misteriosos
> que nadie los podrá traducir para ti
> pero que entenderás tú,
> tú solamente,
> a medida que toques las palabras. (*Nunca*, 44)

Objetos de esta poética de la otredad familiar son la madre y la esposa del poeta. A raíz de la muerte de la primera, acaecida en 1985, cuando ya había cumplido los noventa años, el poeta escribe varios poemas desgarradores. La muerte inexorable se torna en la otredad inaceptable para el desconsolado hijo poeta. En pocos poemas elegíacos se nota la humanidad, el sentimiento de rechazo ante la muerte:

> Por momentos
> retrocedía,
> como si la batalla
> fuera a ser
> triunfo en la garganta,
> aire.
> Se deshacía

> Porque no había retroceso posible:
> ir hacia delante,
> desbocada,
> al encuentro brutal. (*Nunca*, 16)

Doce poemas inspirados por esta muerte componen una sección de *Nunca de mí te vas* intitulada «Cordón umbilical.» (13-20) En ellos el poeta deslinda su personalidad de la de su progenitora, a quien reconoce como su otro yo, de la que no puede separarse ni aún después de la muerte:

> Nunca de mí te vas:
> en mí te quedas
> como si a cada paso
> que diera me habitaras.
> Te reconozco
> en cada latido de mis venas,
> más fuerte aún
> que cuando aquí estabas.
> Es el cordón umbilical
> en que me abraso. *(Nunca,* 18)

El diálogo entre Montes Huidobro y su madre capta la completa identificación entre el yo y su otro o doble. En la literatura cubana de la República sólo Manuel Navarro Luna en su *Doña Martina* (1952) ha logrado tal identificación.[6]

La identificación del yo con su otro(a) se repite con la esposa del poeta, Yara González, a quien le dedica ocho poemas en la sección «Yara: insomnio de Eros» (191-200). En realidad, valga decir que muchos otros poemas están también dedicados a Yara (por ejemplo, «El Sil a cada paso» (*Nunca,* 23), algunos formalmente y otros implícitamente. Compañera del destierro, colega en el profesorado y acompañante en los numerosos viajes realizados desde Hawai o desde Miami, Yara González es el otro yo de Matías Montes Huidobro. Como tantas parejas de la literatura universal, Matías y Yara se inmortalizan en el poema «Autorretrato,» donde el yo y el otro forman una misma entidad:

---

[6] Hay muchos puntos de contacto entre la poesía social y vanguardista de Navarro Luna y la de Montes Huidobro. Para un bosquejo de la poesía del vate manzanillero, consúltese mi entrada en el *Dictionary of Twentieth Century Cuban Literature*.

Durante la tendida cuenta de los días
sumando de meses y de años
has estado arropando
el tapiz de mi vida
tejido con el tuyo.
Hilanderos de amor
hemos tejido
cotidiano paisaje de la vida.
No hay uno
sin el otro
y sin el otro uno,
no hay división posible
en esta huída,
encuentro que nunca se termina.
¡Oh gran total
de horas compartidas,
unidad de pincel,
autorretrato,
imagen de los dos
que configura
el espejo real
de nuestras vidas! (*Nunca,* 194)

Puede decirse, que sin Yara la obra poética de Matías hubiera quedado truncada. Los sentimientos del autor por su esposa alumbran, motivan y le dan su razón de ser a los poemas. No sólo es Yara sujeto y objeto de la creación sino también el destinatario principal.

Entre los poetas de la diáspora cubana, Montes Huidobro figura como uno de los más innovadores, tanto por el contenido como por la técnica empleada en los poemas. De interés particular resulta su tratamiento del destierro, fuente de la otredad espacial. Pero, a diferencia de otros poetas de su generación, Montes Huidobro rechaza todo dogmatismo o sentimentalismo patriotero. Fuera de Cuba, de los Estados Unidos continental y de las comunidades cubano-americanas (desde su llegada al destierro hasta su traslado a Miami en 1997), Montes Huidobro recobra a la Isla en momentos inesperados, en situaciones sorprendentes, en recuerdos del pasado reciente. Por ejemplo, en un poema en el que revive su estancia en Meadville, Pennsylvania («Shirley Jackson», *Nunca,* 161-162) o en otro en el que describe el río Sil de España («El Sil a cada paso», *Poesía compartida,* 64-65), o en un tercero, en el que habla de sus viajes por Alemania, Francia y España, Cuba se hace presente por el contraste de culturas, por el idioma caribeño del texto («Viajes», *Nunca*, 24-25).[7]

Otra manera de recrear la patria desde el exilio es la de escribir poemas sobre figuras históricas de la revolución cubana, mayormente mujeres. Presenta a éstas no tanto por las diferencias ideológicas, que nunca se elaboran, sino por la diferenciación sexual. Los poemas que vamos a comentar provienen de *La vaca de los ojos largos* y no fueron incluídos en *Nunca de mí te vas*. En unos versos a la miliciana cubana, Montes Huidobro aúna la reproducción biológica al militarismo propio de la guerra fría:

> Mujer antillana eras,
> de la habanera tú,
> el minuet,
> la contradanza,
> y las danzas de Cervantes,
> sólo queda
> tu función fisiológica.
> Introduciéndote
> el cañón de la metralleta
> reproduces
> con semen de plomo
> hijos
> de plomo. *(La vaca*, 32)

El poema muestra la deshumanización de la mujer, quien ha perdido su estereotipo de compañera alegre, casera y amante de la música para convertirse en militar y esposa y madre de militares. El mismo proceso de deshumanización ocurre en la recreación de Celia Sánchez, la fiel secretaria y amiga de Fidel Castro, a quien describe en términos físicos ambivalentes y con sugerencia erótica:

> Bella cual galana nube,
> delgada,
> flaca,
> macilenta,

---
[7] En una carta recibida en septiembre de 1993 Montes Huidobro me revela que algunas de sus poesías más inspiradas en el tema de Cuba datan de una corta temporada que pasó en Colombia, mientras asistía a un congreso. Su preocupación por Cuba es constante y en *Nunca de mí te vas* los últimos poemas son dedicados a la Isla.

> fea,
> elegida fuiste entre la otras.
> Celia,
> secretaria,
> taquígrafa de nuevos papistas redentores.
> La dicha has tenido de escribirle
> sus cartas
> y de verlo desnudo en la bañera. (*La vaca,* 33)

En este poema Montes Huidobro desmitifica a la heroína de la Sierra Maestra y la presenta con la perspectiva irónica no de un hablante sino de una hablante que observa y envidia el fácil acceso que la secretaria tenía a su jefe. El poema concluye:

> ¡Oh, cuán dichosa has sido!
> Sin embargo,
> nadie sabrá de ti.
> Enigma truculento,
> deformidad malsana,
> injerto,
> ¡cuánto te envidian las
> mujeres latinoamericanas! (*La vaca,* 33)

Como en el poema anterior, en éste el poeta traslada el conflicto político y la tensión ideológica a un conflicto o concierto entre faldas y pantalones. Parece, pues, que la diferenciación sexual toma un primer plano, dejando atrás la disparidad política.

En conclusión, la poesía de Montes Huidobro muestra el itinerario de un yo que busca comunicarse con un otro para aceptarlo o rechazarlo. Y en esta búsqueda o rechazo desarrolla un mundo de enajenación, de contrastes, de emparejamientos y diferencias. Los textos de su poesía encuentran ecos en las obras de Julián del Casal, y de José María Heredia y en la de los poetas cubanos de los últimos tiempos (desterrados o no). Pero el alcance de la producción poética de Montes Huidobro reside sobre todo en la presentación de lo diferente, de los elementos contrastantes, de la diferenciación genérica. Por eso, sus raíces cubanas y universales habrá que buscarlas en sí mismo, en la representación de su yo y de su no-yo. Poeta de los contrastes, de la diferencia, de la enajenación, Montes Huidobro es el poeta de la otredad.

OBRAS CITADAS

Arcos, José Luis. *Las palabras son islas: panorama de la poesía cubana Siglo XX (1900-1998)*. La Habana: Editorial Letras Cubanas. 1999

Cremer, Victoriano. Reseña de *La vaca de los ojos largos*. Diario *Proa*. León, España, 22 de octubre de 1967, 65.

Febles, Jorge. Reseña de *Poesía compartida: ocho poetas cubanos. Hispania,* 66:3 (1983): 443.

González-Cruz, Luis. «Matías Montes Huidobro, the Poet: Selected Poems and Interview.» *Latin American Literary Review*, 2:4 (1974): 163-70.

Le Riverend, Pablo. *Diccionario biográfico de poetas cubanos en el exilio.* Newark: Ediciones Q-21, 1988.

Martínez-Torres, Renato. *Para una relectura del boom: populismo y otredad.* Madrid: Editorial Pliegos, 1990.

Montes Huidobro, Matías. *La vaca de los ojos largos.* Honolulu: Mele, 1967.

_____. *De la vaca de los ojos largos.* Editor, Ignacio Rivera Podestá. Cádiz, España: Suplemento antológico Torre Tavira,

_____. *Poesía compartida*, co-autor. Miami: Ultra Graphics, 1980, 63-74.

_____. «Ahora no tengo a nadie a quien llamar.» *Linden Lane Magazine,* 12:1 (1993): 26.

Rodríguez-Florido, Jorge. «Navarro Luna.» En: Martínez, Julio A., Ed. *Dictionary of Twentieth Century Cuban Literature.* New York: Greenwood Press, 1990, 315-18.

_____. «La otredad en la poesía de Matías Montes Huidobro». En: Febles, Jorge M y Armando González-Pérez, Eds. *Matías Montes Huidobro: acercamientos a su obra literaria.* Lewiston, N.Y: The Edwin Mellen Press, 1997.

TEATRO

SUPERPOSICIÓN DE TEXTOS EN *LA MADRE Y LA GUILLOTINA*

Jesús J. Barquet
New Mexico State University

Ya desde la relación de los personajes presentes en *La Madre y la Guillotina* [*MyG*] (ambos sustantivos con mayúsculas[1]), establece Matías Montes Huidobro [MMH] la primera, pero aún imperceptible, superposición de textos que caracteriza a esta compleja pieza teatral suya. Los personajes de Ileana y Silvia deben su nombre a su «realidad» como actrices en la Cuba inmediatamente posterior al triunfo revolucionario de 1959; mientras que el personaje de la Madre, borrado su nombre «real» como actriz en la pieza, debe su nombre, inicialmente, a la «ficción» de la obra que ellas tres han venido a ensayar, obra cuyo texto confiesan que desconocen, aunque en algunas ocasiones se contradigan. Sólo conocen los personajes que interpretarán en dicha «ficción»: por una parte, la Madre; por otra, Ileana y Silvia como sus hijas.[2]

El cuarto personaje, la Peluquera, parece tener, entonces, una referencia dual: en sentido directo es la peluquera «real» del teatro al que las tres actrices han venido a ensayar; en sentido irónicamente metafórico su nombre apunta a las pelucas que utilizaba la aristocracia francesa y funciona como una metonimia por las cabezas cortadas por la guillotina durante la Revolución Francesa, ya que, aunque nadie

---

[1] «Prefiero *Madre* y *Guillotina* con mayúsculas, aunque yo no he sido *consistant* [sic] en ello», aclara MMH (Correo 3 febrero 2003).

[2] Por razones de variedad terminológica, prefiero hablar ahora de «realidad» y «ficción» a lo que podría considerarse como un primer y un segundo nivel de ficcionalidad, respectivamente.

conozca el texto a ensayar, se deduce que el asunto de dicha «ficción» es la Revolución Francesa, debido a la escenografía propuesta por MMH: «un gran mural, enloquecedor e impresionante, donde aparece una [G]uillotina» (167).[3] La Guillotina pertenece a la «ficción» por estar, además, hecha «de papel», aunque al final de la pieza la Madre se da cuenta de que su presencia como objeto mortífero es «real»: «Pero usted me dijo, me juró, que era de papel» (190).[4]

La escenografía, por su parte, también superpone elementos de la «realidad» teatral cubana a la «ficción» de la Guillotina francesa: junto a la Guillotina, MMH coloca modernas «sillas de tijera» o «rústicos banquillos» (167). Una frase al final de estas acotaciones del autor nos remite a la Cuba de 1959, es decir, al año mismo del triunfo de la Revolución Cubana, con todo lo que esta significó de alteración radical de los criterios sociopolíticos, así como de peligroso enjuiciamiento de la vida pasada y presente de cada individuo dentro de la Isla. Esta marca histórica de la obra responde al recurrente interés de MMH por contextualizar tempoespacialmente sus obras como la forma «más recomendable para llegar a la esencia de lo universal humano», según afirma Julio Matas (en MMH, *Persona* 13). Y en el caso de *MyG*, esta contextualización no sólo le da, como veremos, un «particular significado», sino que también es «lo que posiblemente le dé importancia a la obra».[5] Por su fecha de escritura (1961), *MyG* fue, además, una de las primeras piezas teatrales escritas en Cuba —o tal vez la primera— que asume de forma explícitamente crítica los tempranos brotes de represión sociopolítica desatados por la nueva circunstancia histórica.[6]

---

[3] Todas las citas de *MyG* provienen de *Obras en un acto*, de MMH. En lo adelante, sólo aparecerán con el número de página entre paréntesis.

[4] Nótese la reaparición de esta Guillotina, también con doble nivel ficcional y como referencia intratextual, en el segundo acto de la obra *Exilio*, de MMH.

[5] Así lo reconoce el propio MMH (Correo 3 febrero 2003). No comparto la opinión de José A. Escarpanter cuando afirma que en *MyG* «no existen referencias explícitas a la circunstancia cubana, pero menudean giros y alusiones con los que se puede precisar el ambiente» (624). Además de una acotación de MMH sobre lugar y año, existen numerosas referencias en los parlamentos de las actrices que remiten, a veces no exclusivamente, a la realidad política cubana de entonces.

[6] Escrita en 1961, *MyG* se publica primero en inglés en 1973 bajo el título de *The Guillotine* (Francesca Colecchia y Julio Matas, eds. y trads., *Selected Latin American One-Act Plays*, Pittsburgh: U of Pittsburgh P, 1973) y tardíamente en español en 1991 en *Obras en un acto*, de MMH (163-191). Otras obras pioneras en esta presentación crítica del nuevo proceso político son *La casa vieja* (1964) y *Los mangos de Caín* (1964), de Abelardo Estorino, *La noche de los asesi-*

La composición totalmente metateatral de esta obra la inserta en la larga tradición metateatral del siglo XX cubano, la cual fue ampliamente estudiada por MMH.[7] Si recordamos *Seis personajes en busca de autor* (1921), de Luigi Pirandello, hallamos en la obra de MMH una situación sólo ligeramente similar a la del texto italiano, porque, a diferencia de lo que sucede en *Seis personajes*, en *MyG* las actrices vienen a ensayar una pieza prácticamente desconocida por ellas y ni el Director ni el Autor está presente para orientarlas. Las actrices de *MyG* están totalmente solas, con su «realidad» de mujeres que viven en la Cuba de 1959, pero curiosamente sí saben los personajes que vienen a representar y, aunque estos pertenezcan a la obra ausente, ellas los asumen en su «realidad»: madre, hijas/hermanas y peluquera.

Aunque hasta aquí sólo he presentado dos niveles ficcionales o de representación (el primero referido a la Revolución Cubana y el segundo a la Revolución Francesa), existe en *MyG* un tercer nivel fundamentalmente de significación y de carácter alegórico que involucra a los dos niveles anteriores. Propongo, pues, a continuación, una relación de los personajes de *MyG* según los tres niveles (que llamaré «textos») superpuestos en la obra. A los efectos de mi exposición, le he asignado a cada personaje la denominación que considero pertinente a cada texto. Entiendo por «texto real» el que nos remite a las actrices en la Cuba de 1959, época presente en el escenario a través de la utilería, el vestuario, las modalidades gestuales y las referencias verbales de las actrices, aunque bien sabemos que este texto real constituye el primer nivel ficcional. Denomino «texto ficcional» al texto ausente pero referido por las actrices y la Guillotina[8]; texto que constituye el segundo nivel ficcional de la obra y que introduce, como una característica recurrente en la producción teatral de MMH, la técnica del teatro dentro del teatro (o metateatro) en *MyG*. El tercer texto es el «texto alegórico», el cual explicaré más adelante:

---

nos (1965), de José Triana, *Los siete contra Tebas* (1968), de Antón Arrufat y *Dos viejos pánicos* (1968), de Virgilio Piñera (Barquet 8).

[7] La metateatralidad o «técnica del teatro dentro del teatro ha sido uno de los recursos preferidos de los autores cubanos del siglo XX. De una manera parcial o utilizada de modo esencial dentro de las obras, la técnica se repite sistemáticamente, particularmente desde que el teatro cubano perdió los lineamientos realistas de las primeras generaciones de dramaturgos republicanos», afirma MMH (*Persona* 19).

[8] Escarpanter señala acertadamente el carácter «catártico» de este texto ficcional (624).

Texto real	Texto ficcional	Texto alegórico
Ileana (actriz 1)	hija 1 (hermana de hija 2)	Hija/Hermana
Silvia (actriz 2)	hija 2 (hermana de hija 1)	Hija/Hermana
actriz 3	madre	Madre
peluquera o actriz 4	peluquera	Peluquera

Los textos real y ficcional conforman los dos primeros estratos superpuestos: el texto real garantiza la inmediatez histórica del tema a tratar; el texto ficcional establece la analogía transepocal y presenta en su interior dos elementos potencialmente arquetípicos (la madre y la guillotina), los cuales, inscritos con mayúsculas en el título de la obra y respaldados por su valor emblemático, apuntan al texto alegórico. Gracias a la hábil superposición de los temas del texto real sobre los supuestos temas del texto ficcional (del cual sólo reconocemos el estado represivo de terror revolucionario que representa convencionalmente la imagen de toda Guillotina), podemos abstraer el mensaje de ambos textos limitadamente circunscritos a sus respectivos tiempo y espacio históricos, para llevarlo a un plano alegórico más abstracto en el que halla afinidades con la crítica hecha por Alejo Carpentier en su novela *El Siglo de las Luces* (1962) contra el fatal carácter represivo de toda «revolución en el poder».[9]

Si la yuxtaposición e interpenetración de los textos real y ficcional en *MyG* remedan la composición de *Un drama nuevo* (1867), del español Manuel Tamayo y Baus, la significativa adición del texto alegórico lleva a la obra cubana a un mayor nivel de abstracción y universalidad que la española. No obstante las diferencias anotadas, entre otras posibles, *MyG* muestra una intertextualidad general con las mencionadas obras de Pirandello y de Tamayo y Baus.

Establecidas por el texto ficcional y asumidas por las actrices en el texto real desde el inicio de la obra,[10] las relaciones familiares de madre-hija/hermana también operan en el texto alegórico y es precisamente desde este que, por su superposición última, dichas relaciones familiares elevadas al plano arquetipal adquieren un sentido mayor que ilumina a los otros dos textos. El arquetipo de la Madre representa la

---

[9] Carpentier también utiliza la Revolución Francesa y la guillotina como asunto en *El Siglo de las Luces*.

[10] «La Madre begins to refer to herself as the mother of the younger women characters—on stage and in the real world,» afirma Bissett (136).

patria en su sentido más trascendente y fijo («Allí estará sentada la Madre durante casi toda la obra», indica MMH [167]): Cuba en el texto real, Francia en el ficcional, cualquier otro país en el alegórico; mientras que las Hijas/Hermanas, aunque MMH no las destaque con mayúsculas, conforman con la Madre, en tanto que familia, una alegoría más fenoménica y dinámica de la nación: «Hablar de Cuba y de la familia cubana es todo y lo mismo: forman unidad», afirma MMH (*Persona* 26).

Dentro de esta significación, las Hijas/Hermanas representan en *MyG*, además, las guerras civiles, delaciones, envidias y traiciones personales que toda revolución desencadena, es decir, el fratricidio o cainismo tanto familiar como social que MMH ha detectado ampliamente en el teatro cubano del siglo XX.[11] Así lo sintetiza la Madre cuando dice:

> Luchan. Se matan. Se destruyen. La vida no vale tanto. Uno los ve morir, aniquilarse, sin hacer nada. Las madres somos así. Es una desgracia. Debíamos unirnos, formar una liga, un comité, algo, para evitar que nuestros hijos se tiren piedras y se partan la cabeza... (178)

Dentro del texto alegórico, sólo el personaje de la Peluquera no aparece claramente semantizado, a menos que aceptemos su apuntado valor metonímico complementando el mensaje fatal que se deriva de la Guillotina. Sin embargo, la Peluquera posee, en ocasiones, un valor funcional homodiegético, especialmente si aceptamos, con reservas, que constituye, como asegura Matas, «un personaje de carácter coral» (en MMH, *Persona* 17).

Es importante llamar la atención sobre las mayúsculas, como propone MMH, porque estas no se deben a un capricho tipográfico únicamente perceptible en la lectura de la obra, sino que conforman un espacio semántico que toda representación deberá resolver mediante, fundamentalmente, los diferentes discursos escénicos no-verbales, con vistas a integrar este texto o nivel alegórico de *MyG*. Si consideramos las acotaciones escénicas de una pieza teatral como elementos diegéticos, ciertas acotaciones de MMH apuntan y reafirman claramente la presencia de dicho texto alegórico en *MyG*; por ejemplo, MMH propo-

---

[11] Independiente de la específica circunstancia histórica, es constante dentro del teatro cubano la representación de la familia arrastrada por un «afán devorador y canibalístico que ha ido creciendo con el tiempo», asegura MMH (*Persona* 26).

ne alegóricamente que «en el mismo centro [del escenario], de frente al público», la Madre-Patria esté sentada «durante casi toda la obra» (167). Interesado por la universalización de los temas de *MyG*, MMH se mueve intertextual y alegóricamente en el consabido terreno de los arquetipos y del fatalismo trágico.

Pero al nivel de la autoría nos encontramos con otra serie de superposiciones. A diferencia de la mencionada obra de Pirandello —en la que claramente aparecen el Director (suerte de autor), el propio Pirandello en tanto que personaje referido (los Actores ensayan su pieza *Cosí è [se vi pare]* [*Cada cual en su papel*]) y seis personajes «reales» de individualidades tan inalienables que no conciben a nadie más que a ellos mismos creándose como autores y representándose—, en *MyG* encontramos un conjunto diverso de autores que afecta en particular a las actrices 1, 2 y 3, y conforma un sutil comentario crítico a la circunstancia política cubana.

En el texto real ocurre una significativa acumulación de autores debido a que es allí donde, en primera instancia, el *con-texto* sociopolítico cubano opera inscribiendo a sus propios autores: la voz anónima y acusadora del pueblo y las voces autojustificativas de las víctimas. Como apunta Matas, «la Revolución se ha posesionado del espíritu colectivo» y sobrevienen «la obsesión de la pureza [revolucionaria]», el oportunismo arribista y la expiación de un nuevo sentimiento de culpa contrarrevolucionaria que puede pagarse con la muerte (la Guillotina), ya que «la Revolución . . . se constituye en cuerpo purificador, en instrumento de castigo implacable» (en MMH, *Persona* 16).[12] Por ello, la «vida real» pasada y presente de las actrices Ileana y Silvia resulta ser una ambigua fabricación en la que participan, además de MMH, otros autores: entre ellos, *vox populi* y las propias hermanas difamándose mutuamente y reinventándose para poder sobrevivir a los nuevos mecanismos de represión. El carácter ficcional de esa «vida real», el cual borramos aquí en aras de establecer el contraste entre texto real y texto ficcional, no sólo se amplía en el texto real sino que también difiere su

---

[12] «Todo el mundo quiere estar limpio, aparecer inocente a los ojos de los demás, merecer su rol en la edificación de la nueva patria... Nadie está totalmente libre de culpa... Se impone una especie de limpieza de sangre. El que no estuvo con la Revolución desde su gestación (muy pocos estuvieron) se ve fatalmente fuera de ella y debe hacer extremosas manifestaciones de adhesión [que incluyen la delación], para evitar el estigma de *contrarrevolucionario* —baldón, pero también delito que puede pagarse con la muerte», afirma Matas (en MMH *Persona* 16).

sentido. Aun siguiendo los nuevos juicios «revolucionarios» y las respectivas historias y denuncias de estas dos actrices, no podemos saber con certeza si ellas son «inocentes» o «culpables» ni si «merecen» la muerte/guillotina.

Si bien MMH es, digamos, el creador o autor de las cuatro actrices, dos de estas (Ileana y Silvia) encuentran otros autores homodiegéticos ausentes y anónimos re-creando sus respectivas «vidas reales» al punto de que ellas mismas se pierden en el entramado de sus vidas reescritas tanto por ellas como por una *vox populi* que, al re-crearlas, las enjuicia y delata según los nuevos criterios éticos y políticos del momento. Ileana y Silvia, interiorizando un sentimiento de culpa y temerosas del peligro mortal en que se hallan por estos nuevos *textos* enjuiciativos sobre sus vidas, asumen en buena parte de la obra una actitud defensiva que las lleva no sólo a justificarse ante sí mismas y los demás haciendo un recuento (¿falso, cierto?) de sus vidas, sino también a intentar desviar la atención sobre sus personas difamando y acusándose la una a la otra.

Esta intervención de un anónimo autor colectivo permite introducir en *MyG* temas tales como la difamación, la delación, la culpa, el miedo y, envolviéndolo todo, la víctima convertida en victimario, temas estos asociados recurrentemente al tema mayor de la «revolución en el poder». Con todo ello se van llenando o conformando especularmente el vacío texto ficcional sobre la Revolución Francesa y el texto alegórico. Inversamente, debido a la acumulación de dispares versiones sobre sus vidas, Ileana y Silvia sufren en la obra un progresivo proceso de vaciamiento o desintegración de sus individualidades «reales» que culmina en su desaparición física: ambas mueren en la Guillotina (real y alegórica), clara referencia a los juicios sumarios y fusilamientos que comenzaron en 1959 en Cuba y que guardan una relación especular con los Tribunales Revolucionarios y las ejecuciones en la Francia de Robespierre.

Apuntando irónicamente a la pérdida de la individualidad dentro del nuevo proceso, está el hecho de que las únicas actrices que tienen nombre propio en la obra son precisamente ellas dos y mueren. Finalmente, la única identidad que asumen coherentemente ambas actrices es la identidad familiar (h/Hijas-h/Hermanas) de los textos ficcional y alegórico, identidad que además las sobrevive. Contrastando con ellas está la actriz 3, quien constituye un vacío al inicio del texto real y quien, a medida que avanza la obra, se va llenando real, ficcional y alegóricamente, siempre en tanto que m/Madre, hasta alcanzar una dimensión emblemática al final de la pieza.

Por su parte, utilizando el absurdo kafkiano, MMH hace que el ausente y desconocido texto ficcional esté escrito por un autor igualmente ausente y desconocido. Aunque este texto ficcional se refiere a la Francia del terror revolucionario, MMH inscribe en él, basándose en la analogía transepocal, un comentario crítico sobre las circunstancias sociopolíticas cubanas del texto real: 1959 como un año ganado por el desconcierto de un pueblo que, aunque supuestamente protagoniza un nuevo proceso histórico, desconoce el *texto* exacto que como actor debe representar, ya que su autor y a la vez director extratextual (a saber, Fidel Castro), aunque físicamente omnipresente y dueño de una exacerbada oralidad en la «vida real», no se revela física ni verbalmente en *MyG*. MMH apunta esta superposición o proyección analógica o especular del ausente texto ficcional sobre el texto real cuando, en respuesta a mi pregunta sobre la contradicción que hay en Ileana sobre su conocimiento del texto ficcional, afirma:

> Yo creo que esa chica es una mentirosa. Tienes razón, primero le dice a la Madre categóricamente que no conoce la obra. Después, cuando entra Silvia, da a entender que sí la conoce porque habla como si la conociera. Quizá le pasaba como a la mayor parte de los cubanos [en 1959], que creíamos conocer la obra y no sabíamos dónde nos habíamos metido. (Correo 13 abril 2003)[13]

Siguiendo esta superposición entre el texto ficcional y el texto real, resulta entonces irónicamente significativa la ausencia total no sólo del autor sino también del director del texto ficcional en *MyG* —ver que Pirandello sí los hace explícitos en su obra—, ya que, dentro del contexto cubano de 1959, Castro era una indiscutible y recurrente presencia física y, muy particularmente, verbal. MMH parece insinuar el carácter falso de esta presencia: las verdaderas intenciones de Castro, el *texto* que realmente estaba entonces escribiendo en 1959 era descono-

---

[13] En mi libro *Teatro y revolución cubana* presento esa tendencia de los años 60 en Cuba a referirse a la «revolución en el poder» con términos teatrales (1-7).

cido o su escritura estaba en proceso.[14] Ante esa ausencia, al pueblo cubano (Ileana y Silvia) no le queda más que ir conociendo, en la confusa y mortalmente riesgosa praxis cotidiana («en los ensayos», diría la Peluquera [176]), no sólo sus esperados papeles y conducta dentro del juego social, más allá de los roles familiares ineludibles (madre-hija-hermana), sino también los rasgos represivos (la prisión, los fusilamientos, la persecución, la intolerancia) y los síntomas de desintegración moral (la delación, el fratricidio, el miedo, el oportunismo camaleónico, la introspección de una supuesta culpa) que conforman el texto ficcional hecho ahora texto real. En contra de su voluntad y sus principios, todos ellos se convierten en autores y co-escriben inconsciente y angustiosamente dicho texto real. En otras palabras, ambas actrices tratan de representar y sobrevivir, por cuenta propia, sin previo guión, a la nueva sociedad revolucionaria.

Con su más extendido uso en el siglo XX, el metateatro ha permitido a dramaturgos tales como Pirandello, cuestionar, entre otras cosas, las relaciones entre la realidad extraliteraria y la ficción teatral, el concepto de mímesis (en su oposición a diégesis) aplicado desde Platón y Aristóteles al género dramático y la autenticidad de la representación actoral. MMH utiliza, sin embargo, el metateatro en esta obra con un objetivo, al parecer, inverso: ratificar la fatal imposición de la realidad extraliteraria no sólo sobre el texto sea cual fuere su nivel de referencia extraliteraria (su asunto) o abstracción, sino también sobre los actores y su actuación.

Si en Pirandello existía un texto ficcional que los seis personajes «reales» no permiten seguir representando al interrumpir el ensayo e imponer su texto real, de forma tal que se crea una escisión entre uno y otro texto, en la obra de MMH el texto ficcional, a pesar de ser el motivador del encuentro de las actrices, es prácticamente nulo y en vez de interrumpirse con la irrupción del texto real, confluye con este: las supuestas fronteras entre los textos son borrosas y constantemente trasgredidas. Por ejemplo, en las formas del tratamiento interpersonal (el paso del «tú» al «Ud.») entre la actriz 3 (Madre) y las actrices 1 y 2 (sus hijas), se observa una constante transgresión de las fronteras entre el

---

14 MMH utiliza en *Exilio* el mismo recurso de referirse a un texto en proceso de escritura y de colocar a sus potenciales actores en la situación de co-autores del mismo.

texto real y el texto ficcional. Unas veces Ileana se dirige a la actriz 3 como colega de trabajo más vieja («Y usted debe saber mucho más sobre el asunto... ¿Qué otra cosa le ha dicho?»); otras veces, como su hija: «Por fuerza lo tienes que saber, mamá» (169).

Aunque en *MyG* se hable de la existencia en escena de un libreto (174), el referido texto ficcional (y, con él, sus co-autores: autor y director, los cuales en Pirandello se fundirán en uno) es en realidad un vacío únicamente marcado por un elemento de utilería y la propuesta relacional entre los personajes. Por su parte, el texto real (y, con él, la realidad extraliteraria como un texto más) no sólo llena de sentido al texto ficcional sino que también lo canibaliza al adueñarse y resemantizar contextualmente tanto la Guillotina como las relaciones familiares. Hasta las propias actrices encargadas de representar el texto ficcional, apunta Bissett, «are affected personally and professionally by the [R]evolution»:

> they cannot ignore or escape the conditions of a real-world existence during a revolution that is beginning to permeate every aspect of their lives. The once possible worlds created only on stage are transformed into parallel worlds: art and life are victims of the same oppressor... Off-stage lives now control and write the script for on-stage performances. (136-137)

MMH llega a incluir, entre los nuevos criterios represivos del régimen, el falso vínculo entre la ética individual del actor «real» y su actuación escénica «ficcional»: «Hay que tener coraje para interpretar su papel. Comprendo que es teatro, pero desde el momento en que Ud. lo ha aceptado, tiene que haber algo podrido en Ud. para poder interpretarlo a plenitud, como lo viene haciendo. Lo hemos podido notar en los ensayos», le dice la Peluquera a Ileana (176).

Es, concluyo, la realidad extraliteraria (a saber, el primer año turbulento de cambios y represión sociopolítica en la Cuba de 1959) lo que provoca y permite el *continuum* entre los tres textos señalados. Dentro de ese *continuum*, no son escasos, como hemos apuntado, los momentos de *puesta en abismo* (suerte de reflejo especular intradiegético) que se producen entre dichos textos. Al superponerse, la realidad extraliteraria cubana realiza en la obra algo parecido al proceso fotográfico de sobreimpresión: su imagen resalta, prepondera. Al acabar la pieza, no se queda el lector o espectador con la imagen de que ha leído o presenciado una reflexión intelectual sobre las capacidades o incapacidades de la mímesis dramática, ni un cuestionamiento filosófico de la realidad *en sí*, como ocurre en muchas obras metateatrales, sino con la ratificación e imposición de la realidad extraliteraria sobre todo acto ficcional: el nítido y explícito concepto-imagen del binomio Madre-Guillotina que se recoge en el título de la pieza sin duda alguna se refiere al terror desatado en todas las facetas de la «vida real» cubana por una revolución en el poder: «¡La guillotina! Nos han engañado. Todo era mentira. La sangre corre otra vez, como antes, mucho más que antes. *No era una comedia*», afirma la Peluquera al final de la pieza (190. *El subrayado es mío*). MMH expresa así no sólo su temprana desilusión con el nuevo gobierno, sino también su interés como dramaturgo de borrarle toda ficcionalidad (de primero y segundo nivel) al espectáculo teatral con vistas a reproducir o mostrar en escena, como en una pieza de agitación y protesta que renegara de la ficción en aras de un verismo a ultranza, en un último efecto especular ahora entre la obra toda y el contexto cubano, la trágica, omnipresente y confusa realidad extraliteraria que entonces se vivía.

OBRAS CITADAS

Barquet, Jesús J. *Teatro y revolución cubana: subversión y utopía en «Los siete contra Tebas» de Antón Arrufat.* Lewiston, NY: The Edwin Mellen, 2002.

Bissett, Judith. «*La Madre y la Guillotina* and *Las paraguayas*: Subverting the Male Gaze.» En Jorge M. Febles y Armando González-Pérez, eds. *Matías Montes Huidobro: acercamientos a su obra literaria.* Lewiston, NY: The Edwin Mellen, 1997. 135-142.

Escarpanter, José A. «Una confrontación con trama de suspense.» En Carlos Espinosa Domínguez, ed. *Teatro cubano contemporáneo. Antología.* Madrid: Fondo de Cultura Económica, 1992. 623-627.

Montes Huidobro, Matías. *Persona, vida y máscara en el teatro cubano.* Miami: Universal, 1973.

_____. *Exilio.* Honolulu: Persona, 1988.

_____. *Obras en un acto.* Honolulu: Persona, 1991.

_____. Correo electrónico a Jesús J. Barquet. 3 febrero 2003.

_____. Correo electrónico a Jesús J. Barquet. 13 abril 2003.

ESCRIBIR EN UN VILO: *EXPRESIONISMO* Y REALIDAD SOCIAL EN VARIAS DE LAS *OBRAS EN UN ACTO*

Rolando D. H. Morelli
Villanova University

Asumo ya desde el título de mi trabajo, un reparo del dramaturgo, para quien puede resultar irritante que se llame expresionista la concepción de algunas de sus obras, «no porque lo sean o lo dejen de ser, sino porque tienden a escatimarle una realidad dolorosa de la que emergen» (*Obras en un acto* (57)[1] Con tal advertencia de por medio, o de antemano, quiero –no obstante– acercarme al volumen de *Obras en un acto* de nuestro autor, a fin de examinar en la medida de lo posible la correspondencia existente entre el hecho social al que apuntan, o del «que emergen», para expresarlo con sus propias palabras, y el acercamiento expresionista que se les atribuye. Para comenzar, apuntemos que la compilación de piezas en un acto que aquí nos ocupa, además de resultar valiosa en consideración de la muestra misma que reúne, resulta de gran interés crítico y un extraordinario aporte a la his-

---

[1] El autor seguramente no olvida que, según lo expresado por Enrique Fofanni a propósito de Borges «El expresionismo elabora el presente de la Historia como un texto por donde las metáforas extrañas y las alteraciones sintácticas p[ueden] representar profundas heridas en el cuerpo de la lengua, o bien oníricas visiones en el lenguaje hermético...», sino que más bien parece reaccionar al hecho de que, el análisis de su obra pueda soslayar o minimizar el factor vivencial que la anima, en primer término.

toriografía presente y futura de la dramaturgia cubana, en razón de las notas y comentarios que, a manera de ilustración preceden a cada una de las piezas incluidas en el volumen. Los comentarios en cuestión proceden no tanto del dramaturgo mismo como del ensayista avisado y del conocedor teatral que coinciden en la persona de Montes Huidobro, a quien como es sabido se debe una extensa y enjundiosa obra crítica del quehacer dramático, no sólo cubano sino internacional. Preocupado por dejar constancia de este quehacer en lo que tiene de hecho social (y político) tanto como en lo estilístico, el dramaturgo nos ofrece más que su testimonio de la época y circunstancias correspondientes a una pieza determinada, un trasfondo analítico contra el cual colocar –como al trasluz– los hechos relacionados con la concepción de la obra; las peripecias que acompañaron su montaje o lo frustraron, y en última instancia, el aval crítico y auto-crítico que constituye un corpus inseparable de la obra misma. En papel de comentarista de su propia obra, el dramaturgo parece más preocupado, sin embargo, con el esclarecimiento de los aspectos sociales de este grupo de piezas que, en acometer una valoración puramente estilística de las mismas, lo cual resulta lógico si se tiene en cuenta de qué manera particular han funcionado tales circunstancias para obstaculizar la realización, la difusión y la apreciación de esta obra en su conjunto. Sin embargo, el estilo «es –hoy como ayer–, el hombre». ¿Qué duda cabe? De manera que a nosotros toca complementar ese aspecto esencial de las piezas en cuestión, que el dramaturgo deja fuera en su cartografía a posteriori del hecho artístico. ¿Cuál es el estilo o la tónica dominante en estas obras de factura breve y concepción casi siempre angustiosa? Existencialismo, podría ser una de las etiquetas que se les colgaran, y acaso las fechas de composición de estas piezas, que van de 1950 a 1990 podría inducirnos a confirmar tal sospecha, pero M. H. es un artista demasiado personal o individualista para que su obra pueda considerarse como diseño con arreglo a una moda o dirección cualquiera dictada por preocupaciones e intereses ajenos a sus propias voliciones. Y es en este sentido, precisamente, que no es difícil referirse a sus obras en un acto como puramente expresionistas, es decir, íntimamente personales; o como el producto de la distorsión artística a que el autor somete la realidad inmediata, en la misma línea de Kafka (entre los narradores) o de Strindberg, entre los dramaturgos, para presentárnosla a este prisma con rasgos que la señalan acusadamente como «otra verdad»: aquella que subyace aplastada y oculta por las falsas o engañosas evidencias de lo que llamamos convencionalmente realidad [2]

Véase ya el procedimiento empleado por el autor en *Sobre las mismas rocas*, primera de las piezas del conjunto. No se trata en absoluto de una escenografía o propuesta realista, sino de trasladar dicha realidad a un espacio que siendo incluso algo surrealista no rompa por completo con las convenciones de lo que podría ser *la realidad*, aquí definida por convenciones sociales y psicológicas, entre otras. A fin de no caer ni por asomo en la tentación del realismo nacionalista de ocasión —el que obviamente habría de haber sido cubano— el dramaturgo sitúa la acción en los Estados Unidos, y ni siquiera en la época en que escribe, sino en la del cuarenta. Se trata de un pueblito y no de una gran urbe. El reparto se indica del siguiente modo: Edgar Cotton, A, B, C, D, E y F. Por si fuera poco, el escritor se siente obligado a acotar: «A pesar de estas referencias específicas sobre lugar y fecha de la acción, los efectos lumínicos (oscuridad, penumbra, niebla, etc.) crearán una cierta irrealidad que colocará la acción, en última instancia, fuera del tiempo y el espacio» (21). Al comienzo mismo de la obra, el teatro —y no únicamente el escenario— se hallan a oscuras. Acota el dramaturgo: «Poco a poco se va creando un efecto cósmico, espacial, de pequeñas luces que se desplazan en la oscuridad, como si se tratara de una bóveda celeste». Y en marcado contraste, pero sin que resulte tal: «Se escuchan los gritos de unos muchachos que juegan a la pelota». (La referencia al

---

[2] Las definiciones que del concepto «expresionismo» nos ofrecen los diferentes diccionarios y otras fuentes consultadas, no cumplen por lo general con este propósito, al menos, no de una manera satisfactoria. Parcialmente lo consigue una vieja edición del *Diccionario Enciclopédico Ilustrado Sopena* (1954) al oponerlo al «impresionismo», lo cual se articula del siguiente modo: «Tendencia artística y literaria que busca, por reacción contra el impresionismo, no la impresión causada por el mundo exterior, sino el modo de expresar las sensaciones» (Tomo II, (116). El expresionismo, además se inscribe dentro de la llamada «vanguardia» artística europea que aparece en la primera mitad del siglo XX y reacciona en lo inmediato contra la concepción «realista», o más bien del «realismo» enteco predominante entonces. En cierto modo, el «expresionismo» recupera aquellos componentes de la herencia romántica que le permiten al escritor o artista de cualquier medio, *crear* un universo plenamente subjetivo a partir de *sus* vivencias, sin recurrir para ello a las convenciones, subterfugios o convencionalismos que *objetivaban* la realidad. Tal vez ello explique, en parte, por qué fracasó el intento de casar en un principio los conceptos de las «vanguardias» a que corresponde el «expresionismo» con los del marxismo. A fin de cuentas, el marxismo sólo podía desembocar en el «realismo socialista», el cual guarda más relación con aquel contra el que se rebelaban los vanguardistas.

juego de pelota podría constituir una referencia sesgada a la vida cubana sin hacer mención de ella, para no incurrir en las truculencias del realismo. He aquí un posible ingrediente del aspecto social del que emerge la obra. Por otra parte, ya ha dicho el autor respecto a la misma: «...en la crisis alienatoria de Edgar Cotton hay mucho de la vida cubana (el sórdido materialismo y la crueldad de los pueblos de provincia — Sagua la Grande y Cifuentes, para ser específico; que no todo es materialismo «made in [the] U.S.A.» (57). También se trata, indudablemente de la crueldad infantil, (o de la percepción que de la misma tiene el autor) aunque este elemento se diluya o confunda en el todo. Se trata en fin de cuentas de un universo de adultos representado por niños, que en escena ha de resolverse mediante actores adultos que pretenden ser niños, pero sin que esta pretensión busque «convencer» a la manera del teatro realista.

La acción avanza, sin progresión o movimiento hacia delante. Más bien el círculo cerrado que traza la silla de ruedas del inválido Edgar Cotton (y se trata del único personaje que tiene nombre) describe la parábola que constituye la acción dramática: un tiovivo enloquecido, más que un juego de pelota con sus reglas exactas y su árbitro. El lenguaje, cuyo papel importantísimo lo sitúa casi en la categoría de personaje, aparece en escena antes de que se vea a los actores cuyas voces oímos, por lo que este rol protagónico del lenguaje se subraya desde el comienzo. Constituye además un espacio en sí mismo, marcado por las repeticiones e incongruencias implícitas en ellas y hechas explícitas por él. Lenguaje «infantil» en su sentido de juego absurdo, paródico, pretendidamente serio, rítmico; las alusiones al presunto campeón de apellido Price pueden pasar de llamarlo Willy a llamarlo Johnny o Larry sin que se pierda la coherencia por la incoherencia, o para expresarlo de otro modo, consiguiendo que la incoherencia de coherencia al todo. Así pues, la obra en su conjunto constituye un juego articulado escénicamente, macabro incluso, pero juego al fin. Y al cabo, la parálisis de Cotton es paródicamente asumida por los restantes personajes. (Parodia que va en serio, valga la aparente contradicción). Todos se vuelven paralíticos imposibilitados de jugar, y eso precisamente pone fin al juego inicial dándole un nuevo sentido. Pero este *todos,* por otra parte, no comporta una asimilación en *el todo.* «*Juntos, pero no revueltos*», parece decirnos el dramaturgo. Cotton termina por expresarlo con una frase rotunda, burlesca –que incluso contradice el resto de su propio parlamento, el último de la obra y con la que ésta cierra de vuelta a la escenografía inicial–: ¡Tres personas distintas en un solo foco verdadero!

En esta acusada y nada facilista distorsión de la realidad, que la transforma y ofrece su reverso como alternativa a la misma, se refleja la estética expresionista en acción. El autor tiene apenas veinte años, y según apunta el crítico Salvador Bueno, que nos ofrece la primera reseña de la puesta en escena, ya se aprecia una «vislumbre de técnica nueva y certera» (14). A partir de ahora, la posesión y el manejo de esa técnica se perfilará y decantará para conformar un estilo expresionista que corresponde en mayor o menor medida al conjunto de piezas en un acto que aquí se examinan.

Los acosados es tal vez aquella pieza del conjunto que menos merezca en opinión de su autor la clasificación de «expresionista», o al menos aquélla respecto a la cual este subrayado le resulte más irritante, dado su trasfondo social en tanto que experiencia personal del dramaturgo, pero parece innegable que también ella se inscribe dentro de una estética expresionista, incluso como reacción estilística al panfleto que habría podido resultar, y el cual, según los tiempos que corrían, hubiera podido garantizar al autor, al menos temporalmente, un sitio en el favor de la teatralería oficial cubana. Pero la distorsión expresionista de la realidad, en las *Obras en un acto* de Montes Huidobro no debe hacernos pensar en una falsificación, y ni siquiera en una hipérbole, sino en un hecho artístico cuya marca de fábrica consiste en despojar la realidad de sus galas o apariencias y de rendirla a una evidencia monda y lironda. Los conocidos esqueletos de Posada vienen aquí a cuento, aunque sin los lacitos, sombreros de encajes y otras zarandajas esperpénticas del ilustrador mexicano, porque el propósito es enteramente otro. La sonrisa (a veces la mueca) en lugar de la risotada, y el humor reflexivo en lugar de la broma macabra son los elementos característicos de esta estética monteshuidobriana.

Los personajes de *Los acosados* son dos: «el hombre» y «la mujer». Pero no constituyen tipos, sino que se trata de personajes plenamente desarrollados en su individualidad. Se trata de una pareja de recién casados (no todas las parejas, ni de cualquier pareja, aunque hubiera otras con tales características). Nuevamente, las acotaciones escenográficas sugieren esa tierra de nadie que sólo pertenece íntimamente al creador. Aunque el espacio y el tiempo se hacen más cercanos «a la realidad» del creador que en el ejemplo anterior, y el propio dramaturgo los designa «un espacio concreto, limitado, anterior a 1959» (61) de manera expresa referido a Cuba, será el elemento representado por la puerta quien dé a la escenografía su irrealidad. Puerta que, apuntemos de paso, anticipa la presencia de esa otra puerta amenazante, cerrada y abierta a la vez, la cual aparece en lo alto del mural que domina la escena de *La Madre y la Guillotina* y a la que habremos de referirnos más adelante. De nuevo, el apunte del dramaturgo indicará para *Los acosados* una escenografía nada convencional, nada realista:

> Las luces ayudarán a crear una atmósfera y jugarán dramáticamente. A través de la puerta penetrará una luz intensamente amarilla. Al frente, donde la acción transcurre, las luces han de ser claras, sin crear nunca la chocante claridad de un mundo totalmente real y definido.
> El movimiento [será] rápido. Tal vez alucinante.
> El hombre y la mujer están junto a la puerta, tal vez como saliendo (…) pero no se puede determinar exactamente [esto]" (61)

El contrapunto de la acción se establece entre la necesidad de pagar los plazos de un juego de cuarto adquirido por la pareja de recién casados, por un lado, y la urgencia de pagar por la atención debida a la salud de la madrina del hombre, por el otro. Obsérvese, de paso, la insistencia del elemento juego, en estas obras, aunque aquí «el juego» escénico resulte más bien un partido encarnizadísimo entre dos exigencias ante las cuales los actores ni siquiera pueden simular que son niños. Cerca ya del final de la obra, se subraya nuevamente el elemento lúdico antes apuntado. Lo dice «la mujer» con una frase que resulta transparente en su misma ambigüedad: «Ven, el juego nos espera». Se trata de una invitación al descanso, a la que «el hombre» responde que dormirá en una silla. Es allí, precisamente, que poco después tiene una pesadilla, por demás liberadora, a manera de anagnórisis final. El hombre no puede recordar con claridad lo que ha soñado, pero consigue recordar que alguien le dice que su madrina al fin ha muerto. La mujer le confirma el hecho, al decirle que no se trataba de un sueño. La reacción del hombre es entonces contraria a la convención realista al uso: «En este momento no tengo ganas de llorar». Y poco después asegura haber ganado una presunta apuesta, consigo mismo –inferimos–: «¿Ves?, mis manos no tiemblan. Ahora ya nadie vendrá a tocar [a la puerta] con malas noticias. Ya sabremos que son los cobradores. Nada más que cobradores». Y como para cerrar añade: «(...) todo ha terminado. La farsa, la comedia, el drama. El entierro quedó mejor de lo que me imaginé. Tuvo un entierro decoroso. Bonito como un juego de cuarto» (79). La última acotación del dramaturgo indica hasta que punto la realidad de los personajes es, y al mismo tiempo no es, una circunstancia exterior a ellos. La imprecisión es su santo y seña: «Quedan inmóviles junto a la puerta como si fueran a entrar, pero no se puede precisar exactamente».

Las tres obras que siguen, cn un orden cronológico, hasta llegar a *La Madre y la Guillotina* –obra de particular relieve en la dramaturgia monteshuidobriana– son *La botija, Gas en los poros* y *El tiro por la culata*. El componente social que M. H. delinea como un hallarse «en el vórtice del compromiso» (entiéndase político) a propósito de *La Madre y la Guillotina*, en realidad parece definir este conjunto de cuatro piezas. Es decir, se trata claramente de cuatro obras en el haber del vórtice de un compromiso político que al final el dramaturgo rechaza por serle profundamente incompatible, tanto en lo personal como en lo artístico, pero que alcanzan a dar testimonio del fenómeno. El mismo dramaturgo lo expresa así cuando dice:

> La Revolución cubana coloca a los dramaturgos (...) en el vórtice del compromiso. Tomar partido se vuelve un hecho ineludible. En lo que a mí respecta no tuve dudas en hacerlo en 1959, tratando de encontrar un camino conciliatorio entre estética [léase individual] y compromiso [léase político]; de igual modo que tampoco tuve dudas en irme de Cuba en 1961, cuando Fidel Castro (y a la verdad [es que] no había razón para llamarse a engaño) expuso de manera categórica cuál era la única posición posible del escritor en el contexto revolucionario (101).

Es en correspondencia seguramente con este carácter «comprometido» política y socialmente de *La botija*, por así decir, que Antón Arrufat afirma rotundamente su entusiasmo e inclinación a incluirla en una «antología de las mejores piezas cubanas», escritas hasta ese momento, pues no se trata de lo mejor, precisamente, de nuestro dramaturgo. Es más bien una pieza que puede pasar sin penas ni glorias, y ello es así, precisamente porque se acerca al *compromiso* o identificación política como quien camina entre arenas movedizas. No es la cuerda de M. H. y aunque hay una genuina preocupación por expresar su momento, el propio autor parece engañarse respecto a sus convicciones. Al margen de que considerara que había mucho sinvergüenza –y esto es pura especulación crítica de nuestra parte– que se había enriquecido a costa del robo al tesoro público, el esfuerzo por reflejar una tensión de este orden en lo dramático, resulta fallido en el presente caso. Para llegar al meollo del asunto, M. H. recurre a un circunloquio de la acción dramática: la pareja de antiguos terratenientes que se aferran a una botija donde esconden lo que les queda del dinero robado, y entre quienes no hay el menor indicio de solidaridad o complicidad, para no hablar de amor. Al final, el pueblo representado por alguien del público que emerge de él, sube al escenario y se apropia de la botija, y con ello cierra la pieza. Más que un golpe de efecto dramático, dicho procedimiento resulta una *boutade* escénica para resolver una situación que no parece llevar a ninguna parte. Los diálogos muestran indudable oficio –como era de esperarse– y el dramaturgo que conocemos se muestra en uno u otro momento del desarrollo de la pieza con lo que también señalamos que, en sus mejores momentos, la técnica depurada de M. H. consiste precisamente en estar sin estar; en hallarse sin mostrarse a cara descubierta. El mayor aporte de *La botija*, al ver de este comentarista, consiste en reflejar un instante de la producción literario-teatral cubana a través de un autor que, acaso sin conciencia de ello se hace violencia para acomodarse a las exigencias (aún no imposiciones) políticas, pero cuyo ser más íntimo desconfía del método. El resultado es pues –y pese a lo que entonces pensara Arrufat– una obra sin resolver, casi panfletaria, de lo cual se salva en virtud de ese otro ingrediente que ya apuntamos.

Gas en los poros, sin embargo, es otra cosa. La que pudiéramos llamar denuncia política o social en esta obra, corresponde a otras coordenadas, que son las habituales del dramaturgo, incluso elevadas a un nivel genuinamente trágico. Dos personajes representados simbólicamente por la madre y la hija –anticipo de *La Madre y la Guillotina*– se hallan inmersas en una crisis que sólo poco a poco se desentraña, y que corresponde por igual a hechos de índole *histórica*, es decir, documental, y a un comportamiento de alcances éticos, familiares, psicológicos y morales. En contraste con *La botija* cuyo nombre mismo parece anclarla a un momento histórico y a una situación geográfica dadas,

Gas en los poros plantea, como sugiere su título, una situación evanescente, potencialmente explosiva, cargada de premoniciones. Es en tal ambiente que M. H. se realiza como un verdadero demiurgo de la escena. Aunque la escena tome lugar en una sala con muebles antiguos y diversos, y halla incluso una ventana cerrada que dé confirmación del aparente espacio concreto, el autor acota, «no es una sala ni un comedor, es un ambiente». Dicho ambiente, llamémoslo «la casa» encierra un universo de horror y de terror que es la circunstancia de las dos mujeres. «El sótano» de la misma es aquél a una vez *real* y simbólico al que se relegan los fantasmas que nos acechan. En vez de tratarse de un armario o ropero, los esqueletos se alojan en el sótano de la casa. Aunque referida a los asesinatos del batistato en su última fase; expuestos, denunciados y empleados como justificación de sus propios crímenes por los revolucionarios ahora en el poder, la pieza se libra por completo de parecerse al panfleto político. Son los resortes éticos, psicológicos y morales los que la mueven, y los hechos de la realidad se le subordinan, de manera que cumplen con *estar*, sin lastrar la complejidad de la acción. La casa podría ser también una especie de prostíbulo, a juzgar por las visitas a la mujer viuda, o abandonada de su marido, de parte de tantos hombres con poder, a quienes, en última instancia ésta sirve de cómplice siniestro. El sótano es también la conciencia atribulada y a oscuras de una Cuba que ve –y tal vez no quiera ver– su complicidad directa o indirecta con los asesinatos de Batista, acuciada por la otra Cuba que la incrimina y le conmina a enfrentarse más que a los hechos, a su culpa. La asfixia de la culpa no sólo dilucida lo que presuntamente ocurrió –en realidad no se busca resolver nada mediante el enfrentamiento– sino que anticipa un desenlace, el cual no habrá de ser en modo alguno una resolución. La hija envenena a la madre, buscando liberarse de ella y de todo, o al menos así aparenta ser. En verdad se trata de una venganza. Al final los parlamentos que intercambian madre e hija, antes que resolverlo, plantean un nuevo conflicto más allá de la escena, que acaso sea el de *La Madre y la Guillotina*. En tanto la madre agonizante, más que autorizándola a ello, reta a la hija a abrir finalmente la ventana que ha permanecido cerrada, la hija responde con un desafío de su parte que encierra en su misma aparente transparencia la ambigüedad que pronostica otro estallido. Veámoslo. Dice la madre: «¡Ábrela, ábrela al fin! ¡Tu libertad no te será fácil!» (123). Nótese que no se trata de «la libertad» sino de «*tu* libertad», con lo cual, mediante una reducción dada por el posesivo, el asunto trasciende de lo inmediato político a un conflicto de alcances más vastos en lo que concierne al individuo. Dice entonces la hija: «Es cierto. Todos lo sabemos» (123) . Ante lo cual debemos preguntarnos: ¿Lo sabían todos? Lo que parece subrayar esta última declaración, contra su aparente tono retórico, incluso burlón, es el desconocimiento que verdaderamente afecta tanto a los personajes como al público respecto al precio que habrá de comportar «*su*» *libertad.* Parece ser que ya el dramaturgo andaba en camino de escribir *La Madre y la Guillotina* y que iba más que bien adelantado por estos rumbos de su conciencia. Finalmente, después de *El tiro por la culata*, obra que corresponde a otra estética y por consiguiente no cabe en el presente análisis, viene finalmente *La Madre y la Guillotina.* La obra se escribe en 1961 y retoma las inquietudes de *Gas en los poros* pero llevando la acción a sus consecuencias naturales. Tanto en *Gas en los poros* como en *La Madre y la Guillotina*, la estética monteshuidobriana, vuelve por sus cauces y se manifiesta decididamente expresionista mediante la distorsión de la realidad por medio de ligeros, a veces imperceptibles toques. Resulta como si alguien tocara al piano, o en una guitarra, la tonada que nos resulta conocida, pero fuera de su tiempo natural, o como si el instrumento ligeramente destemplado nos obligara a reconsiderar aquello que de otro modo nos resulta familiar.

La escenografía de *La Madre y la Guillotina* sugiere, por así decirlo, un espacio a la vez público y doméstico, como si el exterior amenazara, vigilante, al interior, y éste se debatiera en una lucha desesperada –que sabe perdida de antemano– por sustraerse a esta suerte de desnudo. Este espacio dual se sugiere mediante símbolos de gran fuerza expresiva. «El fondo del escenario estará dominado por un gran mural, enloquecedor e impresionante, donde aparece una guillotina» (167). El resto estará compuesto por dos niveles mediante el empleo de una plataforma, donde pueden hallarse dos sillas de tijera, o en su defecto, bancos rústicos. Una vez más la iluminación y los juegos de luces, como ocurre en otras obras del autor, juegan un papel destacado, unas veces para marcar el tiempo y el espacio, otras para separar y aislar a un personaje, cosa que ocurre precisamente con los desplazamientos de los personajes; otras para ambientar una atmósfera dada. El autor precisa respecto al lugar de la acción, sin embargo, que la misma tiene lugar en

Cuba, y el año (no un período de tiempo, sino un año específico) es 1959. Los personajes son: La madre, Ileana, Silvia y la Peluquera. El recurso del teatro dentro del teatro que de un modo u otro se halla presente en muchas de las piezas de M. H. se convierte aquí en excusa escénica, o en razón de ser del drama *real* que han de representar los personajes. Es decir, los personajes juegan a ser actores que representan un drama, pero éste los absorbe y terminan por representar sus propias vidas rotas y contrahechas. Ileana y Silvia serán dos actrices en los roles de hermanas rivales que mientras ensayan sus papeles respectivos llegan a trastocarlos e intercambiarlos. La madre es y no es una actriz que hace su papel de madre. Por sobre todo, será la única de las actrices que se case con su papel como si se tratara de otra piel o la misma. La peluquera será una extensión –encarnación incluso– de la guillotina. Es ella la que tiene a cargo el rol de cortar el pelo, algo en apariencia bastante inocente, pero resulta ser asimismo una agitadora cuya función es incitar el enfrentamiento entre las hermanas, e igualmente, a ella corresponde representar el papel de conciencia colectiva, ya que no es parte de la familia aunque su inserción en el seno de la misma resulte decisiva para el desenlace de la acción.

El recurso del teatro dentro del teatro, ya antes señalado, que da sentido a la representación misma, es por otra parte de gran efectividad argumental. Reunidas para un ensayo, las actrices se encuentran que la representación no es el acto fingido que suponen, sino la realidad fuera de la cual creen estar situadas. La vida como teatro y el teatro como vida son en todo caso representaciones públicas de una tragedia doméstica. Lo individual y privado puesto sobre las tablas para consumo colectivo por un demiurgo implacable que es, y no es, el dramaturgo. En este sentido, véase que el ensayo convertido en la realidad de los personajes, carece de un personaje «director». Son los propios actores quienes se reúnen y por propia iniciativa, como si los roles correspondientes los arrastraran a su perdición, comienzan a ensayar el ensayo que los junta. A manera de un gran guiñol los personajes marchan hacia su destino inconscientes de que esta marcha en sí misma cumple el destino que les corresponde. De ahí que al final, habiendo cobrado conciencia de su tragedia individual y colectiva, la madre y la peluquera respectivamente se nieguen a aceptar las evidencias: la vida es teatro, farsa, espectáculo sangriento.

La aproximación verista de esta obra a los hechos que alude, identificados por una fecha y un país concretos, es desquiciada por otra parte mediante la aplicación de ese prisma característico de M. H. que consiste de aplicar distorsiones de mayor o menor grado que van del texto mismo de los parlamentos a la iluminación escenográfica, pasando por el argumento y teniendo en cuenta el sentido último que se propone la obra, no siempre en aparente correspondencia con su bosquejo general.

En conclusión, y dejando para otro momento un estudio más exhaustivo e inclusivo de todas las obras en un acto del autor, parece posible afirmar que en mayor o menor grado las analizadas se caracterizan por un predominio de los recursos expresionistas a veces en combinación con una preocupación de sesgo político o social según el tema principal de la obra. Tales recursos se resumen en un manejo del lenguaje, las situaciones dramáticas, la caracterización, el empleo de recursos de iluminación y otros semejantes, y la propia resolución del conflicto escénico de manera sumamente personal por parte del dramaturgo, que acude a distorsiones de todo género para persuadirnos de que la línea que separa la vida del teatro, o viceversa, no pasa de ser una cuestión de luces. Entre tanto, la vida está en un vilo.

OBRAS CITADAS

Diccionario Enciclopédico Ilustrado de la lengua española. Tomo II. Barcelona, Editorial Sopena, España, 1954.

Diccionario Pequeño Larousse Ilustrado. México D. F., Ediciones Larousse, México, 1984.

Foffani, Enrique. «Las raíces expresionistas. Fervor vanguardista» *Revista Ñ. Clarín Digital*, Buenos Aires, (Edición 22 de agosto del 1999), Argentina.

Montes Huidobro, Matías. *Obras en un acto.* («Serie Teatro») Editorial Persona, 1991.

Veres, Luis. «Ernst Toller y la vanguardia alemana en [la revista] *Amauta» Espéculo,* Madrid, (Revista de la Universidad Complutense). (Edición digital del 19 de febrero del año 2006), España.

Wilson, Simon. *Surrealist Painting.* Lisbon, Phaidon Press Limited, Portugal, 1989.

EL MOVIMIENTO ESCÉNICO EN *LECCIÓN DE HISTORIA*

Georgina J. Whittingham
State University of New York at Oswego

El teatro de Matías Montes Huidobro, dramaturgo, narrador, poeta y ensayista nacido en Sagua la Grande, Cuba en 1931, es complejo, con frecuencia densamente metafórico, mítico y metateatral, pero siempre apoyado en vivencias personales, que imparten a sus personajes y a las circunstancias en que se mueven una gran vitalidad debido a que las obras están basadas y ubicadas en muchos casos en las experiencias del autor en la época del batistato, de la revolución cubana y del exilio norteamericano de más de cuarenta años. El movimiento de los personajes en el espacio escénico revela un sentido acertado de dirección que realza la creatividad del dramaturgo que transforma vida en teatro y teatro en proyecto vital. Los personajes se mueven eficazmente en las tablas porque su trayectoria siempre se dirige hacia metas precisas que se observan claramente en la maestría y en el dominio de diversos procedimientos teatrales, aunque en muchas ocasiones no sean comprensibles los absurdos y los trágicos acontecimientos que en ese espacio tienen lugar.

El movimiento escénico de los personajes, con frecuencia rítmico y ritual, es un importante recurso que se intensifica en relación a la abstracción espacio-temporal de las obras en las que se entremezclan imágenes del mundo empírico y onírico. Los siete personajes anónimos (Hombres 1,2,3,4,5,6 y 7) de la obra en un acto titulada *Lección de historia*, armados y vestidos de uniformes militares, ejecutan movimientos danzarios alrededor unos de los otros, de una forma ritual repetitiva. Siempre hay dos hombres en actitud propia de guardaespaldas apuntando sus metralletas en dirección opuesta a donde se encuentra un hombre alrededor del cual ejecutan el movimiento danzario. A medida que se desarrolla la acción el personaje central pasa a ser guardaespaldas de otro personaje, efectuándose un constante cambio de papeles mediante un desplazamiento coreográfico repetitivo. La movilidad en la escena requiere, de acuerdo a las acotaciones, que el emisor del texto, en ese momento, no funcione como guardaespaldas.

La destreza de los actores es imprescindible para convertir el complejo movimiento escénico, la emisión del texto y la interacción que se establece entre discurso y movimiento en una experiencia de gran impacto visual y verbal. El tono satírico de la obra convierte las acciones y los parlamentos de los personajes en una experiencia que oscila entre realidad y alucinación, tragedia y farsa, solidaridad y traición, cordura y locura. Al descorrerse el telón el sonido de descargas de armas de fuego seguido por la presencia de niebla, que sugiere un ambiente de sueño o fantasía, establece la tónica de la obra donde el plano onírico y el real se entrecruzan. La oscuridad del inicio va dando lugar a una gradual iluminación cuando «por la platea entra el Hombre 1 en uniforme militar, armado hasta los dientes, seguido de dos hombres uniformados de la misma manera, ambos armados del mismo modo, que le guardan las espaldas» (*Obras en un acto,* 247). «Volviéndose hacia los dos hombres completamente fuera de quicio, amenazante con la metralleta,» Hombre 1 toma a sus guardaespaldas por enemigos y da órdenes que se les apunte y se abra fuego contra ellos:

> HOMBRE 1. — ¡Canallas! ¡Degenerados! ¡Hijos de puta! ¡Los saqué del estercolero, de la mierda, y miren cómo me han salido! ¡Cómo me pagan! ¡Traidores y cobardes![…]¡Atención! ¡Apunten! ¡Fuego! ¡Patria o Muerte! ¡Venceremos!
> HOMBRE 2. — ¡Calma, calma! ¡No se ponga así! ¡Somos nosotros, que le guardamos las espaldas!
> HOMBRE 3. – Descuide. Tranquilícese. Descanse. Duerma. No le pasará nada mientras nosotros estemos vivos. (247)

Los guardaespaldas intentan calmar al Hombre 1, asegurándole que son en efecto sus guardaespaldas, que lo vigilan y que no hay nada que temer, pero el movimiento danzario que ejecutan alrededor de él con las metralletas, apuntadas primero en dirección opuesta al Hombre 1 y en otras ocasiones hacia él, al mismo tiempo que se vigilan el uno al otro, delata el ambiente alucinante de sospecha y traición en el que se mueven.

No obstante la realidad directa de sus experiencias, a Montes-Huidobro no le interesa ser un escritor realista:

> Me interesa la realidad exterior en la medida que pueda ser internalizada en un proceso consciente o subconsciente que represente el yo que uno es y el otro, el mundo en que uno vive, el ser colectivo. Paradójicamente, en este proceso transformativo nos acercamos a la médula de la realidad. Esto es particularmente aplicable a la realidad político-patológica del nazismo, el estalinismo, el fascismo, el comunismo y, naturalmente, el castrismo; que son, en sí mismas, «expresionistas» (Entrevistas: Matías Montes Huidobro).

Lección de historia es ese proceso transformador de la realidad que nos acerca al impacto de los procesos político-patológicos sobre el individuo y la colectividad, que no es, por supuesto, un fenómeno reciente sino un proceso con profundas raíces en el pasado histórico de la humanidad. Las referencias a la época colombina y pre-colombina confirman que la obra no sólo trata el espacio y el momento actual.

> HOMBRE 1. –Este pueblo era un pueblo lleno de mierda que nunca hizo nada... Nos conformábamos con cualquier cosa... Jugábamos a la pelota, comíamos casabe y dormíamos la siesta desde antes de la llegada de los españoles. (249)

El movimiento danzario seguirá alrededor de tres emisores. Cuando terminan sus parlamentos, los hombres que estén en proceso de cambio de un grupo al otro, se desplazarán libremente repitiendo "¡Este hombre está loco! ¡Hay que acabar con él!", reintegrándose después al grupo y prosiguiendo de igual forma, todos a coro, repetirán varias veces:

> CORO DE HOMBRES. – Unos vagos...Unos cobardes...Una porquería...Una bazofia...Un estercolero...
>
> Se reanuda la «Lección de historia»
>
> HOMBRE 4. – Después vinieron los españoles, que sembraron furia con la furia de sus testículos... ¡Aquellos sí eran hombres, sí! Preñaron a las indias y a las negras, y a las criollas después... Nos

143

formaron con sus gotas de semen donde estaba el espejo del crimen y el castigo, del goce y de la muerte.

HOMBRE 5. — ¡Aquéllos sí eran hombres, sí! Una raza de héroes y titanes que todo lo tenían entre las piernas. ¡Mitad hombre, mitad fieras! ¡A caballo y cortando cabezas! Nos domesticaron con la muerte y el cuchillo y trajeron los esclavos negros para que supiéramos lo que eran las cadenas. (250)

El movimiento de los personajes, sus parlamentos y las voces corales (ecos del coro de la tragedia griega) crean un ambiente que se define no sólo por la acción exterior sino por el movimiento interior subconsciente, que trae a colación las palabras de Montes Huidobro cuando afirma que le interesa «la realidad exterior en la medida que pueda ser internalizada como proceso consciente o subconsciente que represente el yo que uno es y el otro, el mundo en que uno vive, el ser colectivo.» *Lección de historia* puede, por consiguiente, desarrollarse en el ámbito de la imaginación, en un sueño que una realidad cruel va invadiendo, o una realidad que la crueldad va transformando en pesadilla, distorsionándose los movimientos como en un espejo cóncavo y las voces como en una cámara de ecos que simultáneamente causan risa y terror e inevitablemente recuerdan las distorsiones del género satírico de la picaresca y de Quevedo en especial. Los elementos que equilibran el humor negro y el terror, expresan, de acuerdo a las premisas de Martin Esslin respecto al teatro del absurdo, la fusión de acontecimientos del mundo exterior con fantasías extravagantes, ubicando al ser humano en un universo incomprensible, que las fuerzas del mal deforman y caricaturizan, y emparentando *Lección de historia* con el expresionismo, el teatro del absurdo y de la crueldad y la novela más reciente de Montes Huidobro *Concierto para sordos* en la que de acuerdo con Jorge Febles

[...] jamás puede determinarse si el protagonista está muerto o no, si vive su muerte—valga la paradoja—, la sueña o la imagina. Es cierto que, al menos metafóricamente, éste se declara difunto a quien se sepulta en el cementerio de Colón tras haber padecido el suplicio del garrote. Se le condena a esta pena porque, al trepanarle el cráneo, las autoridades gubernamentales descubrieron que en su cerebro sólo había excremento, lo cual apuntaba a sus creencias contrarrevolucionarias (138).

En *Lección de historia,* por absurdo que resulte el parlamento, el movimiento danzario y el desplazamiento coreográfico repetitivo de los guardaespaldas continuará sin interrupción, mientras la vigilancia y el terror sin tregua constituyen una de las principales fuerzas motrices del movimiento y del discurso: «Vigilar, vigilar, siempre» es el refrán con el que se abre y se cierra la mayoría de los parlamentos del emisor, cuya lección de historia a degenerados le impide tomar conciencia de su propia degeneración en una actitud rígida y arbitrariamente vengativa:

> Hombre 2. —¡Qué lección, coño, qué lección! Este era un pueblo de relajo y de pachanga y hubo que entrarlo en cintura a la fuerza. Hemos llegado a lo que somos doblando el lomo, con disciplina y con esfuerzo, y eso no me lo van a quitar unos cuantos degenerados que quieren darse la buena vida. ¡No me lo van a quitar, no! Aunque tenga que matarlos a todos para que aprendan! ¡Para que no se olviden esta lección de historia que tienen que repetir al dedillo! ¡Que forjé a sangre y fuego! ¡A hoz y martillo! ¡Vigilar, vigilar siempre! (248)

En el contexto de la revolución cubana, para el artista la lección significaba la práctica del arte al servicio total de la revolución, lo cual implicaba la censura y la infracción de su libertad de expresión. Las piezas dramáticas de Montes Huidobro separado físicamente de su patria y las de los dramaturgos de su generación que optaron por el exilio interior dentro de Cuba –entre los cuales se cuentan Antón Arrufat y Virgilio Piñera– la repetición ritual de movimientos y palabras en sus obras constituye una metáfora de las rígidas normas oficiales que rechazan. De acuerdo a Wilma Detjens-Montero la corta y sencilla negación de la obra titulada *El no* de Piñera refleja el exilio interior ambiguo y lleno de dolor «que resulta ser desastroso tanto para los exiliados, separados física y espiritualmente de su patria, como para los que se quedan.» (105-115). En una entrevista con Nancy Christoph en 1999, Antón Arrufat aclara la situación del escritor que rehúsa escribir de acuerdo a los dictados oficiales:

> «Y como se me impidió seguir escribiendo para la escena, me vi obligado a redactar cuentos y ensayos (143-149). [...] El teatro como organización social —grupos, directores, actores, escenógrafos– se han apartado de mí o los obligaron a apartarse [...] Bueno, nuestra vida artística es repetición. Las mismas series y culebrones televisivos, las mismas películas y libros. Se habla siempre de los

mismos autores y se ven siempre los mismos actores. Todos comemos también lo mismo. ¿Soñaremos idénticos sueños?» (148)

La repetición de la vida artística conforme a normas ideológicas establecidas, rechazadas por la dramaturgia cubana del exilio, forma parte medular de *Lección de historia* y de la mayoría de las obras de Montes Huidobro. *Lección de historia*, cuyo movimiento ritual gira alrededor de la sospecha, el terror y la violencia que van en continuo aumento revela la parálisis física y mental que aflige a los personajes que se mueven en un círculo vicioso, repitiendo los mismos gestos, palabras y movimientos. Las angustiadas y repetidas advertencias del emisor se cumplen de una manera inesperada y absurda –o tal vez de una manera absurdamente racional dado el círculo vicioso en el que los personajes se mueven: a las órdenes finales: «¡Atención! ¡Apunten! ¡Fuego! ¡Patria o Muerte! ¡Venceremos!» responden coralmente los guardaespaldas, quienes han pasado a formar un solo círculo en torno al emisor, con el grito final de combate que venían repitiendo a intervalos: «¡Ese hombre está loco! ¡Hay que acabar con él!» Y todos vueltos hacia él, disparan.

El movimiento circular de los guardaespaldas, quienes comienzan a apuntarse las ametralladoras unos a los otros y hacia el hombre que debieran proteger, representa los inesperados cambios de papeles que caracterizan las relaciones patológicas que se van estableciendo no sólo entre revolucionarios y contrarrevolucionarios en Cuba sino entre los cubanos de La Habana y los exiliados. Ann Luise Bardach en su libro *Cuba Confidential* observa la Revolución cubana a través del prisma de la familia. La autora demuestra que son pocos los cubanos, a partir de Fidel Castro hasta los últimos balseros en las costas de la Florida, que no han sufrido separaciones y pérdidas familiares desgarradoras. La familia destrozada es el tropo que le ha dado al conflicto cubano el impacto emotivo de los dramas griegos, de las tramas de Shakespeare y de los guiones de las novelas televisivas (Prefacio, XVII). En *Lección de historia*, como sucede en otra obra de Montes Huidobro titulada *Su cara mitad,* las relaciones personales parecen sacadas de una telenovela. Phyllis Zatlin indica que en *Su cara mitad* todos los personajes quieren ser dramaturgos y re-escribir los papeles unos de los otros (119). El movimiento circular de *Lección de historia* y los inesperados cambios de papel de los personajes, que en la dramaturgia de Montes Huidobro se llevan a cabo mediante ingeniosos juegos metateatrales tanto en las obras en un acto –*Sobre las mismas rocas*, *La Madre y la Guillotina* y *La navaja de Olofé*– como en las de mayor extensión — *Exilio* y *Oscuro total* —pueden considerarse una metáfora de Cuba y de la familia cubana— aspecto que observa Phyllis Zatlin en relación a *Oscuro total* (118).

El tema de la familia, por supuesto, se extiende hacia la comunidad cubana en los Estados Unidos y, como ha señalado Ann Louise Bardach, a otro matrimonio fracasado –el de Washington y La Habana. Según Bardach, sólo hay un aspecto en el debate cubano en que todos están de acuerdo: que el embargo norteamericano ha fracasado en sus metas para desplazar al gobierno de Castro, establecer elecciones libres y la libertad de prensa (Prefacio XVIII). La política transparentemente circular e ineficaz entre los dos países y entre la comunidad del exilio y la de isla se ha prolongado por más de cuatro décadas, proporcionándonos una lección de historia de una batalla en que el rencor ha vencido y los cubanos han perdido. Mediante el movimiento escénico estérilmente circular y violento de *Lección de historia,* Matías Montes Huidobro nos ubica en el vórtice de los complejos acontecimientos que deforman la vida emotiva del individuo ya sea en sus relaciones con la colectividad en la isla o desplazándolo lejos de su hogar. Quisiera concluir con la siguiente pregunta: ¿Cómo servirá la historia de lección a futuras generaciones cuando por fin tenga lugar la anhelada reunificación de la familia cubana? Mientras tanto, el movimiento circular ineficaz que destaca Matías Montes Huidobro en *Lección de historia* sigue su marcha, y la reunificación no es sino un sueño tan distante para muchos cubanos como el ansiado retorno a la tierra natal que, como México, según las célebres y acertadas palabras de Porfirio Díaz, está tan cerca de los Estados Unidos y tan lejos de Dios.

NOTA. Cada pieza teatral de su antología titulada *Obras en un un acto*, va precedida de comentarios del autor que describen las circunstancias personales, sociales, históricas y artísticas en que se formaron las piezas teatrales, y el impacto que esas creaciones tuvieron en su vida. Como los textos en la antología y las puestas en escena datan tanto a los años anteriores como a los posteriores en el exilio, las reflexiones de Matías Montes Huidobro revelan el impacto que los textos y las puestas en escena tuvieron en varias etapas de su vida

OBRAS CITADAS

Bardach, Ann Luise. *Cuba Confidential*. NY: Vintage Books, 2002.
Christoph, Nancy. «'El teatro me ha dejado a mí'; una entrevista con Antón Arrufat» *Latin American Theatre Review* 32.2 (Spring 1999): 143-149.
Detjens-Montero, Wilma. «La negación de la ética cubana: *El No* de Virgilio Piñera». *Latin American Theatre Review* 32.2 (Spring 1999): 105-115.
Esslin, Martin Absurd Drama. Harmondsworth, England: Penguin Books, 1965.
Febles, Jorge. «Matías Montes Huidobro. *Concierto para sordos.*» *Chasqui*, Vol. XXXI, No. 2 (noviembre 2002): 138-141.
Montes Huidobro, Matías. «Lección de historia. *Obras en un acto.*» Honolulu, Hawaii: Editorial Persona, 1991.
De la Paz, Luis. «Entrevistas: Matías Montes Huidobro.» Entrevista realizada en 1999 para *Diario Las Américas. Teatro mundial.com: TeatroenMiami.com* (2003). <http://www.teatroenmiami.net/modules.php?name=News&file=article&sid=386>.
Zatlin, Phyllis. «Greek Tragedy or Theater of the Absurd?: Montes Huidobro's *Oscuro Total*». *Latin American Theatre Review* 37.2 (Spring 2004): 115-126.

EL METATEATRO EN *EXILIO*

José A. Escarpanter
Auburn University

Exilio constituye, sin discusión alguna, una obra crucial en la dramaturgia del autor. En cuanto a su semántica, es la primera que incluye referencias directas a la realidad cubana de las últimas cuatro décadas, que en textos anteriores de Montes Huidobro se habían limitado a alusiones sin espacios ni tiempos específicos, como sucede en *Gas en los poros*, *La madre y la guillotina* y *Ojos para no ver*. *Exilio* también se aleja del estudio del microcosmos familiar, una temática central en muchos de los textos dramáticos del escritor: recordemos, a modo de ejemplos, *La sal de los muertos*, *La navaja de Olofé* y *Oscuro total*. La obra narra los destinos de cinco amigos involucrados en la vida cultural habanera: dos matrimonios Victoria y Román, una actriz y un dramaturgo, y Miguel Angel y Beba, un poeta y una activista revolucionaria y Rubén, un director teatral homosexual. La acción se concentra en tres momentos significativos del acontecer histórico para muchos cubanos: el primer acto se desarrolla en los tiempos de incertidumbre, pero llenos de esperanzas, del exilio en Nueva York en la etapa final de la dictadura de Fulgencio Batista; la segunda jornada tiene lugar durante el afianzamiento del nuevo régimen, con su rigidez ideológica y su secuela de persecuciones, en la década de los sesenta, y el acto final ocurre en un apartamento neoyorkino en los años ochenta, donde se produce el reencuentro de los cinco amigos, quienes han seguido trayectorias diferentes. Como es habitual en Montes Huidobro, la pieza no incursiona en el trillado camino del sentimentalismo y la nostalgia que conforma buena parte de la dramaturgia producida en la diáspora cubana.

Nuestro acercamiento a este texto va a concentrarse en el empleo de las técnicas del metateatro, término acuñado por Lionel Abel en su libro *Metatheatre. A New View of Dramatic Form*, aparecido en 1963. Abel incluyó bajo ese nuevo vocablo no sólo el teatro dentro del teatro sino otros recursos de la técnica dramática, que suscitaron una amplia gama de trabajos sobre la estructura teatral. Entre estos libros se encuentran: *Drama within Drama* (1975) de Robert Egan; *When the Theatre Turns to Itself* (1981) de Sidney Homan y *Metafictional Characters in Modern Drama* (1979) de June Schlueter.

Otro de estos estudios lo constituye *Drama, Metadrama and Perception*, debido a Richard Hornby, publicado en 1986. En este ensayo su autor parte del planteamiento esencial de Abel: por metateatro se considera la acción dramática que incluye una representación dentro de la propia representación; pero Hornby estima, además, que toda acción dramática por sí misma es metateatral y afirma que la manera en que una pieza es metateatral y el nivel con que esta metateatralidad aparece en el texto pueden variar sensiblemente.

Este teórico establece cinco diferentes niveles metateatrales. El primero, el más conocido y de mayor antigüedad, comprende dos aspectos. El primero es la mencionada inclusión de una pieza dentro de la obra teatral, como ocurre en *El sueño de una noche de verano* de Shakespeare. El segundo es el concepto que la vida es teatro y, a veces, puro sueño, y los que en ella participamos no somos más que personajes, es decir, las ideas básicas que Calderón de la Barca desarrolla en *El gran teatro del mundo* y en *La vida es sueño*, respectivamente.

El segundo nivel lo constituye la celebración de una ceremonia, que se lleva a cabo como parte de la trama. Así sucede, por ejemplo, en *Las criadas* de Jean Genet.

El tercero se refiere a un papel dramático que es adoptado por un personaje dentro de la representación, sin ningún encuadre teatral. Este papel puede desempeñarse intencionalmente, como la conducta amable de Yago hacia Otelo en la tragedia de Shakespeare, y los personajes femeninos que en los teatros clásicos inglés y español adoptan identidades masculinas, como la de don Gil de las calzas verdes en la comedia homónima de Tirso de Molina. Pero, también, esta nueva investidura puede resultar involuntaria por parte de su ejecutante, como le sucede a Edipo, quien tratando de ayudar a su pueblo, se descubre a sí mismo como el causante de las desgracias de Tebas, y el caso de Segismundo en *La vida es sueño*, el cual es víctima de una conjura real que lo convierte de pronto en príncipe ante su propio asombro.

Estos tres niveles se caracterizan por mantenerse vivos en el texto a través del tiempo. Tanto el lector/espectador contemporáneo de estas piezas como el de nuestros días advierten, sin confusión alguna, los rejuegos de Yago o disfrutan del cambio de identidad en una comedia de capa y espada de Tirso de Molina o de Lope de Vega.

El cuarto nivel metateatral lo constituye la aparición de referentes literarios e históricos, los cuales corren el peligro de ser susceptibles a la caducidad con el transcurrir de las épocas históricas. Un ejemplo clásico de este inconveniente se halla tanto en las comedias insuperables de Aristófanes como en las formas costumbristas del siglo XIX español, como sucede en muchos sainetes del género chico, pues en ambas manifestaciones sus referentes eran del dominio común en el momento de su composición, pero perdieron su vigencia con el tiempo. Los referentes literarios incluyen cuatro clases: la cita textual, la alegoría, la parodia y la adaptación, procedimientos que actualmente proliferan en el teatro de la posmodernidad.

El quinto nivel se relaciona con la idea de que la pieza teatral se representa a sí misma, en una constante autorreferencia, como ocurre en el teatro épico de Brecht. En esta situación el ilusionismo defendido por la escuela realista queda superado. A la luz de estos niveles metateatrales propuestos por Hornby vamos a acercarnos a *Exilio*.

Al aplicar este esquema a la pieza, de inmediato encontramos que en ella se utilizan cuatro de los cinco niveles señalados. La presencia de la ceremonia no se produce en este texto de Montes Huidobro, aunque lo ha utilizado antes y después en su teatro. El más evidente de estos niveles es el teatro dentro del teatro, el cual Montes Huidobro lo aplica con un sentido absolutamente renovador, pues no existe aquí el tradicional encuadre de una obra dentro de otra obra, como vemos, por ejemplo, en *Hamlet* y en la ópera *Los payasos* de Leocavallo, sino que el texto de las obras incluidas se inserta sin rupturas en el que vamos a denominar texto primario. En *Exilio* los dos escritores, Miguel Angel y Román, componen sendas obras. El primero redacta la *Cantata de la Sierra* y Román, *La vida breve*. Al comenzar la acción, ya Miguel Angel está por concluir su texto, pero *La vida breve* se encuentra aún en proceso de creación y nunca se terminará dentro del tiempo de la trama.

Como hemos mencionado, la obra secundaria, la *Cantata*, y la terciaria, *La vida breve*, no se representan dentro del texto primario, sino sólo conocemos de ellas fragmentos aislados que a ratos lee o representa Victoria en compañía de alguno de los personajes masculinos. Ambas piezas son muy diferentes. La *Cantata* es un ejemplo del peor teatro de propaganda, plagado de frustrados empeños épicos - no en el rumbo del teatro brechtiano - sino en el cargado de exaltaciones patrióticas y alegorías que estuvieron de moda en los inicios republicanos. Leamos un fragmento: Vestida con un traje que combina la bandera cubana con la roja y negra del movimiento 26 de julio, Victoria recita:

> Una sola unión contra todos los enemigos
> con el fusil en guardia
> empuñamos la pluma con la espada
> y arrancamos todas las cadenas.

Pero esta rigidez del texto se la ha impuesto intencionalmente Miguel Angel con propósitos ulteriores, como veremos más adelante. Durante la redacción del engolado texto, a solas con sus amigos, este escritor revela su verdadero carácter al improvisar la letra de una especie de rumba digna del teatro Alhambra:

> *Miguel Angel deja de escribir y los tres se ponen a cantar y a bailar frenéticamente:*
>
> El nudo que así me ahoga
> es fuerza que así me mata.
> La soga que me condena
> es nudo que así me ata...
> La soga que así me ata
> es fuerza que me condena...
> ¡Ay qué dolor, mamacita,
> ay qué dolor, qué pena!
> ¡Qué dolor, qué dolor, qué pena! (33)

Este momento metateatral, por una parte, manifiesta la tendencia innata del cubano hacia uno de sus rasgos colectivos: el choteo criollo; por otra, alude a las letras a veces realmente surrealistas de muchas canciones populares de la Isla y, finalmente, anticipa la política represiva que establecerá el sistema por venir.

La vida breve, por el contrario, responde a la estética actual. Como obra concebida dentro de los parámetros de la posmodernidad, tiene un nombre que no es original –recordemos el mismo título de la ópera de ambiente andaluz con libreto de Gregorio Martínez Sierra y música de Manuel de Falla–. Por lo que llegamos a saber del texto que escribe Román, se trata de una pieza que va recogiendo al unísono lo que sucede entre estos amigos, por lo cual dentro de ella misma se produce un texto cuaternario, que viene a ser un espejo fiel del texto primario:

> ROMAN. En la escena final del primer acto, Victoria está ensayando la Cantata en este apartamento [...] Casi al final [...] Beba abre la puerta.
> (*Entra Beba que apenas puede con los paquetes que trae*).(36)

El texto terciario viene a ser como una verdadera *commedia da fare* de índole pirandelliana, que tiene, además, un impresionante sentido premonitorio. Román, de modo casi inconsciente, pero con rigor profético, anticipa el personaje y los sucesos que van a marcar la reciente historia de Cuba. Así vemos que el dramaturgo describe la figura del Destino que va a controlar la vida cubana por los últimos cuarenta y cinco años con rasgos bien reconocibles:

> *Destino, entrando por la chimenea. Es un hombre barbudo, de unos treinta años, vestido con un traje de campaña de color verde olivo. Habla con naturalidad, de manera convincente, mirando fijamente a su interlocutor (el pueblo) y despertando seguridad entre los personajes que lo rodean (30).*

El personaje alegórico de Cuba expresa más adelante: «Mi Destino siempre ha sido incierto. Y, sin embargo, ahora una esperanza conmueve las fibras más íntimas de mi corazón...¡El Destino de Cuba! Quizás ahora...Quizás ahora...» (37) Con este fragmento del texto terciario concluye el primer acto del texto primario. El título de la pieza, *La vida breve,* admite varias connotaciones: puede ser lo breve que resultó el puñado de ilusiones que muchos cubanos pusieron en los inicios revolucionarios, pero puede también aludir a la longitud del texto que su autor nunca concluye.

Por otra parte, ambos textos, *La vida breve* y la *Cantata de la Sierra*, reflejan límpidamente la sicología de sus creadores. Miguel Angel desde el comienzo de la trama es un artista que busca el triunfo y la fama junto con la holgura económica. Por eso concibe la *Cantata*, porque sabe que será un éxito seguro para un pueblo entusiasmado con el cambio político. Román, en claro contraste con Miguel Angel, es un artista más serio, más profundo, que nunca va a someterse a los requerimientos que le exige el régimen triunfante.

A pesar de tratarse de textos tan disímiles, a menudo los personajes del texto primario los confunden, creándose situaciones de sorpresas e inquietudes que evocan los tiempos de inseguridad en que transcurre la acción.

Junto al uso del recurso del teatro dentro del teatro, a lo largo del texto primario hay referencias muy explícitas al concepto metateatral de la vida como teatro. En el primer acto Miguel Angel enfatiza a Victoria: «Haces tu papel y cada cual hace el suyo.» (16) En el momento en que este personaje trata de seducirla, Victoria reacciona con cierta teatralidad: «Ya es demasiado tarde. El papel que quieres hacer ya no puedes interpretarlo,» (19) a lo cual el hombre le responde: «Te advierto que haré el papel que tenga que hacer.» (19)

En el segundo acto, Román se niega a aceptar que todo lo que está pasando sea una farsa (clara alusión a un género teatral), pero Victoria insiste: «Puro teatro. Teatro nada más.» (19) En esta situación el término **teatro** no se asimila a la vida, sino que se contrasta con ella, pues se usa en su connotación negativa, como algo fingido.

En cuanto al tercer nivel metateatral, referido a un personaje que actúa intencionalmente otro personaje, tenemos una muestra emblemática en Beba. Ella aparece al final del primer acto, como hemos visto, después de que los otros personajes han comentado sus excelencias como cocinera y activista revolucionaria. En medio de estos intelectuales Beba aparenta ser una persona ajena que cumple con diligencia las faenas domésticas hablando muy poco; pero en el segundo acto expone su verdadera naturaleza. Se trata de una resentida e intransigente revolucionaria obcecada por la figura del máximo líder. La dócil ovejita escondía una tigresa feroz.

Miguel Angel, en menor medida, pertenece a esta misma categoría metateatral, pues finge una actitud de adhesión al régimen para beneficiarse de las prebendas con las que éste lo soborna. Pero su verdad profunda es mucho más compleja. Se sabe oportunista y se desprecia a sí mismo por la literatura panfletaria que se ve forzado a escribir. En el tercer acto, después de recitar una mediocre parodia del poema «La muchacha de Vigin» de Roberto Fernández Retamar, uno de los pilares de la cultura dirigida del régimen, confiesa: «Este ha sido un asesinato lírico...Veinte años de comisario cultural...Estrangulando las palabras... Encarcelándolas en las mazmorras de la ciudad, prisioneras a pan y agua, humillándolas, vejándolas, metiéndolas en el torniquete. (96)

En este tercer nivel metateatral, Rubén constituye el personaje que representa a otro personaje involuntariamente. Desde el comienzo sabemos que es homosexual y que cumple con pleno profesionalismo sus funciones artísticas. Simpatizante de la revolución, se integra a ella con ingenuidad y entusiasmo hasta que descubre la homofobia que sustenta el cambio político y pronto cae en desgracia. Como el Edipo clásico descubre que es un apestado: por una parte, el régimen lo encarcela por sus naturales inclinaciones sexuales y, por otra, los homosexuales presos lo denigran y torturan por haber creído en el fenómeno revolucionario. Rubén, sin proponérselo, es un traidor tanto para la Revolución como para el grupo al que por sus preferencias sexuales lo confinan. Sin dudas, su situación lo hace la figura más patética de este drama. Su mísera condición la resuelve refugiándose de ahí en adelante en el mundo irreal y efímero del teatro, como le ocurre a Pedro de Urdemalas en la comedia cervantina.

> RUBEN. ¡El teatro donde éramos libres!¡Las candilejas, los vestidos, el maquillaje!... ¡El teatro, Victoria, la única verdad posible! Escapábamos para siempre mientras Beba y Miguel Angel quedaban encarcelados, apretando el torniquete de su propia pesadilla... Escapábamos por los escenarios que nuestra imaginación había creado. (67-68)

Es obvio que al tratar *Exilio* una historia enraízada en la realidad que han encarado los millones de cubanos en las últimas cuatro décadas, su texto encierra abundantes referentes políticos y culturales que son conocidos por un lector/espectador alerta en nuestros días. En cuanto a las alusiones políticas, la primera es la de la figura prepotente que creó la nueva situación con sus discursos interminables y su manejo de las masas. Se citan dos textos básicos sobre los cuales descansa el régimen; uno de carácter eminentemente político: la *Declaración de La Habana* y otro de alcance intelectual, las famosas *Palabras a los intelectuales*, que definieron los estrechos cauces para la creación que tolera el gobierno, y se insiste en las consignas repetidas hasta el agotamiento, como «Patria o Muerte.» El segundo acto muestra una política fundamental del sistema: la de situar en cargos de gran responsabilidad no a la persona más idónea para ellos, sino a un miembro fidelísimo al régimen. Así Beba resulta nombrada directora del Teatro Nacional, cuando no tiene ni el menor interés ni el conocimiento requerido para el puesto. También en este acto aparece la homofobia oficial, que alcanzó su clímax con el establecimiento de la UMAP. Rubén fue una de las primeras víctimas de esa persecución y la experiencia lo marca para siempre. En el tercer acto se mencionan los beneficios peligrosos que disfrutan los corifeos del sistema, mientras son vigilados cautelosamente, para tratar de evitar su siempre posible deserción. De ello se desprende que la inseguridad es la única realidad permanente en ese mundo nuevo.

En cuanto a las referencias culturales, abundan las procedentes de las artes representativas: especialmente, el teatro y el cine. En cuanto a este último, se alude al filme *Las tres caras de Eva*, que aparece parodiado como *Las dos caras de Eva*, como referencia profética de la verdadera identidad de Beba, y *El cartero siempre llama dos veces*. En el área teatral, se menciona más de una vez la pieza *Las criadas*, que fue un gran éxito del personaje de Victoria. Esta referencia lleva a otra, pues en la vida real la actriz cubana hoy exiliada en Italia Miriam Acevedo y Ernestina Linares, ya fallecida, fueron las que estrenaron con gran éxito bajo la dirección de Francisco Morín en La Habana la obra de Jean Genet a fines de la dictadura de Batista. Pero esta coincidencia no determina en ningún momento que entre los propósitos de *Exilio* se encuentre la idea de concebir una obra en clave. Mientras *Las criadas* se cita sólo como dato, Bertold Brecht y su *Círculo de tiza caucasiano* se aluden con cierta ironía, como consecuencia de la fascinación que ejercieron este autor y sus teorías del teatro épico sobre los teatristas insulares a comienzos de la Revolución. Rubén afirma: «Aquella lógica absurda no era más que un círculo de tiza caucasiano trazado por el distanciamiento de Bertold Brecht para que sus personajes caminaran en un círculo vicioso». (28)

En el segundo acto, Miguel Angel, presa de una borrachera, declama pasajes de uno de los monólogos de Segismundo en *La vida es sueño* en una adaptación a ese momento.

> ¡Válgame el cielo, qué veo!
> ¡Válgame el cielo, qué admiro!
> Con poco espanto lo miro,
> con mucha duda lo creo.
> Decir que sueño es engaño:
> bien sé que despierto estoy.
> ¿Yo Miguel Angel no soy?
> Dadme, cielos, desengaño. (46)

Otro aspecto relacionado con los referentes culturales es la estructura del tercer acto, ubicado, como hemos mencionado, en un agradable apartamento newyorkino. Este acto, con el reencuentro de los cinco personajes tras muchos años sin verse y los proyectos del desajustado Rubén de tomar venganza contra Beba, cumple con todas las características de un «thriller» teatral de origen inglés o norteamericano, como *Deathtrap* o *Veronica's Room* de Ira Levin. Durante la visita de Miguel Angel y Beba se utilizan excelentes recursos para acrecentar la tensión, desde el revólver que trae Rubén y se extravía por un rato hasta la duda de si Beba y Miguel Angel son, en realidad, los dobles que el sistema dispone para apariciones en público o resultan ser ellos mismos. Montes Huidobro maneja con soltura y sobriedad los hilos de la trama en este tercer acto que termina como muchas piezas de la posmodernidad, sin un final definitivo: de una parte, Beba y Miguel Angel siguen su lucha por sobrevivir bajo el gobierno autócrata; del otro lado, Rubén sigue sufriendo su incesante angustia y Victoria y Román viven un exilio aparentemente apacible, bien diferente al de muchos cubanos, y aquí se muestra la fina ironía del autor.

> *(La constelación de luces que se ve por la puerta vidriera produce un efecto cósmico más intenso que nunca.)*
> ROMAN. Es lindo, Victoria, ¿No te parece?
> VICTORIA. Sí, es lindo.

ROMAN. Se está bien aquí.
VICTORIA. ¿Es...es esto el exilio, Román?
ROMAN. Sí, Victoria, el exilio es esto.
(Larga pausa. Román y Victoria miran las luces. Estas se van oscureciendo muy lentamente, pero nunca del todo, mientras cae el telón muy lentamente.) (103)

Estimamos que todos estos aspectos que hemos señalado y explicado en *Exilio*, comprueban que Montes Huidobro elabora en este texto un admirable entramado técnico apoyado en el empleo del metateatro, una de las corrientes más válidas en la dramaturgia de la posmodernidad.

OBRAS CITADAS

Abel, Lionel. *Metatheatre. A New View of Dramatic Form*. New York: Hill and Wang, 1963.
Hornby, Richard. *Drama, Metadrama and Perception*. Lewisburg: Bucknell UP, 1986.
Montes Huidobro, Matías . *Exilio*. Honolulu: Editorial Persona, 1988.

EXILIO Y LA REPRESENTACIÓN DE LA IDENTIDAD GAY[1]

David William Foster
Arizona State University

ROMAN: Si habláramos todos con el corazón en la mano...
MIGUEL: No se puede hablar con el corazón en la mano... [...] la gente que lo dice todo, que no se queda con nada por dentro, acaba rehabilitada en las granjas agrícolas... sembrando malanga...en las cárceles... en los paredones de fusilamiento... con la boca abierta llena de moscas en las cunetas de las carreteras. (Montes Huidobro, *Exilio*)[2]

De las muchas cuestiones inconclusas de la revolución cubana, quizá ninguna sea más trágica que el desempeño de los gays y las lesbianas después de 1959 [3]. Quizá ya no existan programas organizados de persecución rehabilitativa (p.ej., la infame fuerza laboral de la Unidad Militar de Ayuda a la Producción) y quizá ahora se presenten en manifestaciones de experiencias homoeróticas fragmentadas en producciones culturales actuales (p. ej., la ficción de Senel Paz). No obstante, todavía permanece lo innegable de los hechos históricos: la despiadada destrucción de principios de los años 60 de cualquier manifestación de la

---
1. Extracto tomado de *Sexual Textualities: Essays on Queer/ing Latin American Writing*. Austin: University of Texas Press, 1997, ps 87-93, 154-55.
2. Montes Huidobro, Matías, *Exilio*. Honolulu: Editorial Persona, 1988, p.49. Todas las referencias a *Exilio* corresponden a esta edición.
3. Young, Allen, *Gays under the Cuban Revolution*. San Francisco: Grey Fox Press, 1981.

vida gay. La publicación de la autobiografía de Reinaldo Arenas, *Antes que anochezca* (1992), ha dejado de nuevo ese relato sórdido muy presente, desafiando a los lectores a la aceptación de la validez, no solamente de las preferencias sexuales de Arenas, sino también de los valores y actitudes afirmados por su promiscuidad; además de recalcar como la izquierda en ninguno de sus múltiples perfiles no logra todavía ninguna apreciación a la aceptación de los derechos de los gays y de las lesbianas.

Sin lugar a dudas, la razón del porqué los asuntos de los derechos de los gays y las lesbianas han quedado sin solución es el inalterable impedimento para los gays (de ahora en adelante este término también se usará para incluir a las lesbianas) para encontrar cualquier legitimación dentro de las tres ideologías dominantes que han determinado la estrategia social de Cuba. En años recientes el movimiento de liberación internacional ha puesto especial atención en la terrible ironía de la persecución homofóbica en ambas facciones, la de derecha de la dictadura militar y la del régimen socialista.[4] El catolicismo, en ambas de sus versiones, la oficial y la populista, siempre ha constituido la impregnable ciudadela de la homofobia (razonablemente entendible en muchos aspectos como parte de la defensa de la institución masculina total) que continuamente renueva su exclusión al deseo homoerótico. A ello se une el machismo hispano, del cual sólo una parte de su ideología central proviene del catolicismo. Dicho machismo necesariamente defiende una variedad de la supremacía masculina que excluye las transformaciones en los roles de los géneros que son parte integral, si no bien completamente paralela, de la identidad gay. Se han esgrimido argumentos convincentes en cuanto a cuestiones de cómo el machismo puede acomodar al homoerotismo. Sin embargo, toda dimensión del homoerotismo abarcada por el machismo funciona fundamentalmente para validar a este último, por ser el desdeñado Otro con el cual el mismo machismo se compara.[5] Finalmente, la inhabilidad del marxismo dogmático para revisar la cultura gay como nada más que otra de las facetas enfermizas de la burguesía capitalista y su fracaso en cuanto a distinguir entre la homosexualidad (particularmente la dimensión con-

---
4. Julio Cortázar suplicó a los sandinistas en *Nicaragua tan violentamente dulce* [1984; 12/14] de no repetir el error de Castro.
5. Ver Dollimore, Jonathan, *Sexual Dissidence: Augustine to Wilde, Freud to Foucault*. Oxford: Clarendon Press, 1991; Sedgwick, Eve Kosofsky, *Epistemology of the Closet*. Berkeley: University of California Press, 1990.

sumida por los turistas extranjeros en la Habana pre-revolucionaria) como parte de un sistema de comercio corrupto y, en cambio, la identidad gay como una dimensión de liberación personal, facilitaron el substrato poderoso para propagar la homofobia dentro de la revolución de Castro, la cual tuvo sus orígenes en una de las grandes instituciones sustentadoras del machismo, las fuerzas armadas.

Estas no son tres ideologías separadas. Son puntos referenciales primarios que se combinan en varias formas para excluir a los gays, como Arenas pone copiosamente en claro en una obra dedicada en su conjunto al análisis de la homofobia cubana. Por lo tanto, el catolicismo y el machismo se encuentran en un lazo matrimonial con la comunidad cubana en el exilio en el repudio a los gays, razón por la cual la persecución de los gays en los años 60 fue absoluta y literalmente el único aspecto de las políticas del régimen de Castro que la comunidad no atacó con implacable vigor. Pero el machismo y la homofobia del marxismo dogmático se combinaron fatalmente para llevar a cabo la política de la homofobia, con un empecinamiento que dejó muy atrás a todas las campañas homofóbicas de la derecha militar de las dictaduras militares en Latinoamérica en los últimos treinta años.[6]

La escritura de Arenas ha circulado extensamente en los Estados Unidos, tanto en español como en inglés, y mucho del material fue inspirado en la relación triangular entre Castro, el SIDA y la decisión de Arenas de suicidarse tal como se sugiere en su nota final dedicada al mundo. En el mejor de los casos, sea como sea, ningún escritor cubano desde la comunidad del exilio en los Estados Unidos había incluido a personajes gays como un elemento significativo de sus obras hasta *Exilio* (1988) de Matías Montes Huidobro. *Arturo, la estrella más brillante,* de Reinaldo Arenas, es de 1984, pero fue escrito en Cuba. Montes Huidobro es probablemente el dramaturgo cubano más importante de los que trabajan en los Estados Unidos, y *Exilio* es uno de los numerosos éxitos que Montes Huidobro ha tenido en el foro del teatro latino de este país. Integrada por tres actos, *Exilio* se centra en cinco cubanos en tres diferentes etapas de sus vidas: el exilio en Nueva York en 1958, centrado en la actividad política contra el régimen de Batista; el retorno en 1963 a Cuba y la experiencia traumática del realineamien-

---

6. Consultar el mencionado libro de Young. De suma importancia es el legendario documental de Néstor Almendros y Orlando Jiménez-Leal, *Conducta impropia,* 1984

to institucional inherentes a la revolución (en este caso, la política cultural antihomosexual la cual está al acecho contra los gays); el regreso a Nueva York, aproximadamente en 1983, con el grupo dividido entre los que tuvieron que regresar al exilio en los Estados Unidos por la oposición a Castro y aquellos que hacen la entrada a Nueva York como visitantes y representantes del partido oficial. La obra teatral se centra en dos parejas heterosexuales y un hombre gay. Se entiende que la obra teatral de Montes Huidobro se tensa en conceptos metateatrales. Estos incluyen la vida como escenario, las instituciones sociales como encarnaciones teatrales, el teatro como producción privilegiada cultural representativa de la vida social, el teatro como refugio para el individuo que busca alternativas a la realidad, y el teatro como el epítome de la representación de los individuos y de sus vidas personales, incluyendo lo dramático como estrategia retórica de la comunicación interpersonal.

Mientras los cinco personajes se reúnen en 1958 con el propósito común de liberar a Cuba (es simbólico el zamparse cubalibres, uno de los gestos teatrales que el dramaturgo maneja con fruición), de regreso en Cuba en 1963 la solidaridad de ellos se viene abajo. Una pareja se identifica con la política de Castro: Miguel se convierte en el poeta oficial de la revolución (la obra teatral está llena de claves alusivas a la vida literaria y artística cubanas) y su esposa, Beba, se vuelve una alta funcionaria del gobierno; en el segundo acto, Beba ejerce la dirección del Teatro Nacional, cargo que se esperaría ocupara Rubén, compañero en armas en el exilio de 1958. La esposa de Román, Victoria, es una famosa actriz, y junto con Miguel, su esposo, Román, y Ruben, habían colaborado en el empleo del arte como forma de protesta política. Sin embargo, cuando Beba, quién es la única sin experiencia teatral, llega a desplazar a Rubén como director, ella también confirma el rumor de que este será detenido por homosexual y enviado a un campo de rehabilitación, cuyo propósito es convertir en buenos agentes socialistas a los presuntos esbirros de la peor degradación de la burguesía capitalista. Beba anuncia el discurso oficialista cuando dice:

> En primer lugar, no es de Rubén de quien estamos discutiendo. Estamos hablando de la necesidad que tiene la Revolución de darle una solución a problemas que emergen a consecuencia de la burguesía, entre los cuales se encuentra el homosexualismo; y un homosexual no puede representar a la Revolución debidamente (58-59).

Aunque si bien es cierto que José A. Escarpanter, en su no muy centrado prólogo, se refiere de pasada a Rubén como sinécdoque para el ataque al poder castrista, deja la impresión de que la obra teatral versa básicamente sobre el exilio. Ciertamente, el exilio es la *mise-en-escene* básica de cada acto. La vida de Rubén, Román y Victoria en Nueva York en 1983, junto con la visita de Beba y Miguel como representantes del régimen, satisfechos de sí mismos, destacan la profunda división en la cultura contemporánea cubana de la cual el exilio es un indicio paradigmático. Sin embargo, me gustaría proponer que *Exilio* trata realmente una dimensión *queer,* entendiendo por este término la antítesis antagónica de lo masculino compulsivamente heterosexual/heterosexista patriarcal cuya encarnación en la obra es la figura dominante, aun cuando ausente, de Fidel Castro –la encarnación personal, como Beba y Miguel recitan incansablemente, de la revolución. Esto a pesar de la afirmación de que «El inconveniente que tienen ustedes es que todo acaba en el plano personal» (58). Ciertamente, la identidad gay es una categoría de lo *queer,* pero no es su rasgo categórico principal, ya que *queer* quiere decir no heterosexual, y gay (o lesbiana) es solamente una de las muchas formas de no ser heterosexual.

Ciertamente, la identidad sexual de Rubén nunca es cuestionada en la obra teatral –esto es, en los términos de cómo él se interprete, con quién él haya tenido relaciones (en cualquier registro de la palabra), y la que pueda ser su historia personal. Sin embargo, la sexualidad de Rubén, sea como sea, es el eje para otros desarrollos en la obra. En este sentido, la obra hace uso del concepto del «tercer hombre en discordia» en el sentido de que Rubén funciona como embrague cambio semántico entre dos parejas heterosexuales. Aunque el primer acto incluye algunos comentarios intolerablemente homofóbicos proferidos por Miguel, el inminente encarcelamiento de Rubén en el segundo acto, trae el lado desagradable de la cultura revolucionaria, especialmente como se encuentra relacionada con la destitución de Rubén por Beba en el cargo de directora del Teatro Nacional. En el tercer acto, Rubén hace los arreglos para que Beba y Miguel sean recibidos por Román y Victoria, como parte de un plan delirante para asesinarlos y asi poder liberarse de las pesadillas de su encarcelamiento. La liberación de Rubén del sistema de rehabilitación y su retorno a los Estados Unidos nunca se explica, pero quizá Montes Huidobro cuenta con la familiarización de la audiencia acerca de la historia de Arenas. El plan fracasa y la confusión subsiguiente da cabida a la confrontación entre Beba y Miguel que expone la corrupción moral de la existencia de ambos. Al caer la cortina final, Victoria y Román, liberados de sus molestos invitados, reafirman la tranquilidad doméstica de su vida en el exilio.

Aunque no cabe ninguna duda de que Rubén articula los horrores de la persecución sufrida a manos de los agentes de la moralidad social del régimen de Castro –quizá principalmente en términos de la devastación psicológica que tuvieron en Rubén y no en detalles vividos en sí–, su representación en el segundo acto media entre la corrupción de Beba y Miguel y el reino de auto-satisfacción y tranquilidad ocupado por Román y Victoria. De hecho, es significativo que Victoria haya dejado el teatro como medio para deshacerse de su doloroso pasado. Rubén desempeña un rol circunstancial en el primer acto, con un papel estructuralmente correlativo en el segundo. En el tercer acto él provoca la confrontación entre las dos parejas y, como consecuencia, revela las diferencias que han ocurrido en un período histórico de veinticinco años abarcados por el texto de *Exilio*.

La fortuita aparición de Rubén y su escandaloso comportamiento (posiblemente un remedo teatral de la llamada histeria gay) en el tercer acto, seguido por su desaparición antes de que el último telón baje, no debe distraer al espectador de la representación fundamental que le ha sido encomendada en la obra, la de un personaje anormal. Mientras uno pudiera pensar que Montes Huidobro se hubiera concentrado más en su historia personal, el hecho es que convalida, de modo perverso, la afirmación de Beba en el segundo acto de que «aquí no se trata de problemas individuales» (59). *Exilio*, de hecho, no trata de problemas individuales, precisamente porque confirma la disyuntiva de la cultura contemporánea cubana, como ya se ha aseverado. Lo que es significativo es que se marca tal disyuntiva a través de la figura de Rubén, mejor que con el ya tradicional diapositivo romántico de la familia dividida. El género narrativo del romance es profundamente patriarcal y, por tanto, profundamente heterosexual, y el tema usado en tanta literatura referente al exilio cubano ayuda a explicar por qué, otra vez con la excepción elocuente de las novelas de Arenas *(Otra vez el mar,* 1982; *Viaje a la Habana: novela en tres viajes,* 1990), lo *queer* en general y lo gay en particular quedan específicamente sin examinar.

Al valerse de la figura de Rubén, Montes Huidobro incorpora al personaje gay en el corpus de la producción cultural del exilio cubano. Además, él sugiere –para todos aquellos que continúan adheridos a la combinación de la ideología sexual católico-machista y la heterosexualidad cultural- la proposición inquietante de que la homofobia trasciende, en la cultura cubana, por un lado, entre un momento pre-Castro y otro post-Castro y, por otro, la que separa Miami de la Habana: la dimensión *queer* de Rubén es un sitio potente para la deconstrucción de la mentira revolucionaria. Uno pudiera acordarse de Rubén y su aparente intención de asesinar a Beba que conduce a sus confrontaciones. Puede no ser una definitiva anagnórisis en el sentido de la tragedia tradicional, pero ciertamente envuelve la demolición de la postura de Beba como comisaria de la revolución.

> MIGUEL. Eres Beba, Beba *darling*. A mí no me vas a confundir con tus juegos, con tus artimañas. Es demasiado tarde, porque de sobra sé quién eres tú. Y en la embajada lo sabe todo el mundo. Esta es una misión que me han encomendado, que tengo que cumplir. ¡Idiota! ¡Estúpida! ¡Yo [y no Rubén] te voy a matar! Has caído en desgracia y yo estoy aquí para eliminarte. (99).

Miguel continúa con esta perorata, insistiendo en que le han encargado la eliminación de Beba y los dos se van con la convicción de que ella nunca regresará viva a Cuba. Poco importa preocuparse de la calidad verosímil de este intercambio; lo que importa no es que se dijera, sino el intercambio que tiene lugar como consecuencia de la provocación de Rubén.

> RUBEN. […] Pero si yo me acuerdo, como si fuera una película que acabara de ver... Cuando nos llevaban en las guaguas a los campos de concentración, a las cámaras de gas... Rehabilitados para que no hiciéramos lo que queríamos hacer... Fumigados... Enterrados hasta el cuello, con aquella miel derretida en la cabeza para que las hormigas bravas vinieran a comernos vivos... como te comerán a ti, Beba *darling,* como te comerán a ti... (97).

Rubén se perfila aquí como la conciencia de aquellos que han sufrido no sólo por los abusos del poder perpetrados por la revolución institucionalizada sino también por los atributos de la superestructura, tal como los campos de rehabilitación. En este sentido, su experiencia es una metonimia global de los horrores sociopolíticos, así como Beba representa la agencia de esos horrores. Si uno puede sostener la propuesta de que Beba es, en el lenguaje de Mary Daly[7], una ficha de la tortura, una mujer que se transforma en agente patriarcal de la opresión (y que eventualmente se convierte en víctima), en oposición a ella sólo puede expresarse la figura *queer* de Rubén: lo *queer* de él representa, la libertad exenta de cualquier forma estructural de opresión. Es significante que Rubén se lleve bien con Miguel –es el mismo Miguel que en el primer acto lo califica como «Rubén maricón» (30)– y va a ser Miguel en lugar de Rubén quien mate a Beba. La contienda se ha propagado en el estómago del monstruo, motivo por el cual Rubén puede marcharse con relativa paz al final de la obra, mientras Victoria y Román pueden esperar a que descienda el telón del último acto en la tranquilidad de su exilio.

La propuesta que emerge en *Exilio* de Montes Huidobro, mucho más importante que el exilio del propio sujeto (tema imperativo en la producción cultural cubana fuera de Cuba), es la naturaleza del *status* sexual de Rubén. La dignificación del individuo gay ha significado generalmente un respeto por su lucha como minoría: histórica, cultural y obviamente sexual (y urge definir esta sexualidad en términos que no tenga nada que ver estrictamente con los genitales). Pero las políticas minoritarias, tan importantes como ellas lo son, no pueden constituir las bases de la obra de Montes Huidobro, la cual en ningún sentido pretende salir en defensa del individuo gay, su biografía psicológica, sus preferencias eróticas, su postura social. Mas bien, la figura de Rubén sirve como punto de entrada al dominio de lo *queer*: la negativa de aceptar al patriarcado heterosexual y a sus numerosos –y se siguen expandiendo– círculos concéntricos de comportamiento social. Aun si uno no desea hacer ningún argumento categórico de cómo, en última instancia, la experiencia de Castro ha significado la reafirmación de la hegemonía patriarcal a través de la personalista dictadura estalinista basada en la incuestionable ideología del machismo, uno no puede salir de ver *Exilio* sin tener que considerar todas las implicaciones que Rubén experimentó como agente, no importa en qué grado mínimo, de la agresión a las Bebas.

---

7. Daly, Mary, *Gyn/ecology: The Metaethics of Radical Feminism*. Boston: Beacon Press, 1978, p. 96.

OBRAS CITADAS

Almendros, Néstor; Jiménez-Leal, Orlando, *Conducta impropia.*
Daly, Mary, *Gyn/ecology: The Metaethics of Radical Feminism.* Boston: Beacon Press, 1978
Dollimore, Jonathan, *Sexual Dissidence: Augustine to Wilde, Freud to Foucault.* Oxford: Clarendon Press, 1991
Montes Huidobro, Matías. *Exilio.* Honolulu: Editorial Persona, 1997
Sedgwick, Eve Kosofsky. *Epistemology of the Closet.* Berkeley: University of California Press, 1990
Young, Allen. *Gays under the Cuban Revolution.* San Francisco: Grey Fox Press, 1981

NOTA EDITORIAL: From *Sexual Textualities: Essays on Queer/ing Latin American Writing* by David William Foster, Copyright © 1997. Courtesy of the University of Texas Press.

OSCURO TOTAL ENTRE LA TRAGEDIA GRIEGA Y EL TEATRO DEL ABSURDO

Phyllis Zatlin
Rutgers University

Un hombre amargado y celoso mata a sus sobrinos; con los cadáveres prepara un banquete horroroso que le sirve a su hermano. Una joven convence a su hermano que mate a la madre de ellos dos puesto que ésta, junto con el tío, había matado al padre de ellos. Perturbada porque su marido la abandona, una madre asesina a sus hijos. Un padre manda que maten a su hijo recién nacido para evitar ciertas profecías espantosas. Sin saber lo que hace, un hijo mata a su padre y se casa con su madre; la madre se suicida.

La tragedia griega tiende a representar a familias que funcionan mal de una manera extrema. Hace años –antes de que se popularizara el término «familias disfuncionales»– cuando empecé a enseñar el teatro español del siglo XX, solía decirles a mis estudiantes que pasaran por alto la supuesta falta de realismo psicológico en *La malquerida* de Jacinto Benavente y *La casa de Bernarda Alba* de Federico García Lorca porque los personajes en tales obras, bajo la influencia de la tragedia griega, no iban a parecerse a nuestros vecinos.

Este comentario mío fue de la época cuando todavía no me fijaba bien en el periódico local. Angustiada porque su marido va a dejarla, una mujer les abrocha los cinturones de seguridad a sus dos hijos pequeños e incendia el automóvil, así quemando a los niños bajo la mirada de los abuelos, horrorizados, que no pueden salvarlos. Un abuelo, arma de fuego en mano, mata a su querida nieta y tres vecinos. Un hijo toma una espada decorativa y apuñala siete veces a su padre mientras que éste duerme tranquilamente; da con el corazón, los pulmones y varios otros órganos vitales.

Son unos ejemplos recientes del centro del estado de Nueva Jersey donde vivo pero a menudo, en todas partes del país, aparecen historias de esta índole. A veces la nación entera se fija en un episodio particular. Tal fue el caso cuando se descubrieron los cuerpos ensangrentados de José y Mary Louise («Kitty») Menéndez en Beverly Hills en el 1989 y durante el proceso de los asesinos, sus dos hijos Lyle y Erik. Como todos los demás, Matías Montes Huidobro se quedó pasmado por la historia y de este episodio tan real como horripilante creó su poderosa obra absurdista: *Oscuro total* (escrita en 1993 y publicada en 1998). En su nota para el programa de mano del estreno en el 2000 como parte del Festival Internacional de Teatro Hispano en Miami, Montes Huidobro nos informa que la anécdota específica no es importante: «Otros actos de violencia han ocurrido desde el veinte de agosto de 1989, y tanto el parricidio como el matricidio, y en particular el infanticidio, se han repetido una y otra vez en miles de variantes, unificados todos por la violencia en sí misma». Según el autor, la historia de los Menéndez sólo sirve como punto de partida para una imagen metafórica de la violencia y el abuso del poder. De hecho, estos son los temas subyacentes de muchas obras teatrales del siglo XX. Huelga citar *El laberinto* y *Los verdugos* (1956) de Fernando Arrabal, ejemplos de tragicomedias antirrealistas que no obstante reflejan de manera fidedigna la tragedia de la guerra civil española y la posguerra.

Tales temas metafóricos no sólo se asocian fácilmente con la tragedia griega sino, como reacción a los horrores de guerras recientes, también con el teatro contemporáneo de distintas naciones. En su estudio fundamental sobre el teatro del absurdo (1961), Martin Esslin sugiere en términos generales que hay una conexión entre la tragedia griega y este movimiento del siglo XX.

> Concerned as it is with the ultimate realities of the human condition (...) the Theatre of the Absurd, however grotesque, frivolous, and irreverent it may appear, represents a return to the original, religious function of the theatre –the confrontation of man with the spheres

of myth and religious reality. Like ancient Greek tragedy (...) the
Theatre of the Absurd is intent on making its audience aware of
man's precarious and mysterious position in the universe. (293)

Esslin incluye los crueles juegos metaficticios de Jean Genet dentro de su amplia definición del teatro absurdista; es concretamente con esta corriente artaudiana que se relaciona el teatro de Matías Montes Huidobro. De hecho, el dramaturgo ha afirmado la importancia del montaje que tiene lugar en La Habana en 1954, por Francisco Morín de *Las criadas* (título original, *Les Bonnes*) de Genet al hablar de su impacto no sólo sobre su propio teatro sino sobre el de otros autores cubanos. En una entrevista en 1993 con Arístides Falcón, el dramaturgo enfatiza el significado de esta puesta en escena: «Asociado el hecho teatral con la realidad histórica, absurdo y crueldad llevan a un capítulo esencial en nuestra escena que dura todavía...» (135). De igual modo su comentario señala el camino que seguirá Falcón en *La crueldad en el teatro de Matías Montes Huidobro* (2006). Tampoco debe sorprendernos que *Oscuro total*, lo mismo que *Las criadas* de Genet, se inspiró en un verdadero drama sensacionalista (Lewis, 459). No obstante, el interés que Montes Huidobro suele mostrar en episodios históricos siempre los trasciende: «Pero no me interesa un *suspense* policíaco, sino uno que, pasando por lo político, vaya de lo sicológico a lo ontológico» (Entrevista con Febles y González-Pérez 231). Al pensar concretamente en *Oscuro total*, Jorge Febles acierta al definir esta tendencia: «Este trasfondo clásico de la obra está en función de acentuar su carácter ritualista, religioso, pues elucida la inmanencia mítico-histórica de la situación representada» («Transmigración», 197; «Re-textualización», 111).

Sin embargo, es posible que la mayoría de los lectores y espectadores no se fije en la conexión entre la tragedia griega y *Les Bonnes* (estreno de la versión original, 1947; de la versión revisada, 1954) de Genet u otra obra semejante tal como *La noche de los asesinos* (1966) de José Triana. Ni Esslin mismo relaciona la obra clave genetiana con el teatro clásico o la mitología en su comentario iluminador (146-52). Los comentarios sobre *La noche de los asesinos* de Triana tienden a enfocar su acercamiento a lo absurdo, dando a entender que para Triana éste es un instrumento de crítica social latinoamericana que dista mucho de la corriente europea que para algunos estudiosos se limita a una investigación metafísica sin mensaje político (Taylor 234).

171

Por otro lado y de manera convincente, en su libro *Theatre of Crisis,* Diana Taylor relaciona a Lalo, personaje de Triana en *La noche de los asesinos,* con Edipo. Es más, Triana dio a conocer su gran interés en la tragedia griega cuando escribió *Medea en el espejo* (1960). En términos más generales, William García ha establecido el gran impacto de la tragedia griega en el teatro latinoamericano. En su tesis doctoral, del año 1996, *Subversión y reelaboración de mitos trágicos en el teatro latinoamericano contemporáneo,* García identifica numerosas obras que, al basarse en mitos griegos, yuxtaponen de manera abierta las convenciones clásicas con géneros contemporáneos:

> Además de la inserción del mito en la cultura a la que pertenece el dramaturgo, en numerosas versiones latinoamericanas se introducen nuevas ramificaciones ideológicas en la fábula, se experimenta con otros géneros teatrales (como la farsa, la comedia bien hecha o el melodrama) y con discursos teatrales latinoamericanos (el teatro bufo, la farsátira), y se cuestionan o se parodian las convenciones canónicas de la tragedia. (2-3)

Aunque no se incluye en el estudio de García, *Oscuro total* es un ejemplo excelente de la mezcla de tragedia griega con el teatro del absurdo contemporáneo. García enfoca su análisis en obras que se relacionan directamente con ciertas figuras –Electra, Antígona y Medea– y cuyos títulos muestran esta relación. La intertextualidad de *Oscuro total*, de Montes Huidobro, al contrario de *La noche de los asesinos*, a pesar de ser explícita, se distingue de las obras citadas por García puesto que se refiere a múltiples tragedias griegas en lugar de concentrarse en un mito específico.

La riqueza textual de *Oscuro total* invita a varias interpretaciones. Jorge Febles considera esta obra como un comentario sobre la familia cubana: «En su empeño retextualizador, el teatrista hiperboliza la naturaleza ya en sí grotesca del acontecimiento para complementar de manera novedosa ese retrato crítico de la familia cubana que ha dado pie a buena parte de su producción» («Transmigración», 185). Sin duda Montes Huidobro ha reconocido a la familia cubana como motivo central de su escritura: «Mi interpretación *sui generis* de la familia cubana, de sus luchas, de sus historias responde a mi modo de verla tanto en la crítica como en la creación literaria» (Entrevista con Escarpanter, 101). Ha identificado este motivo como un aspecto frecuente en el teatro cubano en general: «a cannibalistic desire within the family nucleus full of hatreds and Freudian complexes, that is directed toward its own destruction» (citado por Lessing, ix). Así que Febles va en el buen camino cuando concluye que *Oscuro total* puede leerse como una metáfora de Cuba y la familia cubana:

> En última instancia, deviene metáfora que apunta a una perspectiva apocalíptica: la innoble posibilidad de la violencia permanente que se desarrolla en forma centrífuga como signo doloroso del núcleo familiar cubano y, por extensión, del propio acontecer histórico nacional. («Re-textualización», 113)

Desde nuestra perspectiva, el tema de *Oscuro total* es universal y por eso en manera alguna se limita a la interpretación de Febles. Cuando se representó el texto original de Montes Huidobro en Miami, sin duda muchos de los espectadores hispanoparlantes allí captaron el metafórico subtexto cubano. En el caso de poner en escena *Blackout*, la traducción de Mary-Alice Lessing, tal subtexto se perdería para un público de angloparlantes. Los espectadores estadounidenses que recuerdan el sensacionalista drama real a lo mejor ni piensan en Kitty, Lyle y Erik como miembros de una familia cubana; cuánto más tiempo pasa, más se borrará de la memoria colectiva este intertexto histórico. Se quedará la historia de violencia y lucha por el poder y lo que Lessing ha llamado «a certain lugubrious fascination to this play» (xvii).

Para algunos lectores, *Oscuro total* también invita a interpretaciones que sitúan esta obra obviamente dentro de la trayectoria del teatro de nuestro dramaturgo. Con respecto a *Sobre las mismas rocas* (1951), Febles ya descubre en esta pieza temprana la presencia de los elementos característicos de Montes Huidobro: «la metáfora y el juego alucinante, el lenguaje figurado y la concepción ritualista de la acción teatral» («Metáforas...», 115). El aspecto ritual, el cual en *Oscuro total* sirve de eslabón con el teatro absurdista de crueldad y con la tragedia griega, se puede aplicar lo mismo al uso de mitos afrocubanos en *La navaja de Olofé* de Montes Huidobro. (Escrita en 1981 y publicada en 1982, esta obra se estrenó en Miami en 1986; la traducción inglesa, *Olofé's Razor*, se publicó en 1992). Mientras que los orígenes africanos del rito en *La navaja de Olofé* la distingue de *Oscuro total*, hay varios elementos en esta obra anterior que anticipan la obra que estudiamos: la interrelación de temas de amor y odio, de erotismo, violencia o muerte;

referencias al incesto y a la bisexualidad; y sobre todo, fluidez en las identidades de los personajes, es decir, el papel dentro del papel. [1]

Nuestro autor con frecuencia ha afirmado su preferencia por el metateatro, la cual atribuye en parte a su gran amor por el cine: «Como el cine posee una libertad de espacio y tiempo que no tiene el teatro, siempre he querido llegar a esa liberación de espacio y tiempo por medios teatrales. De ahí mi preferencia por el teatro dentro del teatro» (Entrevista con Febles y González-Pérez 230)[2].

Esta tendencia hacia la metateatralidad es a la vez característica notable del teatro absurdista. Con razón Lionel Abel incluye a Genet en su estudio fundamental sobre el metateatro. Las criadas de Genet hacen una tras otra el papel de su señora. La escenografía de la refundición madrileña de esta obra de Genet hace un par de años enfatizó de manera obvia este aspecto al poner a la vista, detrás de tabiques de cristal, tres niveles de armarios llenos de trajes que podrían servir de disfraces.[3]

Montes Huidobro destaca la pieza dentro de la pieza en *Su cara mitad* (1992), una obra que anticipa *Oscuro total* no sólo en lo que se refiere a su obvia metateatralidad sino también en su mezcla de géneros. Además de ser profesionales del mundo del teatro, todos los personajes de aquella llevan una doble o incluso una triple vida. Dado el éxito actual en Broadway de una producción de ellos, es muy posible que se les ortorguen premios. Tony ya ha empezado a escribir otra obra; pero la relación que llevan entre sí es folletinesca. Usando la terminología de Abel, se diría que todos quieren controlar la acción al creerse dramaturgos que escriben y vuelven a escribir guiones para los demás, tanto en la historia que les sirve de marco como en las piezas dentro de la pieza. Raul es de verdad un dramaturgo. Es latino pero, de acuerdo con la lista del reparto, «escribe su nombre sin acento» (631); mantiene una lucha con El Tiznado, el lado oscuro de su personalidad. José Escarpanter acierta al notar que *Su cara mitad* reboza de aspectos ambiguos y que

---

[1] En su estudio ya clásico del metadrama, Richard Hornby define cinco manifestaciones de lo metadramático: la pieza dentro de la pieza, la ceremonia dentro de la pieza, el papel dentro del papel, la referencia a otras obras de literatura o a la realidad dentro de la pieza y la auto referencia. Montes Huidobro hace uso de todas estas manifestaciones en *Oscuro total*.

[2] El interés cinematográfico del caso de los Menéndez se notó enseguida. Las noticias del caso inspiraron tanto el libro *Blood Brothers,* de John Johnson y Ronald L. Sabele, como la película para la televisión, *Honor Thy Father and Mother* (Dir. Paul Schneider, 1994).

[3] *Las criadas,* de Jean Genet. Dir. Mario Gas. Teatro La Latina, Madrid, 22 de mayo de 2002.

los lectores o espectadores tenemos que cuestionar la relación verdadera entre los personajes (Escarpanter «Una confrontación» 626-27). Resulta imposible separar la verdad de la ficción.

La historia verdadera de la familia Menéndez, cuando la yuxtaponemos con *Su cara mitad*, se lee como la vida que imita al arte. Tal como observa Febles con respecto a *Oscuro total* de Montes Huidobro: «La existencia de un libreto previo, de una suerte de plan criminal redactado por uno de los asesinos, acaso le sugeriría inquietantes matices metateatrales» («Transmigración», 188). El hecho que el verdadero José Menéndez tuvo relaciones con el mundo del espectáculo como director ejecutivo de una distribuidora de vídeos a su vez le sirvió al autor como catalizador.

Los cuatro personajes de Montes Huidobro en *Oscuro total* pretenden ser dramaturgos y así escriben y vuelven a escribir no sólo la historia que sirve de marco, sino también las piezas dentro de la pieza. Son personajes-actores que de una manera autoconsciente y deliberada representan un espectáculo los unos para los otros, a veces con el guión en mano. Así que cumplen con uno de los requisitos que define Abel para el metateatro: que los personajes dentro de la pieza sean conscientes del hecho que viven de un modo teatralizante. Los hijos en el drama se llaman Oscar y Tony, nombres de obvio simbolismo metateatral. Los padres ahora se llaman Tita y Paco; la relación de ellos con Gina y Giorno, los personajes violentos del guión ya escrito, nos recuerda la de Raul y El Tiznado en *Su cara mitad*: dentro de la fluidez de sus papeles, todos los personajes revelan un lado oscuro. La dificultad de distinguir entre la realidad y la ficción existía lo mismo en la historia verdadera de la familia Menéndez que en la versión ficticia que nos presenta Montes Huidobro. El jurado en el primer juicio contra Lyle y Erik no pudo llegar a un veredicto en este caso de homicidio.

Cuando examinamos *Oscuro total* como ejemplo del teatro del absurdo, al principio la escenografía parece llevarnos a una conclusión equivocada. Las acotaciones describen una sala de estar en la casa de una familia de alta burguesía. Hay una escalera que sube al dormitorio en el piso de arriba. Tal decorado suele señalar un drama realista o incluso una comedia burguesa. El sonido de disparos, la entrada de Tony y Oscar que bajan la escalera, pistolas en mano, y sus primeros diálogos apuntan hacia un relato realista de suspense. El diálogo que sigue es desconcertante. Los hermanos habían preparado con cuidado un doble asesinato pero ahora Tony se sorprende al descubrir que hay que hacer algo con los cadáveres. Suena el teléfono pero no lo contestan. El teléfono sonará a cada rato, de manera misteriosa, durante toda la obra. Mientras continúa la acción, el anti-ilusionismo que subraya el texto se hace cada vez más aparente. Lessing lo explica:

> The play, while initially realistic in plot and dialogue, becomes expressionistic with the appearance on stage of two murdered characters and with the creation of a second, parallel and coinciding plot, and a third sub-plot. The distortion of time, the erotic, at times grotesque ambience, and the ambiguous ending make it another example of Montes-Huidobro's mastery of theatre of the absurd. (x)

Por escoger el término «expresionista,» es decir, al implicar que los hijos evocan a los padres muertos con sus pensamientos, Lessing tiende hacia una explicación psicológica de los curiosos elementos de la historia. Dentro del texto se sugiere tal explicación, por ejemplo cuando Oscar le dice a su madre: «Te estamos haciendo, mamá, con el recuerdo de ti misma» (150); o cuando de igual modo dice cómo se podría evocar a Gina y Giorno: «Es como si los hubiera olvidado, pero como si alguien, todavía, estuviera recordándolos» (144). Sin embargo, la acción se desarrolla en un plano absurdista de irrealidad, el cual de vez en cuando se señala con «un imperceptible cambio de luz» (128). De este modo la misma madre asesinada se da cuenta de que no existe: «Después de todo, nadie, en definitiva, existe en realidad... Es como si fuéramos el resultado de una memoria, la memoria de todos y cada uno de nosotros, que nos construye en medio de su propia desaparición...» (164).

En el primer acto, Oscar y Tony comentan cómo y por qué acaban de matar a sus padres; nos hablan del abuso sexual y el acoso psicológico que sufrieron por culpa del padre y, algo menos, por culpa de la madre. Haciendo uso del guión cinematográfico que escribían en colaboración con su madre, inventan la manera de atribuir el doble asesinato brutal a los personajes ficticios: Gina y Giorno, dos delincuentes que supuestamente rondaban la casa. Es la esperanza de Tony que así se puede explicar el crimen por «una buena mentira que enseguida sería la verdad...» (120).

Al comienzo del segundo acto, Tita baja la escalera seguida casi inmediatamente por Paco. Ambos se visten con elegantes batas de casa rojo oscuro. Los cuatro personajes se hacen acusaciones hasta llegar a una escena de violencia física con tonos eróticos. Por medio de un cambio teatralizante de vestuario y maquillaje, realizado delante del público, Tita y Paco se transforman en Gina y Giorno: narcotraficantes vestidos de cuero negro. Siempre haciendo sus papeles de Gina y Giorno, Tita y Paco suben la escalera, seguidos por Oscar y Tony, estos con pistolas en mano.

El tercer acto vuelve a los acontecimientos del primero, pero esta vez Tita y Paco bajan la escalera, discutiendo las razones por qué mataron a sus hijos y cómo podrán atribuirles el asesinato salvaje a los delincuentes Gina y Giorno. De nuevo, cambian su vestuario y su carácter delante del público al convertirse ahora en dos ancianos: versiones mal vestidas y grotescas de ellos mismos. A raíz de un oscurecimiento gradual, empiezan a temblar de susto como reacción a la entrada de Oscar y Tony por la puerta exterior. Cuando termina la obra, los padres acaban de subir la escalera y los hijos los siguen, con pistolas en mano.

En la superficie, la estructura de *Oscuro total* es circular. Hemos vuelto, tal vez, al momento que precede el principio de la obra. O tal vez no. Los padres, tan vulnerables al asalto asesino de sus hijos, quienes estarán ahora en el dormitorio de la planta superior, son unos viejos; no son las víctimas de mediana edad que vimos justo después de su muerte. Tal vez los actos segundo y tercero sean sólo las pesadillas que surgen del cargo de conciencia de los hijos. De igual modo es posible que el primer acto sea irreal. No hay manera de saber si el juego metateatral se repite una y otra vez –el caso del rito diario en *La noche de los asesinos* –o si ha terminado aquí con un asesinato irrevocable– tal como ocurre en *Las criadas*–. Es más, el tercer acto de *Oscuro total* nos invita a interpretar la acción de dos maneras: como la historia de dos hijos que matan a sus padres, o como la historia de dos padres que matan a sus hijos. El final ambiguo, abierto, subraya los elementos absurdistas del texto.

Asimismo el diálogo en *Oscuro total* a veces llama nuestra atención a paralelos con el teatro del absurdo. Hay un momento de semejante conversación disparatada entre Tita y Paco en su papel de ancianos; se divierten mucho al descubrir que ellos comparten los nombres y la dirección (187) de las víctimas de «Los que mataron al padre y a la madre» (184). Sus comentarios nos hacen recordar un descubrimiento semejante en *La Cantatrice chauve (La cantante calva)*, de Eugène Ionesco. En el nivel filosófico del absurdo, Tony le comenta a su hermano, «No te puedes ir. Ahora nos quedaremos juntos para siempre» (161); se puede interpretar como una alusión a *Huis clos (Puerta cerrada)*, de Jean-Paul Sartre. No obstante, es la estructura lo que más aleja *Oscuro total* de la tragedia griega al acercar la obra a su clasificación como representante absurdista del teatro de la crueldad.

No se pueden pasar por alto las frecuentes referencias intertextuales tanto a figuras de la mitología clásica como a las tragedias de Shakespeare.[4] Incluso en su análisis del texto como metáfora de la familia cubana, Febles se sintió obligado a incluir una nota que cita tales referencias: a los personajes griegos «Medea, Edipo, Yocasta»; a la opinión de Paco que Grecia es la «cuna de la civilización»; a cómo Tita explica que «Incestuosos y maricones. Criminales y parricidas» resultan de la cultura mediterránea («Transmigración», 197; «Re-textualización», 111). Al recordar la presencia de una joven en cierto episodio familiar, Tita dice que ésta se encontró «metida de pronto en aquella tragedia griega» (160).

Las referencias a veces son tan explícitas como éstas y a veces son muchísimo más sutiles. Varias alusiones intertextuales a la mitología griega de hecho son pasajeras. Cuando Tita y Paco en su papel de ancianos mencionan una serie de actualidades horripilantes, Tita incluye «el caso de Medea» (182). La sugerencia de Oscar que hagan picadillo los cadáveres para comer los pedacitos puede ser una alusión a *Tiestes* (123) y es posible que su otra idea, que echen los pedazos a los perros, sea una referencia a *Las Bacantes* (136). Oscar pensará en la *Odisea* cuando alude a las canciones de las sirenas que hacen a los marineros perderse (129) y tal vez Tony tenga en mente a Pigmalión cuando dice que los dos hermanos son estatuas creadas por sus padres: «Era... como si fuéramos unas estatuas de barro... Nos hacían con la espátula, el cincel y el estilete» (134). Cuando Paco dice que él y Tita

---

4. Se les compara a Gina y a Giorno con Romeo y Julieta en cuanto a ser una pareja cuyos nombres se enlazarán para siempre (141). Las alusiones a las manos manchadas de sangre se refieren a Lady Macbeth, primero de manera implícita (145) y luego de manera explícita (177). Es posible que la entrada inicial de la madre asesinada recuerde al fastasma de Banquo en *Macbeth*. El uso de tales personajes de Shakespeare subraya las conexiones entre *Oscuro total* y la tragedia. La obra también incluye numerosas referencias a todo un abanico de personajes y actores de cine, desde Frankenstein y Drácula hasta Marilyn Monroe y Fred Astaire.

serán «un par de cadáveres insepultos», puede que haya una referencia irónica a *Antígona* (150).

Como es de esperar, el motivo más frecuente es el mito de Edipo. Oscar afirma que su padre temía y odiaba a sus hijos incluso antes del nacimiento de ellos: «Como si hubiera consultado un oráculo antes que nosotros naciéramos...» (137). Luego relaciona el oráculo con los ritos afrocubanos: «como si hubiera hablado con un oráculo, con una santera» (138). De forma paralela al mito de Edipo, Tony responde que no sirve para nada consultar al oráculo: «No había oráculo que pudiera evitarlo» (140).

Se enfatiza una y otra vez lo inevitable de su destino. Oscar se hace eco de lo que dice Tony: «Era inevitable, mamá. Tú lo sabías» (142). Más tarde Tita, al reflejar un estilo abiertamente teatralizante, le exclama a Paco: «La fatalidad es la fatalidad. El destino es el destino» (169). Paco está totalmente de acuerdo: «Era inevitable. Tarde o temprano» (179). En una mezcla del metateatro con la parodia de la tragedia griega tan típica de Tita, Paco define el destino que llevó al doble asesinato no como un acto de los dioses sino como un guión escrito por las mismas víctimas: «Habíamos planeado todo esto, paso a paso, gradualmente, para que ellos cayeran en la trampa y nos fueran a matar» (178).

Por otro lado, Paco es consciente de la relación con Edipo e incluso dice que el título del guión que están escribiendo podría llamarse «Edipo en Sodoma» (160). En el tercer acto, cuando las víctimas son los hijos, le informa a Tita: «Aquí no hay ningún Edipo que se te meta en la cama para acabar conmigo. Si lo hubo, eso quedó atrás» (177). Se alude de manera velada a la conexión Tita-Yocasta al hablar de su presunto deseo de suicidarse (128) y luego, de manera más clara aún, cuando se refiere concretamente a su relación incestuosa con Oscar (159).

La estructura de la tragedia clásica es una revelación gradual del secreto tan oculto de Edipo: que mató a su padre y se casó con su madre. Tita alude a otro «terrible secreto» (149) pero esta revelación, la que descubre cuando asume el papel de protagonista, es que el padre era culpable del abuso sexual de su hijo:

> ¿Cómo podía imaginarme? Estaba fuera de todo cálculo, de toda posibilidad, de toda perversión. Hasta que un día fui siguiendo las huellas, como un sabueso que va detrás de su presa. Una huella

seguía a la otra como si estuvieran marcadas en la arena y me llevaran al lugar del crimen. (163)

Al tomar en cuenta la definición que Frank Dauster nos ha dado de la tragedia (1982), las palabras de Tita podrían hacernos pensar que ella es una figura trágica, la víctima de circunstancias fuera de su control. Dauster sugiere que la acción trágica es interior, «the movement of purpose, of conflict and of recognition of our limitation» (11); así propone que «any human being capable of this kind of inner activity is a potential tragic protagonist» (8). Aunque es difícil sentir simpatía por Paco, en *Oscuro total* hay indicaciones de tal actividad interior en las caracterizaciones de Tita, Oscar y Tony.

Sin embargo, las referencias que hace Montes Huidobro a la tragedia griega siempre se encuentran muy metidas dentro del teatro de la crueldad. Justo antes del discurso en que Tita da expresión a su toma de conciencia, ella y Oscar empiezan a luchar de manera violenta y erótica. Al decir las palabras que acabamos de citar, acaricia la cabeza de Oscar, la cual descansa en su regazo. Mientras tanto, Paco y Tony continúan su propia pelea. Como ruptura total con el momento de percepción trágica, en la siguiente escena los padres se transforman en Gina y Giorno. De modo metateatral y absurdista, hay una fluidez constante en los papeles de estos personajes.

En *Oscuro total*, Montes Huidobro ha tomado el relato tanto real como horripilante de una «familia disfuncional» en los Estados Unidos y lo ha recreado con una poderosa mezcla de la tragedia clásica de los griegos y el teatro absurdista de la crueldad contemporánea. De este modo subraya la conexión entre géneros que Esslin sólo mencionó de paso. Al yuxtaponer referencias a la tragedia clásica y su propia estructura de crueles juegos metateatrales, Montes Huidobro en efecto nos invita a releer otras obras del teatro del absurdo.[5]

---

[5] Este estudio se presentó como ponencia en el simposio y festival de teatro latinoamericano de la Universidad de Kansas en abril del 2003. La versión en inglés se publicó en *Latin American Theatre Review* 37.2 (Primavera del 2004: 115-26)

OBRAS CITADAS

Abel, Lionel. *Metatheater. A New View of Dramatic Form.* New York: Hill y Wang, 1963.

Dauster, Frank. «Toward a Definition of Tragedy.» *Revista Canadiense de Estudios Hispánicos.* 7.1 (1982): 3-17.

Escarpanter, José A. «Una confrontación con trama de suspense.» *Teatro cubano contemporáneo. Antología.* Ed. Carlos Espinosa Domínguez. Madrid: Centro de Documentación Teatral/ Fondo de Cultura Económica, Sucursal España, 1992. 623-27.

Esslin, Martín. *The Theatre of the Absurd.* Nueva York: Doubleday/ Anchor Books, 1961.

Falcón Paradí, Arístides. *La crueldad en el teatro de Matías Montes Huidobro.* Colorado: Society of Spanish and Spanish-American Studies, 2006.

Febles, Jorge. «Metáforas del artista adolescente: El juego alucinante en *Sobre las mismas rocas*». *Latin American Theatre Review* 27.2 (1994): 115-23.

———. «La transmigración del rito parricida en *Oscuro total.*» En *Matías Montes Huidobro. Acercamientos a su obra literaria.* Ed. Febles y González-Pérez. 185-202.

———. «Re-textualización y rito en *Oscuro total.*» *Ollantay Theater Magazine* 5.2 (1998): 106-13.

Febles, Jorge M. y Armando González-Pérez. *Matías Montes Huidobro, Acercamientos a su obra literaria.* ed. Lewiston/ Queenston/ Lampeter: The Edwin Mellen Press, 1997.

García, William. *Subversión y reelaboración de mitos trágicos en el teatro latinoamericano contemporáneo.* Tesis doctoral, Rutgers, The State University of New Jersey, 1996.

Hornby, Richard. *Drama, Metadrama, and Perception.* Lewisburg PA: Bucknell University Press; Londres y Toronto: Associated University Presses, 1986.

Lessing, Mary-Alice. «*Blackout.* An English Translation of Matías Montes-Huidobro's Play *Oscuro Total.*» Tesis de maestría. Rutgers, The State University of New Jersey, 1998.

Lewis, Tim. «The Maids *(Les Bonnes)*». *International Dictionary of Theatre-1. Plays.* Ed. Mark Hawkins-Dady. Chicago y Londres: St. James Press, 1992. 459-61.
Montes-Huidobro, Matías. *Olofe's Razor.* Trans. Luis F. González-Cruz y Francesca M. Colecchia. En *Cuban Theater in the United States. A Critical Anthology.* Ed. González-Cruz y Colecchia. Tempe, AZ: Bilingual Press, 1992. 43-58.
———. *Su cara mitad.* En *Teatro cubano contemporáneo. Antología.* Ed. Carlos Espinosa Domínguez. Madrid: Centro de Documentación Teatral/Fondo de Cultura Económica, Sucursal España, 1992. 621-703.
———. «Matías Montes Huidobro: el dramaturgo en el exilio.» Entrevista con Arístides Falcón. *Gestos* 10.20 (1995): 135-39.
———. «Entrevista con Matías Montes Huidobro.» En *Matías Montes Huidobro. Acercamientos a su obra literaria.* Ed. Febles y González-Pérez. 221-34
———. *Oscuro total. Ollantay Theater Magazine* 5.2 (1998). 115-195.
———. Entrevista. Con José A. Escarpanter. *Ollantay Theater Magazine* 5.2 (1998): 98-105.
———. «...Contrapunto.» Nota del autor en el programa de mano, *Oscuro total.* Pro Teatro Cubano y Trigolabrado. 15-16 de junio de 2000.
Taylor, Diana. *Theatre of Crisis. Drama and Politics in Latin America.* Lexington: University Press of Kentucky, 1991.

ENTRE LO DIONISÍACO Y LO APOLÍNEO EN *LAS PARAGUAYAS*

Yara González Montes
Profesora Emérita, University of Hawaii

En *El nacimiento de la tragedia,* Friedrich Nietzsche afirma:

>«Mucho es lo que habremos ganado para la ciencia estética cuando hayamos llegado no sólo a la intelección lógica, sino a la seguridad inmediata de la intuición de que el desarrollo del arte está ligado a la duplicidad de lo *apolíneo* y de lo *dionisíaco*: de modo similar a como la generación depende de la dualidad de los sexos, entre los cuales la lucha es constante y la reconciliación se efectúa sólo periódicamente» (Nietzsche 41).

Existen dos estados, añade, en los que el individuo logra experimentar la delicia de la existencia: el *sueño,* por medio del cual aprehendemos el sentimiento de la *apariencia* de la vida suprema y, la *embriaguez,* estado en el que lo subjetivo desaparece totalmente para dar paso a la eruptiva violencia de lo natural humano. Lo apolíneo, según él, está representado por Apolo, dios de las Artes, que preside la perfección arquitectónica y escultórica griegas, recordemos el Partenón o el Erecteo, el Apolo del Belvedere o el Discóbolo de Praxiteles. Lo dionisíaco, es identificado con Dioniso que interpreta a través del teatro los enigmas y los horrores del mundo y expresa en la música el pensamiento más íntimo de la naturaleza. Cuando ambos dioses logran aparearse, surge la obra de arte.

Si hacemos un breve recorrido por la dramaturgia de Montes Huidobro podemos rastrear que en sus obras aunque existe un predominio de lo dionisíaco, lo apolíneo también se manifiesta en el discurso interno de sus personajes. Piénsese en el sueño metafísico de Edgar Cotton en *Sobre las mismas rocas,* en el mundo sin cobradores de *Los acosados,* en la idílica del amor en *Funeral en Teruel,* en los desdoblamientos de María en *Ojos para no ver,* en el planeta Halley en *Exilio.*

> «Escribo *Las paraguayas,* nos dice su autor, en 1987 inspirado por un viaje que realizo al Paraguay que me produce un fuerte impacto emocional. No intento, sin embargo, hacer teatro histórico y mucho menos proponer una interpretación del carácter nacional. Simplemente el paisaje y los hechos sangrientos asociados con la historia de Paraguay, que reflejan otros territorios, me sirvieron de fuente de inspiración» (100)

El dramaturgo nos alerta desde antes de comenzar la lectura de la obra que no ha intentado hacer teatro histórico, pero el hecho de que se sirviera de elementos que forman parte de la historia, en este caso de Paraguay, como punto de partida de la pieza, me lleva a considerar que la misma está condicionada basicamente por un referente histórico.

> «La historia –afirma Gerda Lerner- es algo más que una memoria colectiva: es memoria formada y construída para tener un significado. Este proceso a través del cual los seres humanos conservan e interpretan el pasado, y luego lo reinterpretan a la luz de nuevos interrogantes, es «hacer historia». No es un lujo intelectual superfluo; hacer historia es una necesidad social» (Lerner 94-102).

Reconstruir un momento histórico y analizarlo bajo nuevas perspectivas es lo que hace Montes-Huidobro en *Las paraguayas.* Los hechos históricos que forman el pedestal donde esta obra se apoya son narrados por los historiadores de la siguiente manera:

> «Malherido por la guerra, la pestilencia, una terrible hambruna, el Paraguay estuvo al borde de la desaparición en 1870..... Después de la guerra la sobrepoblación femenina ocasionó que hubiera un informal sistema basado en el matriarcado tendiente hacia una poligamia que permitió capear en unas décadas esos baches demográficos» («La República postrada»)

Ese «paisaje» constituye la base sobre la cual se levanta la estructura escénica de este drama que consta de dos actos. Se dan en el texto dos espacios: uno, en presente, que está destinado a ser representado escénicamente, y otro, en pasado, que nos remite a un ámbito fuera de la escena constituído por la situación que atravesaba Paraguay en ese preciso momento de su trayectoria histórica. Todo esto nos lleva a considerar en la obra una perspectiva estética que descansa entre la ficción y la referencialidad. Existen entre esos dos espacios multitud de correspondencias. El movimiento pendular básico señalado, dionisíaco-apolíneo, parece repetirse en los dos actos que la forman que han sido diseñados teniendo en cuenta una perspectiva genérica bipolar: el primero, con un fuerte sentido feminista, está poblado exclusivamente por mujeres que ocupan el vacío dejado por los hombres. La guerra ha diezmado la población masculina y la muerte se ha apoderado de la tierra y la ha convertido en el dominio de Thanatos. El segundo acto, aparece regido por Eros, los varones imponen su abusivo machismo ejerciendo su dominio tanto en el ámbito político como en el sexual. Ambos actos aparecen divididos por la aparición al final del primer acto de un personaje mítico, la Diosa del Iguazú, representación de lo apolíneo. Ella es agua en sí misma purificadora y regeneradora, elemento de donde surge la vida misma. Representa una depuración y al mismo tiempo, un regreso a los orígenes, a una tierra virgen paradisíaca, donde una belleza natural, exuberante, impera en su entorno. La Diosa está trazando en su largo monólogo, el camino necesario hacia el punto de partida para un nuevo comienzo. El agua es elemento «mediador entre la vida y la muerte en la doble corriente positiva y negativa de creación y destrucción» (Cirlot 55), representa ese momento de apareamiento en que los polos se unen para formar una unidad. Colocada al final del primer acto donde imperan la destrucción y la muerte, su aparición anuncia claramente la futura y necesaria epifanía.

La urdimbre de signos presentes en la pieza, visuales, gestuales, sonoros, forman una verdadera constelación en la que cada uno de ellos se integra armoniosamente a la entidad del sistema. Para aproximarnos a la unidad funcional subyacente de la obra y siguiendo esa estructura pendular que hemos señalado, tenemos que considerar los elementos míticos, religiosos y rituales, como parte intrínseca de dicha estructura. Ernst Cassirer comienza definiendo los ritos como «manifestaciones motrices de la vida psíquica» (Reyes Palacios 23), y el propio Cassirer declara:

> «Lo que se manifiesta en ellos son tendencias, apetitos, afanes y deseos; no simples «representaciones» o «ideas». Y esas tendencias se traducen en movimientos –en movimientos rítmicos y solemnes, o en danzas desenfrenadas; en actos rituales regulares y ordenados, o en violentos estallidos orgiástico. El mito es el elemento *épico* de la primitiva vida religiosa; el *rito* es su elemento dramático» (37-38).

De acuerdo con él, mito es la visión «teórica» de la narración de una historia y rito una actividad física que se manifiesta en emociones inmediatas. Estos dos elementos son básicos en la obra que analizamos, estando el primero representado por la Diosa del Iguazú y el segundo, por La Paraguaya en el primer acto y, en el segundo, por El Viejo, El Torvo y el Golfo.

> «....unir el teatro a las posibilidades expresivas de las formas, y el mundo de los gestos, ruidos, colores, movimientos, etc., es devolverle su primitivo destino, restituirle su aspecto religioso y metafísico, reconciliarlo con el universo» (Artaud 73).

Los valores plásticos, las innovaciones en la escenografía, la calidad poética, los objetos escénicos están pensados para lograr ese contacto con lo invisible que era uno de los principios básicos del teatro artaudiano.

Las didascalias del comienzo nos hablan de un espectáculo impactante: un crepúsculo rojizo sirve de fondo a un escenario donde se vislumbra una gran mancha de sangre y en el centro, cinco mujeres cubiertas por «túnicas andrajosas» salpicadas de arcilla y de sangre, se entregan a la tarea de enterrar a sus muertos. A un lado yace un hombre, El Muerto, cubierto por un manto blanco manchado de sangre. Al contemplar la escena la asociación con la tragedia clásica es inmediata. La presencia muda del cuerpo sin vida de este hombre hace palpable no sólo su propia muerte sino el hecho de que dicha muerte lo ha convertido en objeto, eliminando su referencia substancial. Esto no es un hecho único, sino que por extensión es un referente de todas las muertes que la guerra ha provocado y en última instancia de la muerte, en general, de la extinción personal a la que todos estamos condenados. Las mujeres son las encargadas de llenar el vacío dejado por los hombres. Ellas ocupan un lugar preferente en este acto porque a ellas les está encomendada la labor de limpieza, reconstrucción y repoblación del país. El énfasis en la ausencia masculina está dado visualmente por la función que realizan y el instrumento de que se valen estas mujeres para llevar a cabo su tarea y por ende nos dice, sin palabras, del arma de la que se valieron los hombres para lograr esta apocalipsis. Ellos se mataron con fusiles, ellas los entierran con palas. Mujer y tierra están relacionadas intrínsecamente por el dramaturgo desde el comienzo de la representación, no como concepto discriminatorio, sino como naturaleza en sí misma, en cuanto al orden natural de las cosas. El predominio del rojo en la escena hace énfasis en la violencia, en la pasión y en la muerte. El fondo musical, que está definido como anti-música, compone una sinfonía que es la representación sonora de la oposición entre los dos polos del binomio masculino-femenino que como fuerzas opuestas pendulares, apolíneas y dionisíacas, actuarán del principio al final de la acción. Al hecho masculino de la tiranía y la violencia bélica que conduce a la destrucción y al caos, se opondrá la función edificadora de la mujer.

Los siete personajes femeninos tienen nombres simbólicos que los vuelven figuras paradigmáticas. Algunos poseen una connotación religiosa que establece un claro parentesco bíblico y predeterminan de una forma u otra, su cometido. La Magdalena ejerce una función protectora sobre La Asunción, que es la escogida; La Ipacaraí representa la patria misma sustentada por la lógica y la razón; una mujer decidida a prescindir de la presencia masculina, a terminar con la violencia y a enterrar las armas para siempre. Su objetivo último es la paz. La Paraguaya es un personaje mudo en el primer acto y tiene a su cargo el desarrollo de la distorsionada coreografía ritual del mismo, que se inicia poco después de comenzada la representación y que va acompañada de efectos sonoros. La linealidad dialógica femenina se rompe a ratos con las intervenciones de Porota y Palta, personajes de raigambre popular que se expresan groseramente, con sorna e ironía, acompañando sus intervenciones con expresiones alusivas a la sexualidad. No debemos ignorar las connotaciones geográficas, históricas, étnicas y

187

nacionalistas que el autor les otorga a los tres personajes femeninos. La Paraguaya es totalizadora del espacio geográfico con todas sus fuerzas telúricas. La Asunción es una referencia directa con connotaciones cristianas e históricas que apuntan a la capital de la República de Paraguay y la Ipacaraí, nombre de uno de sus lagos, completa este sincretismo remitiéndonos al pasado guaraní.

Al terminar el primer segmento del diálogo comienza a desarrollarse una ritualista escenografía que va a dividirse en tres tiempos: Adoración, («Padre»), Cópula («Hombre») y Parto («Hijo»). Este ritual escenográfico en su triangular y trinitaria concepción ha dejado fuera toda intervención femenina. Sin embargo, es La Paraguaya, la que exteriormente, está encargada de realizarlo. Comienza con una danza en el Primer tiempo que es un silencioso tributo al muerto al que reverencia y besa «como se hace con una imagen clavada en la cruz»(105). En el segundo tiempo, intenta una unión sexual imposible; en el tercero, un alumbramiento que termina en fracaso y desesperación. Al finalizar el rito, la crueldad de la frustración y de la ausencia del compañero deseado es lo que sobrevive. El sufrimiento, según Nietzsche, es parte esencial de toda existencia.

El deseo de La Paraguaya de lograr la eclosión vitalista del coito y como resultado del mismo, la reproducción, se le hace imposible porque el Hombre ha sido poseído de antemano por la Muerte. La Ipacaraí pone punto final a la desesperación que le produce el rito a la Paraguaya, tirando el cadáver del Hombre en la fosa al tiempo que exclama:

«¡Muerto y enterrado! ¡El Padre, el Hombre, el Hijo, y hasta el Espíritu Santo!» (114)

Se intenta producir en el espectador una catarsis utilizando estas imágenes destructoras acompañadas de significativos signos lingüísticos, visuales y religiosos, con el fin de llegar de la destrucción existente a la iniciación de un nuevo ciclo. La «aparición, intemporal, con textura de lo real maravilloso» (114), de la pagana Diosa del Iguazú, marca el comienzo de una nueva etapa. Es ella la que representa el logro de Eros. Frente a La Paraguaya se coloca como su antípoda:

«Vivía las delicias de Eros, nos dice, recibiendo aquella lluvia que sólo entendía como amor, resurrección, parto y vida. La fuerza primigenia de todas las cosas latía dentro de mí en aquel instante de pasión, donde se volcaban al unísono amor y odio, muerte y resurrección, caos y vida, origen y final de todo lo inexplicable» (116).

Su polarizada descripción del placer es una suma de la combinación de lo apolíneo con lo dionisíaco.

La escenografía del segundo acto está dominada por el gris de un amanecer plomizo. Los signos visuales bandera, cruz, aperos de labranza, están tirados por el suelo. A la derecha del escenario hay tres hombres, enroscados entre sí y unidos a sus armas de tal forma que las mismas parecen formar parte integrante de ellos. Los tres están adheridos al tronco de un árbol, formando una escultórica «trilogía trágica», al modo de una nueva concepción del Laocoonte, el Golfo, El Viejo y El Torvo, cuyos nombres, también paradigmáticos, los identifican con la bestialidad y las bajas pasiones. Cubiertos con pieles de diferentes reptiles y uniformes desgarrados, se mueven distorsionadamanente, en una coreografía similar a la que la Paraguaya realizó en el primer acto. Parecería que estos varones bestiales se dejaran llevar por una ley subterránea, telúrica. Sus discursos falocráticos, están impregnados de abuso y crueldad.

> Golfo: Déjanos vivir, Viejo.
> Viejo: ¿Vivir? ¿A qué llaman vivir? ¿A preñar mujeres?
> Golfo: Se hace lo que se puede y aquí no hay otra cosa en qué entretenerse. Si quieres guerra hay que preñarlas para hacer hombres que se maten. (120)

La deshumanización que se manifiesta en este breve diálogo, donde los hombres conscientes de que carecen de la capacidad creadora por sí mismos y de que, además, engendran para matar lo que ellos mismos han contribuído a crear con su simiente, es absoluta. El Viejo se cree amenazado por un Hombre imaginario que presiente lo matará, asegurando que La Ipacaraí es la aliada de su enemigo. La mantiene amordazada y quiere matarla. Los hijos, Torvo y Golfo, adoptan una posición defensiva y desconfian de él. Las mujeres son hechas prisioneras y, con la excepción de La Magdalena, La Paraguaya y La Asunción, estas dos últimas, en estado de gestación, las demás están atadas y esposadas. La Ipacaraí amordazada. Porota y Palta encadenadas y con grillos.

«Los primeros textos que Nietzsche y Artaud consagraron al lenguaje, convergen en un punto esencial: el mundo es un efecto de la potencia alienante de la lengua» (Dumoulié 95). Este instrumento primordial de dominación y de relación de fuerzas es utilizado despóticamente por El Viejo, El Torvo y El Golfo. La Ipacaraí, sin embargo, va a invertir los términos: «No podrás conmigo ni con él porque ese Hombre está en las entrañas del agua y no saldrá hasta que estés muerto» (136), le dice al Viejo que pretende matarla. El destino determina el final de este triángulo de dominación masculina. En una desenfrenada persecución a La Paraguaya a la que también pretenden matar, en un verdadero frenesí emocional, los hombres se matan unos a otros. La violencia sufrida por La Asunción al ser violada, desaparece totalmente en este momento de la acción, por medio de un amor purificador que irradia de su propio vientre en gestación, creación de un nuevo dogma, clave del renacimiento de la nación. Si los hombres, como dice La Paraguaya, que también espera un hijo, «Solo entendían la vida en la medida de la muerte...» (140); ellas la entienden sólo en la medida de la vida, de la creación.

> «Allí donde tropezamos en el arte con lo «ingenuo» hemos de reconocer el efecto supremo de la cultura apolínea: la cual siempre ha de derrocar primero un reino de Titanes y matar monstruos....» (Nietzsche 56).

Al sentirse libres de sus victimarios, agrupadas escultóricamente, las mujeres se dirigen al lago que se convierte en la inversión resplandeciente del apocalipsis y como en disolvencia fílmica el lago mismo deviene en mujer. «Mírale a los ojos, Ipacaraí, dice La Paraguaya, y al fin tú también quedarás libre, porque sólo amando podrás serlo. Mírale a los ojos y no verás en ellos una gota de sangre» (141). Y mientras las otras se alejan, La Ipacaraí, agua, tierra, naturaleza en todo su esplendor, permanecerá en escena junto al Hombre del agua que húmedo y envuelto en una red parece surgir de las entrañas del lago. Lentamente ella se acerca a él y comienza a desanudar la red. Victoria apolínea de la vida. Afirmación y reconstrucción de una nación.

En su Prólogo a Richard Wagner, Nietszche afirma:

> «de las dos mitades de la vida, la mitad de la vigilia y la mitad del sueño, la primera nos parece mucho más privilegiada, importante,

digna, merecedora de vivirse, más aún, la única vivida: yo afirmaría, sin embargo, aunque esto tenga toda la apariencia de una paradoja, que el sueño valora de manera cabalmente opuesta, aquel fondo misterioso de nuestro ser del cual nosotros somos la apariencia»... si concebimos nuestra existencia empírica, y también la del mundo en general, como una representación de lo Uno primordial engendrada en cada momento, entonces tenemos que considerar ahora el sueño como la *apariencia de la apariencia* y, por consiguiente, como una satisfacción aún más alta del ansia primordial de apariencia.» (58-59).

Matías Montes Huidobro cumple la trayectoria de lo dionisíaco a lo apolíneo establecida por Nietzsche con la aparición al final de la obra, del Hombre del Agua, que es una concepción idílica que emerge de las entrañas purificadoras del lago. Hermosa imagen que podría interpretarse como una versión masculina de la «Venus surgiendo de las aguas» de Boticelli, sueño de creación que realiza el dramaturgo, delineando la esfera de belleza que se impone en imágenes que reflejan la unión de los seres humanos en amorosa armonía y en total identificación con la Naturaleza.

OBRAS CITADAS

Artaud, Antonin. *El teatro y su doble.* Trad. Enrique Alonso y Francisco Abelenda. 2da. Edición. Buenos Aires: Editorial Suramericana, 1971.

Cassirer, Ernst *El mito del Estado,* 3ª edición. Trad. Eduardo Nicol, México, FCE, 1974.

Cirlot, Juan Eduardo. *Diccionario de Símbolos.* 7ª edición. Barcelona: Labor. 1988.

Dumoulié, Camille. *Nietzsche y Artaud. Por una ética de la crueldad.* Trad. Stella Mastrángelo. México. Siglo Veintinuo. 1996.

Lerner, Gerda. «La necessitá della storia e il mestiere di storico», en *Memoria,* 9, 1983.

Montes Huidobro, Matías. *Las paraguayas.* En *Gestos.* Año 15, No 29, Abril 2000.

Nietzsche, Friedrich. *El nacimiento de la tragedia.* Trad. Andrés Sánchez Pascual. Madrid. Alianza Editorial. 2000.

Reyes Palacios, Felipe. *Artaud y Grotowski, ¿el teatro dionisíaco de nuestro tiempo?* México: Instituto de Investigaciones Filológicas, UNAM/ Grupo Editorial Gaceta S.A. 1991.

«Una historia del Paraguay». «La República postrada». http/www.terere.com.py.

HACIA EL «ETERNO MASCULINO»: NUEVAS VISIONES DE MARTÍ EN *UN OBJETO DE DESEO*[1]

Luis F. González-Cruz
Profesor Emérito, The Pennsylvania State University

Un objeto de deseo, incisivo drama dedicado a la figura del escritor y patriota cubano José Martí, publicado en 2006, es el último texto dramático dado a conocer por Matías Montes Huidobro. A pesar de sus muchos méritos –en cuanto a su diseño artístico, temática y composición de personajes–, sería tal vez arriesgado afirmar categóricamente que ésta es la mejor obra dramática de Montes Huidobro, porque muchas anteriores se han puesto con gran éxito y han sido premiadas. Pienso en *Sobre las mismas rocas*, que recibió el Premio Prometeo en 1951; en *Las vacas*, que obtuvo el Premio José Antonio Ramos en 1960; en *Exilio*, que ha sido representada en varias ocasiones en los últimos años, siempre muy bien recibida por la crítica y el público; o en *Gas en los poros*[2], que ha sido antologada varias veces y fue mi primer contacto con su dramaturgia.

---

[1] Este libro no podría estar completo sin una particular referencia a *Un objeto de deseo,* la última obra dramática de Montes Huidobro, publicada por Ediciones Universal en el 2006. Agradecemos al Dr. Luis F. González-Cruz, que estuvo a cargo de la presentación, que nos autorizara a publicar el texto de la misma. Nota de la editora.

[2] Llegué a La Habana en 1962, después de una larga estancia en los Estados Unidos, donde realizaba estudios. Era entonces un joven adolescente que comenzaba a interesarse por el teatro

Un objeto de deseo se presentó en Miami durante tres semanas, del 20 de enero al 5 de febrero de 2006. La puesta en escena constituyó un afortunado consorcio de libreto y montaje. La dirección de Mario Salas-Lanz no descuidó un solo detalle; dio un hermoso movimiento plástico a la obra que se ajustaba al tono eminentemente poético de muchas escenas de la misma. Las actuaciones de Jorge Hernández, Nattacha Amador y Yamilé Amador, quienes recibieron una merecida ovación noche tras noche, fueron otro factor decisivo en el éxito de la producción. La música escogida por Salas-Lanz (casi siempre selecta y finísima) y los efectos de sonido (como el del corazón que latía enérgicamente) eran el complemento justo a lo que íbamos viendo en el escenario. No obstante, lo que ocurrió en el «Teatro 8» de La Pequeña Habana, quedará, a la larga, sólo en la memoria del público asistente. La publicación del texto de la pieza asegura que ésta exista para todos, que se salve del olvido, y que su puesta en escena se facilite en otros ámbitos, adondequiera que pueda llegar el libro. El propio Montes Huidobro apunta en el prólogo del volumen que «el carácter efímero del teatro hace imprescindi-

---

como simple espectador. Ese año dirigió Francisco Morín, en la capital, en un programa doble, *Falsa alarma,* de Virgilio Piñera, y *Gas en los poros,* de Matías Montes Huidobro. Fui numerosas veces a ver las mismas obras; esperé a la puerta del teatro desde mucho antes de comenzar la función, para ver entrar a los actores y saber cómo eran en la vida real; llegué a aprenderme una buena cantidad de «bocadillos» de memoria. No sabía entonces quienes eran ni Piñera ni Montes Huidobro; y la vida se encargó, sin que yo hiciera nada para lograrlo, que llegara a conocerlos a los dos personalmente y a dedicarme como crítico a sus obras literarias.

A Piñera lo conocí muy de cerca, le serví muchas veces como enfermero y con el tiempo me convertí en el albacea y editor de una de sus piezas más notorias, *Una caja de zapatos vacía,* edición crítica de Luis F. González-Cruz. La pieza se mantuvo inédita por varios años y tuve de ella los derechos de autor hasta 1993, cuando se publicó en la Isla en el volumen *Teatro inédito.* Luego, en 2002, apareció de nuevo en la edición de su *Teatro completo* a cargo de Rine Leal.

La amistad con Montes Huidobro y su esposa Yara González se inició en Pittsburgh, Pennsylvania, en 1970. Montes había sido contratado como *Visiting Professor* por la Universidad de Pittsburgh, donde yo estaba terminando mi doctorado en Literaturas Hispánicas, y Yara aprovechó su estancia en la ciudad, junto con Matías, para completar también su doctorado en el mismo departamento que yo, lo cual nos hizo por un breve tiempo compañeros de estudios. En 1974 publiqué mi primer estudio sobre la obra de Montes Huidobro y traduje varios de sus poemas para la revista *Latin American Literary Review.* De su producción dramática, en particular, he escrito sobre *La navaja de Olofé,* pieza que incluí en mi antología *Cuban Literary in the United States. A Critical Anthology,* que ha circulado ampliamente por más de una década.

ble la publicación de la obra dramática, que es la condición básica de su permanencia»[3]

Debe aclararse, ante todo, que esta pieza es un claro ejemplo de lo que hoy rotulamos como *metateatro*: un texto que rompe con todo tipo de convención dramática, con todos los cánones teatrales establecidos. Si tuviéramos que buscar algún parecido con creaciones ya existentes, se podría decir que en algunos momentos, tal vez, revele ciertos toques *pirandellianos*. Entre otras, una referencia de Carmen a «ese señor que nos está escribiendo» (49), me hace pensar, en particular, en *Seis personajes en busca de autor*.

En *Un objeto de deseo*, Montes ha fundido elementos de la novela de Martí, *Amistad funesta*, o *Lucía Jerez*,[4] de la cual ha incorporado múltiples fragmentos que se citan textualmente, con partes de un estudio suyo sobre la misma, aparecido en el libro *La narrativa cubana entre la memoria y el olvido*, y con una multitud de textos de José Martí (versos, declaraciones, cartas, etc.), dejando correr libremente la imaginación. Los personajes son tres: Pepe (el propio Martí o el Juan Jerez de la novela), Carmen (Carmen Zayas Bazán, la que fuera esposa de Martí) y Lucía (Lucía Jerez, el ser de ficción que ha salido de la misma novela para convertirse en ente dramático y adquirir vida propia). A comienzos del primer acto, dirigiéndose a los espectadores, las mujeres esclarecen sus identidades; al hacer esto, rompen cualquier ilusión de realidad que la audiencia se haya podido forjar e impiden que se confunda esta pieza con otra cualquiera de carácter puramente histórico. En un diálogo que se va dando entrecortado, y que comienza Lucía, dicen: «Yo soy Lucía Jerez», «Un personaje de novela», «...la protagonista de *Lucía Jerez*, que escribió José Martí...», «...que no necesita presentación...», «...Apóstol de la Independencia de Cuba», «Y yo soy Carmen Zayas Bazán...», «Una mujer de carne y hueso», «...la esposa de Martí...», «A quien llamaremos Pepe.» (22-23). Las explicaciones destinadas al público se repiten y a veces informan de dónde provienen las citas que hacen los personajes. Por ejemplo, después de dar Carmen un

---

[3] Matías Montes Huidobro, *Un objeto de deseo* (Miami: Ediciones Universal, 2006), p. 11. Todas las citas son tomadas de esta edición.

[4] Ha habido múltiples ediciones de esta novela, con un título u otro; utilizo, en la preparación de este estudio, *Lucía Jerez*, de Carlos Javier Morales para la colección Letras Hispánicas.

breve informe sobre ciertos personajes de la novela, cuestionada por Lucía, aquella se defiende: «No, lo que soy yo no he dicho nada. Sólo estoy leyendo lo que dijo el ensayista»; y, de hecho, se refiere a unas líneas citadas textualmente de *La narrativa cubana entre la memoria y el olvido*. O sea, que se prepara desde el principio al público para que entre en el juego escénico y esté al tanto de que lo que va a ver y a oír viene de diferentes fuentes, que los actores están allí para interpretar los textos que el autor les ha adjudicado, y que es éste quien lleva, a fin de cuentas, las riendas de la creación que será ante todo arte, aunque se consiga a través del arte, a veces, remedar ciertas realidades históricas.

Una vez sentadas las reglas de este juego, Montes puede dedicarse a desarrollar los temas que más le interesan; de ellos el que predomina y va surgiendo a medida que los dos personajes femeninos vuelcan al público sus pasiones, es el de los celos incontrolables, hacia Pepe por parte de Carmen, o hacia Juan por parte de Lucía, a quienes ambas recriminan por sus amoríos, por su donjuanismo. Pepe se defiende como puede; por lo general sus parlamentos vienen a ser una defensa envuelta en poesía, puesto que el autor lo ha dotado de muchas tiradas líricas, en oposición a los improperios a menudo prosaicos de las mujeres. El ataque a Pepe es sostenido y las insinuaciones de cariz erótico de Carmen y Lucía parecen no tener límites: acusan a Pepe (o Juan) de seductor, de misógino, de homosexual, y hasta culpan a Pepe de conferir a su novela matices homoeróticos, teniendo en cuenta la extraña atracción que sentía Lucía Jerez por Sol del Valle y la ferviente amistad entre Juan Jerez y Pedro Real. Sobre Pepe apunta Carmen: «Se acostaba con ellas, pero después decía horrores de nosotras» (73), y Lucía, refiriéndose a los personajes masculinos de la ficción: «Juan quería a Pedro» (73) [el Pedro de la novela representa a Fermín Valdés Domínguez, en la vida real el gran amigo de Martí]. Montes Huidobro hace resaltar también el escepticismo de Martí acerca del ser humano en general, y son muchas las declaraciones, tomadas de la novela de Martí, que repiten esta idea. Entre otras: «LUCÍA: [...] tenías miedo de vivir [...] porque veías lo que hacían los vivos.» (29); «PEPE: 'Me parece que todos están manchados, y en cuanto alcanzan a ver a un hombre puro, empiezan a correrle atrás para llenarle la túnica de manchas. La verdad es que yo, que quiero mucho a los hombres, vivo huyendo de ellos.'» (29); «LUCÍA: [...] 'Los hombres se encolerizan sordamente, al ver en otros la condición que no poseen.'» (29); «PEPE: 'Los hombres no perdonan jamás a quienes se han visto obligados a admirar.'» (29); «PEPE: 'Cada vez que me asomo a los hombres... me echo atrás como si viera un abismo.'» (29).

Para poder barajar múltiples planos de tiempo y reconstruir la historia a su manera, el dramaturgo parte de la premisa de que los personajes están muertos, tal como Carmen lo afirma. El presente permite a los seres escénicos sopesar el pasado del cual fueron parte y analizar los acontecimientos que verdaderamente ocurrieron, objetivamente. Pero como que los vemos vivos en escena y su muerte se podría considerar ilusoria, pueden, desde su actual perspectiva, volver los ojos atrás y referirse a eventos que ocurrieron después de su desaparición hasta el día de hoy. Aquilatan, asimismo, el lugar que la historia les ha concedido, y tienen la facultad de poner en tela de juicio todo aquello que los estudiosos de Martí han escrito sobre él y sobre ellos. Lo que les ha ocurrido desde su muerte verdadera ha sido algo así como un crecimiento de naturaleza espiritual y un aprendizaje de todo lo posterior a su deceso. Pero hay un presente aún más cercano, el de la escena, actualizado en cada representación, que permite a dichos personajes no sólo hablar al público, sino asumir una personalidad crítica, gracias a toda la información que los años que han vivido muertos les han permitido incorporar a sus existencias teatrales. En el primer acto, Carmen nos aclara: «Bien sé todo lo que se ha escrito sobre ti. Después de cien años estoy mejor documentada que antes. El tiempo no pasa en vano. Ni entre los muertos.» (44).

Ahora bien, aparte de las características anotadas, creo que la originalidad de la pieza estriba no en la tan traída y llevada desmitificación de Martí (o en su desacralización y degradación). Lo esencial en esta obra es el cuestionamiento de toda acción humana que Montes centra en sus personajes y logra a través de un juego escénico laberíntico, polifacético y multitemporal. Aquí siembra la duda sobre toda realidad, toda afirmación histórica, toda idea aceptada o establecida de antemano por la colectividad respecto a Martí. Quien espere poder ver reconstruido el pasado de estos individuos en la pieza, fracasará en su intento, porque el creador de ellos no es un demiurgo, y más que soluciones lo que nos transmite son dubitaciones y más preguntas. Dejo correr mi imaginación y vislumbro a Montes Huidobro cavilando, justamente antes de acometer la labor de crear a su Martí. «Veo al dramaturgo abrumado por el pensamiento de que su Martí no podrá ser nunca una réplica del hombre que existió más de cien años atrás, puesto que habiendo varias *posibilidades* de reconstruir a dicho hombre y su época, ninguna conformaría exactamente al Martí como realmente fue. Las posibilidades podrían ser, pues, primera: Martí como fue realmente hace un siglo; segunda: Martí como lo describieron los cronistas de la época; tercera: el Martí que el dramaturgo imagina cómo fue con las descripciones de los cronistas; cuarta: el Martí que el dramaturgo imagina como fue sin las descripciones de los cronistas; quinta: Martí tal como el dramaturgo quisiera imaginarlo; sexta: el Martí que está a punto de crear el dramaturgo; y séptima: el Martí que puede ahora crearse llevando a cabo el recuerdo del Martí que fue realmente.»[5] Sólo el autor podría dilucidar esta cuestión, aunque creo que todas las posibilidades anotadas, y aún otras que no se hayan tenido en cuenta, deben haberse fundido en la composición del fascinante Martí que nos ha dado Montes Huidobro. Teniendo esto muy en cuenta, debemos concluir que nunca podrá nadie reconstruir al Martí que verdaderamente fue, porque las intimidades de este hombre, su fortaleza o debilidad en los ámbitos privados de la casa con su mujer y del dormitorio con sus amantes, sólo eran del dominio de los que compartían esos momentos con él, y ni él ni ellas (¿ellos?) podrán revelar los secretos desde sus tumbas. Tal vez en tales circunstancias el Martí donjuanesco se comportaba débilmente, pues como anota Julio Matas en *Entre dos luces. Modelo de un destino antillano*, refiriéndose, entre otros, a Martí, «El Don Juan real es manso, profundo e imaginativo (o soñador) y su carácter suele reflejarse en su figura (hermosa, pero a la vez delicada o, sencillamente, débil)» (80).

Estas lucubraciones nos llevan a examinar una formulación del dramaturgo que aparece en el segundo acto y merece especial atención, porque emparienta la pieza, por semejanzas y contrastes, con el *Fausto* de Goethe, en cuya segunda parte, la mujer ofrece al hombre, justamente, la salvación como madre (en el arquetipo de la Virgen María) y como amante. La «MADRE GLORIOSA» ampara a Margarita y le anuncia a esta última la salvación de Fausto diciéndole: «¡Ven, levántate y ascien-

---

[5] Parodio un segmento del relato «El baile», de Virgilio Piñera. Para mayor información, ver mi estudio, «Arte y situación de Virgilio Piñera», p. 81.

de a las altas esferas! / Cuando él te sienta, te seguirá.»[6] Lo que salva a Fausto, el hombre y el símbolo, es el «Eterno Femenino» que Margarita encarna, término que queda acuñado, por así decirlo, a partir del drama de Goethe.[7] En términos generales, la idea del «Eterno Femenino», con su modernidad, propone que es la mujer quien ofrece al hombre la perfección, antítesis de aquella otra muy antigua que presenta la perdición del hombre, de Adán, en el Edén, arrastrado por la hembra funesta. Por la mujer, en fin, el hombre se salva. Ella es dadora de vida y medio de acceder a la inmortalidad; por ser portadora del hijo, de la vida renovada, es emblema de los ciclos de la naturaleza que, en su incesante repetición, nos dan la idea aproximada de la eternidad. Montes Huidobro se decide por el caso contrario, menos común en las letras universales, para elevar a su Martí a un nivel arquetípico. A propósito de un concierto del personaje Keleffy, en la novela de Martí, Montes establece la semejanza entre el pianista húngaro Keleffy, Juan Jerez, y Pedro Real, llegando a la conclusión inevitable que aparece en boca de Carmen: «No creas, Pepe, que vas a acabar conmigo, porque yo también tengo dolor, armas, palabras y tábanos fieros. Sí, Lucía, Pepe es Keleffy... Pepe es... todos los hombres... Que nos aman y nos detestan al mismo tiempo... Como nosotras a ellos... Pepe es... el eterno masculino.» (65)

El «Eterno Masculino» de Montes Huidobro nos conduce a dos claros conceptos. El primero es que Martí, o Pepe, o Juan, o Pedro, o Keleffy, es compendio de las virtudes y defectos de todos los hombres. Martí es la encarnación de la sustancia masculina que afecta de infinitos modos a la mujer, para bien o para mal. Si la mujer era la portadora del hijo que llevaba en su entraña el germen de la nueva vida, capaz de perpetuar la especie, y al hacerlo salvar, en su esencia, al hombre, ahora el dramaturgo cubano nos ofrece una versión que inmortaliza emblemáticamente a Martí sin intercesión ni necesidad alguna de la

---

[6] «Komm! Hebe dich zu högen Sphä/ Wenn er dich ahnet, folgt er nach.» (502). Johann Wolfgang von Goethe, *Faust*. Edición blingüe, en alemán e inglés; la traducción al español de esta cita es mía.

[7] El «CHORUS MISTICUS» aclara: «Lo Temporal y lo Perecedero no son más que un símbolo, que una mera fábula. Sólo lo Incomprensible, lo Inenarrable, lo Infinito, lo Eterno Femenino, nos levanta al cielo» (219). J. W. Goethe, *Obras selectas. Fausto, Werther, Hermán y Dorotea*.

mujer; ella, a fin de cuentas, en términos biológicos, por su condición receptiva en el acto reproductor, de nada vale sin la iniciativa del varón, sin su impulso activo y generador. El segundo concepto, más novedoso aún, que de algún modo justifica toda la problemática de celos, amoríos, etc., que afloran en la obra, es que al recomponer el autor la figura de Martí en escena, con sus bondades y sus vicios, por extensión se salvan las mujeres que animaron su vida. Gracias a la creación dramática de este Martí, adquieren existencia escénica Carmen y Lucía, en un primer plano, y en otro secundario, las demás mujeres que Martí amó o que fueron parte de su vida (real o literaria). Quien lea —o vea en escena— *Un objeto de deseo*, pensará que Carmen Zayas Bazán y Lucía Jerez son dos seres de carne y hueso, capaces de discernir y abogar por las causas morales o sentimentales en las cuales creen. Trastocando la idea que define el sentido del «Eterno Femenino» en el *Fausto* de Goethe, en la obra de Montes Huidobro «por el hombre la mujer se salva». A la larga, estarán perpetuados y perpetuándose sus tres personajes, renovando sus increpaciones, sus desesperaciones, sus anhelos y sus fracasos, en la inmortalidad que les da cada nueva representación, asegurada por la permanencia de la palabra impresa de este libro.

OBRAS CITADAS

Goethe, J. W. *Faust.* New York: Doubleday, 1961.

——.*Obras selectas. Fausto, Werther, Hernán y Dorotea.* Madrid: Edimat Libros, 2004.

González-Cruz, Luis F. «Arte y situación de Virgilio Piñera», *Caribe,* Vol. II, N. 2, Otoño 1977, ps. 79-86

——.«Matías Montes Huidobro, The Poet: Selected Poems and an Interview», *Latin American Literary Review,* Volume II, No. 4, Spring-Summer 1974, 163-170.

González-Cruz, Luis F., y Francesca Colecchia, editores y traductores. *Cuban Theater in the United States. A Critical Anthology.* Tempe, Arizona: Editorial Bilingüe/Bilingual Press, 1992.

Martí, José. *Lucía Jerez.* Madrid: Ediciones Cátedra, 1994.

Matas, Julio. *Entre dos luces. Modelo de un destino antillano.* Miami: Ediciones Universal, 2003.

Montes Huidobro, Matías. *La narrativa cubana entre la memoria y el olvido.* Miami: Ediciones Universal, 2004.

——. *Un objeto de deseo.* Miami: Ediciones Universal, 2004.

Piñera, Virgilio. *Una caja de zapatos vacía.* Edición crítica de Luis F. González-Cruz. Miami: Ediciones Universal, 1986.

——. *Teatro inédito.* La Habana: Editorial Letras Cubanas, 1993.

——. *Teatro completo.* La Habana: Editorial Letras Cubanas, 2002.

ENSAYO

LA ENSAYÍSTICA EN LA OBRA LITERARIA DE MATÍAS MONTES HUIDOBRO

Yara González Montes
Profesora Emérita, University of Hawaii

El ensayo ocupa un lugar primordial en la totalidad escritural de Matías Montes Huidobro. A sus tres libros de ensayo sobre la narrativa, *Superficie y fondo del estilo* (1971), *La distorsión sexo lingüística en Angel Ganivet* (2001), *La narrativa cubana entre la memoria y el olvido* (2005), se unen cuatro libros sobre el teatro: *Persona vida y máscara en el teatro cubano* (1973), *Persona vida y máscara en el teatro puertorriqueño* (1984), *El teatro cubano en el vórtice del compromiso* (2002) y *El teatro cubano durante la República: Cuba detrás del telón* (1902-1959). A esto hay que agregar, cuando menos, 39 ensayos críticos publicados en revistas literarias dedicados a la literatura española, más 56 dedicados a la literatura hispanoamericana, que hacen un total de 95 ensayos y que corroboran la afirmación que hice al comenzar este trabajo. Omito infinidad de artículos de más corta extensión, aparecidos en periódicos y revistas.[1]

---

[1] Si bien el ensayo crítico-literario documentado por el análisis de los textos forma parte esencial de su obra, muestra pocas simpatías por el ensayo impresionista español y latinoamericano, en la tradición del *Ariel* de Rodó, que somete a un tratamiento mordaz en una presentación que hizo en el Museo Cubano de Miami, titulada «Teoría y práctica del ensayo», todavía inédita, el 26 de julio, 2004. Es por eso que su interpretación de «lo cubano» hay que irla a buscar

El ensayo es al mismo tiempo un ejercicio analítico y recreativo, práctica subjetiva que pone en juego recursos personales unidos a contextos ambientales, sociales y culturales insertados en el texto objeto de estudio. Se desarrolla gracias a una interpelación dialéctica con el autor del texto en cuyo proceso ejerce el crítico un ejercicio que puede ser calificado de solipsismo, forma radical de subjetivismo, en el que deja expuestos importantes aspectos de su propio yo creador. Debemos considerar, además, que del mismo modo que la lectura descubre espacios desconocidos que se abren a nuestra imaginación irrumpiendo y ampliando el espacio en que estamos colocados, el lector se vuelve, sin darse cuenta, materia de la lectura. Ricardo Gullón afirmaba que: «es en la lectura y sólo en la lectura donde se produce la dilatación del espacio literario, es decir, donde el texto «da de sí». El encuentro allí realizado, autor-lector, desencadena en éste una cadena de respuestas que no sólo es decodificación, sino ajuste a la realidad verbal que pide ser completada» (Gullón, 44). El texto deviene así en pre-texto para el crítico-creador que se da a la tarea de completar lo leído con ideas de su propia cosecha.

En este trabajo me propongo señalar como algunas directrices de la incisiva, extensa y profunda labor crítica de Montes Huidobro dejan una huella indeleble en su propia obra creadora, y al mismo tiempo, como en ocasiones, es su narrativa la que ejerce una influencia profunda en su crítica literaria. Algo parecido ocurre con el teatro. De esta forma se establecen caudalosos y variados vasos comunicantes, en ambas direcciones, entre estos dos aspectos de su creación. La finalidad de este trabajo no es llevar a cabo un análisis exhaustivo de sus ensayos, sino dar las pautas que pudieran guiarnos hacia futuras consideraciones.

---

en contextos más amplios y a la vez más específicos documentados por la interpretación de caracteres y situaciones. Dentro de una categoría más tradicional se encuentran «Reflexiones del 20 de mayo» publicado en *Sinalefa*. Sobre la escritura en sí misma debe consultarse «Hacia una metafísica de la escritura», que apareció en la misma revista, y «El escritor y su público», en *The Seventeenth Louisiana Conferece on Hispanic Languages*. El ensayo que cierra *El teatro cubano en el vórtice del compromiso*, «La representación de la historia», que leyó en una sesión plenaria del Congreso Internacional de Literatura Iberoamericana celebrado en el City College de Nueva York, es básico para entender sus puntos de vista sobre la responsabilidad del escritor dentro de la historia, incluyendo la asumida por él mismo.

La obra literaria de Montes Huidobro debe ser vista en su totalidad como una unidad indivisible en la que en ocasiones sus personajes traspasan las fronteras del espacio al que pertenecen y reaparecen en diferentes textos narrativos y/o dramáticos. Como voy a referirme, primero, a su novelística y después a su dramaturgia, creo necesario aclarar que la misma tiene un importante denominador común: el acontecer histórico.

De 1964 a 1997 Matías ejerce la enseñanza en la Universidad de Hawai en el programa de graduados de dicha universidad, desarrollándose a lo largo de estos años su extensa obra ensayística. Por razones profesionales, el escritor tiene que enfrentarse a varias dicotomías. Una de ellas es el contrapunto entre creación literaria e investigaciones académicas. La primera dirección lo conduce a un alejamiento de su producción dramática a favor de la narrativa, que lo lleva a escribir *Desterrados al fuego*. La segunda dirección quedará resuelta mediante una intensiva labor crítica, que se volverá copiosa.

Al llegar a la Universidad de Hawai, no le fue asignada la cátedra de literatura latinoamericana, que hubiera sido lo más lógico, sino la de literatura española, particularmente el siglo XIX, que se fue ampliando gradualmente con la Generación del 98 y las letras españolas hasta la post-guerra. Como en ese momento también comenzaba a enseñar en la universidad el escritor rumano Stephan Baciu, que ya había sido colocado como «latinoamericanista», la plaza que se necesitaba era la de un «peninsularista». Sólo el curso de estilística le daría margen para el análisis de textos procedentes de la literatura latinoamericana, y como el teatro latinoamericano ocupaba un espacio marginal en el curriculum que no les interesaba a sus compañeros de cátedra, eso le permitió infiltrarse en un territorio que no le había sido asignado. Pero Matías no se iba a amilanar por tan poca cosa y procedió haciendo investigaciones en ambos campos. Estas dificultades no van a desviarlo de su ruta, como otras muchas que van a presentársele en más de cuatro décadas de exilio. Con el paso del tiempo y cuando ocupó la dirección del programa de graduados, logró implementar cursos donde se enseñaban las letras hispánicas a partir de los movimientos literarios, sin diferenciar si la producción procedía de un lado u otro del Atlántico.

Salvo el curso de estilística, que aunque enseñaba con cierta base teórica se inclinaba más bien a la creación literaria, afin con su condición de escritor, lo cierto es que no tenía una preparación previa para enseñar los períodos correspondientes, que apenas se estudiaban en Cuba. Por lo tanto, la investigación y el trabajo ensayístico se van a desarrollar paralelamente. Esto lo llevó al desmenuzamiento analítico de los textos desde puntos de vista estructurales y de usos del lenguaje, que fueron aguzando y depurando su propia escritura, estableciendo un entendimiento racional entre las dos vertientes en las cuales ha estado trabajando siempre, la crítica y la creadora, donde la una se complementaba con la otra. Muchos son los ensayos publicados por él durante este período y sus temas muy variados, pero va a sobresalir el análisis de las técnicas literarias utilizada por algunos autores peninsulares para llevar a efecto el retrato femenino, tema sobre el que insistiré más adelante. [2]

Una muestra peculiar de estas interferencias vamos a encontrarla en un ensayo poco conocido que apareció en la *Enciclopedia de Cuba*, cuando por invitación de Gastón Baquero se encargó, en el segundo volumen, de la introducción, selección y notas críticas sobre el teatro cubano colonial. Matías escribe un largo ensayo, «Teatro colonial cubano: desconcierto trágico-burlesco». Es el período en que se encuentra enfrascado en el análisis estilístico de obras de la literatura española, y este ensayo se convierte en un delicioso *tour de force* donde

---

[2] La galería de personajes femeninos sujetos a análisis es extensísima, lo que podría configurar todo un libro sobre su interpretación de la mujer en las letras hispánicas. Se inicia con «Un retrato femenino: Pepita Jiménez» en *La Estafeta Literaria*, seguido de una interpretación metafísica: «El Dogma de la Inmaculada Concepción como interpretación de la mujer en la obra de Ganivet» en *Duquesne Hispanic Review,* 1968. Ana Ozores lo impacta desde muy temprano, publicando «Riqueza estilística de *La Regenta*» en la *Revista de estudios hispánicos* (1969). En *XIX: superficie y fondo del estilo* (1971) incluye un extenso análisis sobre la protagonista, Asís, y la evolución determinista del erotismo en *Insolación* de Emilia Pardo Bazán. Ese mismo año vuelve con Valera, insistiendo en el análisis del estilo en sus relaciones con la conducta femenina en su ensayo «Sobre Valera: el estilo» publicado en la *Revista de Occidente*, en el cual discute *Juanita la larga.* A medida que sus obligaciones de cátedra se amplían, pasa de la novela realista a la Generación del 98 y posteriormente a la novela española de la post-guerra. Con motivo de esto, sus publicaciones se diversifican. Inclusive la conducta femenina es objeto de análisis en una novela tan árida como *Sotileza* de José María de Pereda, que lo lleva a escribir: «Un retrato femenino: erótica de Sotileza» Su fascinación por doña Inés se inicia en 1969, lo que le abre las puertas de publicaciones tan respetables como la *Revista de Occidente,* donde aparece «Un retrato de Azorín: doña Inés» (1969). Poco cercano a Baroja, se interesa no obstante en Sacha Savarof, cuyo desencanto vital le sirve para el minucioso análisis de su conducta en «Trayectorias barojianas: de su intimidad y superficie» (*Boletín de la Biblioteca Menéndez y Pelayo,* 1971), que dedica mayormente a *El mundo es ansí*. Después vendrá «Cinco horas con Carmen», en *Kañina,* Universidad de Costa Rica, sobre la novela de Delibes. Muchos años después creará su propia Carmen en *Un objeto de deseo.*

utiliza procedimientos azorinianos. Estaba escribiendo en ese momento un minucioso análisis de *Doña Inés* y *Don Juan,* que nos recuerdan algunas de las páginas de la *Castilla* de Azorín. Con oraciones cortas, rápidas y precisas, hace un recorrido por el teatro cubano colonial. «Ha pasado el tiempo. Ha pasado un siglo. Ha pasado un año. Ya no forman un ruedo los indios ciboneyes. Ya no cantan, ya no bailan, ya no están. Han llegado unos hombres blancos [...] Traen sus formas primitivas de teatro. El areíto ciboney es pasado. El ritual teatral, religioso y elemental, es cristiano» (378). Este estilo, lo va a mantener en todo el ensayo, en oposición a las oraciones largas, de cláusulas subordinadas, que van a encontrarse con mayor frecuencia en su narrativa.[3]

A la larga, todas estas restricciones van a ser superfluas porque su interés por la escritura trasciende los límites de la geografía y la temporalidad. El desentrañamiento de las virtudes estilísticas de escritores como Valera, Pereda, Alarcón, Blasco Ibáñez, Gil y Carrasco, Mesonero Romanos, al parecer tan distanciados de la órbita contemporánea, no lo amilanó. Por el contrario, esta tarea lo incitó a buscar la modernidad de los mismos, reviviéndolos. Empieza con Juan Valera, publicando su primer artículo sobre *Pepita Jiménez,* en el que me detendré más adelante, en una revista tan prestigiosa como *La Estafeta Literaria,* y otro sobre *Juanita la Larga* en la *Revista de Occidente,* que fundara Ortega y Gasset. Poco después es el primero en re-descubrir la novela histórica con su análisis de *El señor de Bembibre*, de Enrique Gil y Carrasco, en un momento donde la Orden del Temple no despertaba el interés que tiene a fines del siglo XX con la publicación de *El código Da Vinci.* Para fines de los sesenta, ya ha publicado ensayos en las revistas universitarias más prestigiosas de los Estados Unidos y España: *Hispania, Hispanófila, Duquesne Hispanic Review, Revista de Estudios Hispánicos, Papeles de Son Armadans,* etc., todo en un período de unos cinco años[4]. La reedición de varios de estos ensayos en estudios mono-

---

[3] Sobre el teatro cubano colonial ha publicado, además de ensayos sobre el bufo: «El teatro de Milanés y la formación de la conciencia cubana» *(Anales de Literatura Hispanoamericana,* 1973-1974), «Prehistoria del erotismo» *(Cubanacán,* 1974). «Las leyes de la acción en el teatro de la Avellaneda», presentado en el Simposium sobre Gertrudis Gómez de Avellaneda en New York University en New Paltz, en 1973, permanece inédito.

[4] Me refiero a «El realismo estético de Pereda en *La Leva»,* (*Hispania,* 1968); «Sencillez arquitectónica y aderezos estilísticos en Pedro Antonio de Alarcón» (*Hispanófila,* 1968); «Variedad formal y unidad interna en *El señor de Bembibre*» (*Papeles de Son Armadans,* 1969);

gráficos, confirman la calidad de los mismos. Conjuntamente con otras investigaciones de eminentes especialistas «clarinianos», José María Martínez Cachero, director de *Archivum* de la Universidad de Oviedo, incluirá «Leopoldo Alas: el amor, unidad y pluralidad en el estilo» en *Leopoldo Alas, «Clarín»*. Le sigue más adelante, la reproducción de su ensayo sobre *Juanita la Larga* en el libro *Juan Valera,* publicado por Taurus. En el 1997 la Revista Rilce, de la Universidad de Navarra, incluye «El escultor de su alma: El discurso escénico de Angel Ganivet», en la monografía sobre el escritor granadino. Todas estas inclusiones en prestigiosas publicaciones académicas reafirman la solidez de una tarea crítica, cuyos trabajos bien merecen una total reedición. Paradójicamente, mientras publica copiosamente en estas revistas, las del «exilio» no le abren las puertas del mismo modo [5].

Estos autores no son más que el inicio de un proceso que lo conducirá a la identificación con otros de mayor importancia. Así hace con el humor cáustico de Mariano José de Larra y la crítica demoledora que hace de sus contemporáneos. Años más tarde el propio Matías utiliza los mismos recursos literarios empleados por Larra en su novelística, particularmente al referirse a la década de los cincuenta en *Esa fuente de dolor,* al recorrido histórico de *Concierto para sordos* y a los aniquiladores parlamentos de *Un objeto de deseo*. Emilia Pardo Bazán le sirve como base de indagaciones sobre el erotismo, el incesto, los mitos y la sexualidad. Pero en especial Benito Pérez Galdós, que enseña repetidamente en sus cursos universitarios, se convierte en uno de sus autores más admirados, a pesar de la poca afinidad creadora que

---

«Mesonero Romanos: el estilo como permanencia de lo efímero» (*Hispania,* 1969). Sus ensayos sobre Pereda, con el cual es difícil establecer nexos con su creación literaria, representan una proeza crítica dada las limitaciones de este escritor. Ver, «*Sotileza*: dragón y héroe en las tribus de Winnebago» *(Crítica Hispánica,* 1979), que es una interpretación mítico-junguiana muy original, y «La revolución de la palabra como pecado original» *(Boletín de la Biblioteca Menéndez y Pelayo,* 1969*),* que es un análisis del léxico en sus relaciones con el totalitarismo y la revolución.

[5] *Exilio* le rechaza uno de sus textos y *Linden Lane* hará otro tanto, aunque posteriormente le publicará algunos trabajos. *Escandalar,* después de cinco años de fundada, lo invitará a participar en «Cuba otra», donde aparecerá «Charada», en el que hace gala de su efectivo uso de la mordacidad y el sarcasmo: «No en balde tenía Fidel el ojo avizor. Seamos justos: hay muchos escritores descarados. Oportunismo histórico y literatura se dan con mucha frecuencia la mano» (138).

siempre ha sentido con el realismo. [6] Sus investigaciones posteriores a la Generación del 98 son más reducidas, salvo en el caso de Camilo José Cela.[7]

Durante nuestros años de enseñanza en la Universidad de Hawai, mientras Matías estaba a cargo de los cursos mencionados en el párrafo anterior, a los que habría que agregar el de civilización española que estuvo dictando con regularidad durante todos estos años y que lo vinculaba de forma general con una visión global de las artes, la literatura y la cultura peninsulares, yo enseñaba los cursos de novela, poesía y teatro del Siglo de Oro. De este conjunto de factores, surge también mi preferencia interpretativa entre su producción creadora y los antecedentes tradicionales de las letras hispánicas. Elsa Gilmore, en su análisis de *Esa fuente de dolor*, lo somete a un extensivo análisis respecto a la picaresca. Yo lo percibo en torno a Quevedo, a pesar de que no cae dentro de sus investigaciones ensayísticas. Además, siendo hijo de un español y una cubana, los lazos con España son muy fuertes y al mismo tiempo contradictorios, lo cual resulta muy representativo de nuestra identidad. Este vínculo genético está muy presente en su obra creadora. Son rasgos de temperamento que se ponen de manifiesto en el uso del sarcasmo y la ironía, características que encontramos frecuentemente en las letras peninsulares. Pensemos, por ejemplo, en la obra de Francisco de Quevedo. Tendremos ocasión de comprobar lo que vengo diciendo mas adelante, en los casos de *Cartas de cabeza* y *Parto en el cosmos*, aunque todas estas singularidades que acabo de señalar son extensivas a otras novelas. Las características que se le atribuyen a la obra de Quevedo, el panorama de mezquindades y bajezas que se hace patente en la conducta humana, el tono despiadado y cruel, su denuncia con implacable dureza de las falsedades terrenas, su desorbitada estilización caricaturesca, sus audaces deformaciones y la abun-

---

[6] En general se trata de minuciosos análisis estilísticos sobre autores de muy diferente carácter y estilo, como puede verse en «La actitud diferencial en Larra: superficie y fondo de la angustia» (*Hispanófila*, 1970), «Corrientes ocultas en *Los Pazos de Ulloa*» *(España contemporánea*, 1991) y «*El audaz*: idearium erótico-revolucionario de Galdós» (*Hispania*, 1980). A Galdós también le dedica tres capítulos en «*XIX Superficie y fondo del estilo*» y tiene multitud de ensayos sin publicar, particularmente en relación con *Lo prohibido*.

[7] «Réquiem en *El Jarama*» (*Proceedings, Pacific Northwest Conference*, 1970), «Naturalismo estético-romántico en *Niño y grande*» de Gabriel Miró» *(Hispania*, 1976), parecen un tanto fuera de contexto.

dancia de retruécanos, abundan también en la narrativa de Matías. A todo esto se une un uso extensivo de cubanismos. Sus palabras adquieren, en estos casos, nuevos significados con un sentido contrapuesto y antitético. En inumerables ocasiones, encontramos en su obra alusiones burlescas y grotescas muy representativas de la identidad cubana.

Desterrados al fuego

Esta novela fue escrita durante su primer período en la Universidad de Hawai. *Desterrados al fuego (1975),* fue la única Mención Honorífica del Premio Primera Novela del Fondo de Cultura Económica de México del año 1974, otorgado por un jurado integrado por: Carlos Fuentes, Juan Rulfo, Juan Goytisolo, José Miguel Oviedo y Ramón Xirau. Es una poderosa e intensa odisea cuyo tema es el doloroso proceso de desprendimiento del país de origen y las consiguientes crisis físicas y psicológicas que dicho proceso trae consigo. Podemos considerar su escritura como un acto de exorcismo exílico, que lo conduce a la reinterpretación interna de su propia experiencia porque en ella va a revivir el motivo que lo trajo a los Estados Unidos y, más específicamente, a Hawai. No cabe duda que la experiencia exílica origina en el momento de producirse una verdadera hecatombe, una conmoción tan profunda y devastadora que se refleja en todos los aspectos de la vida del ser transterrado. El lenguaje del narrador-protagonista, se vuelve aquí reflejo fiel del desajuste emocional que vive el personaje. Virgil Suárez en «Latino dreams become nightmares in the land of opportunity», estudia minuciosamente este viaje a la locura y comenta que: «Huidobro has a special gift for the language of dementia, which he portrays magnificently in this book. The narrator of his book is an intricate portrait of the Camusian absurd hero». *Desterrados al fuego*, traducida al inglés bajo el título de *Qwert and the Wedding Gown, (1992)* nos conmina a experimentar una interiorización de la traumática y caótica experiencia del destierro. Viajando hacia un destino desconocido el protagonista y su mujer Amanda, se ubican en tres islas, a través de sus páginas: Cuba, Manhattan, y Hawai. «Between the two islands», comenta William Siemens, «one representative of chaos and the other of cosmos, there is a descend into Hades, conceived as a voyage to the north, as in the case of Odysseus». (17). Han sido desposeídos en su país de origen de sus dos objetos más preciados: la máquina de escribir de él y el traje de novia de ella, símbolos ambos de profunda importancia en el desarrollo argumental. Ya en el país que generosamente les ofrece asilo se ven obligados, por la inclemencia del tiempo, a cubrirse con unos abrigos usados y poco atractivos que los deforman en sentidos opuestos: a ella, físicamente: a él, interiormente. Mientras ella lucha materialmente y se afana en adaptarse a sus nuevas circunstancias, él se hunde más y más en la inacción y el desequilibrio. La consecuencia inmediata de esto es un alejamiento en la pareja. El personaje masculino se convierte en un ser desequilibrado que se entrega totalmente a la suciedad y podredumbre encerrándose en la costra de su propio abrigo. Este proceso culmina en la congelación del narrador dentro de un bloque de hielo. En actitud contrastante se presenta la limpieza e higiene de Amanda que inmersa en su trabajo diario, comparte en silencio la vida con su marido. Su presencia se hace sentir a lo largo del texto a pesar de haber sido silenciada. Ella aguarda silenciosamente, sin dejar de ayudarlo en todo momento, su integración a la normalidad de una nueva vida.

En su artículo «El caos como proceso creador», Matías afirma que: «Los personajes de *La colmena* están condenados por el determinismo entrópico que usa Cela para presentarnos el desolador paisaje de la post-guerra española» (86). Otro tanto hace él mismo, en relación a su novela, para presentarnos la desoladora experiencia del exilio. Ampliando aún más esta idea en otro ensayo también dedicado a Camilo José Cela titulado, «Monada, quanta y entropía del caos celiano»[8], Matías trata de desentrañar la compleja novelística de este autor basándose de nuevo en el concepto de la entropía, que es la magnitud termodinámica que mide la parte no utilizable de la energía contenida en un sistema. Y afirma: «En el universo la energía se manifiesta en

---

[8] «El caos como proceso creador», publicado en *Camilo José Cela: Homage to a Nobel Price*» y «Mónada, cuanta y entropía» (*Ometeca,* 1991), se encuentran entre sus ensayos más audaces, con una compleja interpretación de la teoría del caos en la novelística celiana. Esta interpretación es aplicable a las páginas más difíciles de *Cartas de cabeza* y *Concierto para sordos.* Como bien dice en este ensayo «el significado surge de la descomposición desordenada» (46), que es lo mismo que ocurre en su obra. A esto lo denomina «sinfonía entrópica» y «sinfonía inacabada». Sobre Cela, Matías tiene otro ensayo, «Dinámica de la correlación existencial en *La familia de Pascual Duarte*» (*Revista de Estudios Hispánicos,*1982), una interpretación existencialista sobre la «decisión» y una condición ética a la que con frecuencia se enfrentan los personajes de la narrativa y el teatro monteshuidobriano.

forma de calor. El calor por su perenne irradiación se va gastando de forma irreversible y lleva al equilibrio sin reversibilidad. La energía desaprovechada, que no produce acción, va en aumento y todo se va a reducir a un estado de inacción y muerte» (49). Esa inacción y muerte es la que vive el personaje en *Desterrados al fuego* durante el proceso de congelación. En el citado artículo sobre Cela, Matías agrega que «...es una forma de holocausto, en el cual el protagonista es sometido a un largo proceso de desintegración dentro de la fenomenología termodinámica. Una explosión atómica de imágenes aparentemente inconexas ha tenido lugar en el cerebro del narrador, poblándolo y despoblándolo [...] El protagonista sabe que no puede dar marcha atrás porque Cela lo ha situado dentro de «un tiempo pesimista, de podredumbre y disolución» (51), que es exactamente lo mismo que experimenta el personaje de su propia novela.

Más tarde, en *Desterrados al fuego*, el narrador comienza un largo proceso de recuperación. Durante dicho período trata de evitar a toda costa mirar a su mujer de frente, por lo que el lector tiene que reconstruir a Amanda a través de las percepciones que él nos va ofreciendo a medida que el argumento se va desarrollando. Esto lo hace de forma masoquista, para hundirse sin remedio en su propia podredumbre, porque sabe que si la mirara frente a frente ella lo sacaría de su inanición. En ciertas secuencias él se oculta, a veces cubriéndose la cara con el abrigo para no verla cuando ella regresa de su trabajo; en otras, cuando parece empezar a verla en el reflejo de una vidriera en la que se exhibe un traje de novia, en una imagen que es casi un espejismo, trata a la fuerza de apartarla de su vista. Superpone entonces, para borrarla más aún de su subconsciente, otra imagen femenina, que es ella misma, ya en el exilio, envuelta en un horrible abrigo de piel formado por rabos de conejo. Utilizando la técnica cinematográfica de la disolvencia, nos borra y se borra a sí mismo a la auténtica Amanda.

Aunque ella permanece aparentemente ausente, él no puede apartarla totalmente de su recuerdo. Como comenta Rolando Morelli, «los lazos que atan al personaje a otro escenario, el que comparte en su otra vida con Amanda, no facilitan, sino que entorpecen la completa identificación con su papel de vagabundo, y merced a este contrapunto, precisamente, el personaje continuará haciendo su papel» (297). A pesar del distanciamiento aparente entre los dos personajes a lo largo de la narración,

Amanda se vuelve una presencia constante en la conciencia del protagonista. Mientras él se hunde en su podredumbre la percibe a ella como alguien que pone en peligro el progreso de su putrefacción.

Claudio Guillén señala dos formas esenciales de reacción que asume el ser humano al enfrentar la experiencia exílica. En un caso nos dice, «La persona se desangra. El yo siente como rota o fragmentada su propia naturaleza psicosocial y su participación en los sistemas de signos en que descansa la vida cotidiana» (Guillén, 30); en el otro, que es el punto de vista del estoico, «el exilio no es una desgracia sino una oportunidad y una prueba, por medio de las cuales el hombre aprende a subordinar las circunstancias externas a la *virtus* interior, mientras a lo lejos el sol, la luna y las estrellas confirman a diario nuestra alianza con el orden del universo» (34). En *Desterrados al fuego* se ejemplifican ambas actitudes.

La necesidad del narrador de encontrar a Amanda se intensifica, ya que sólo a través de la recuperación de su amor y su presencia podrá lograr la salvación. Y es a su llegada a Honolulú donde Amanda reaparece en una descripción de gran belleza literaria. La abstracción linguística deviene en un lienzo visual pictórico lleno de movimiento y colorido. La visión que se proyecta en la mente receptora es una verdadera visualización fílmica, de hermosas imágenes cargadas de gran dinamismo.

Parafraseando recursos críticos huidobrianos, podemos definirla como un *crane shot* fílmico que parece tomado desde el cosmos. El narrador presenta el encuentro de los amantes: «Mientras avanzábamos», nos dice, «el uno hacia el otro, las alas abiertas, espejismos quizás, creía que flotábamos en una fantasía de la desintegración quizás acaso una desintegración que se integraba en su propio, constante despedazarse» (198). El sufrimiento del presente conduce al pasado que a su vez se proyecta, en ese integrarse dentro de la desintegración, hacia el futuro. Es un sufrimiento que se internaliza para unirlos en una unidad imperecedera, totalizadora y atemporal. Surgen entonces una serie de imágenes que fluyen como en un tiempo fílmico. Imágenes que se integran y se disuelven, *flahsbacks* formados por *disolvencias* que se superimponen. Narración literaria que se va convirtiendo en imagen cinematográfica. Estas técnicas y su terminología han sido aplicadas por el autor a la crítica fílmico literaria escrita con posterioridad a la novela, particularmente en relación con Azorín.

Finalmente, aparece en su totalidad Amanda: «Estaba allí, al fin, magia de nuestra propia creación, esperándome siempre, esperándome eterna, las alas abiertas, afirmativa, la túnica que se plegaba a su cuerpo, húmeda en el viento, barco nunca hundido en el mar o en el desierto» (199). Toda la secuencia final de este capítulo recorre una trayectoria visual que parece ser percibida por una cámara cinematográfica que revela el contenido subjetivo de la narración. El receptor lo percibe visualmente. En el capítulo final de la novela: «El Ave Fénix», de un lirismo profundo, el amor prevalece siendo recreado en el texto con poemas de San Juan de la Cruz en un renacimiento que restaura el orden definitivamente.

Segar a los muertos

El humor, aplicado a análisis de autores tan equidistantes como Baroja[9] y Larra, establece numerosos vasos comunicantes. En «Trayectorias barojianas de su intimidad y su superficie», refiriéndose a *Paradox Rey*, afirma que «en la descripción de los personajes Baroja prefiere hacer énfasis en una serie de relaciones absurdas. El absurdo es rico en humor y también en angustia: esto último es lo que le da trascendencia. Los personajes de Baroja van camino de su desintegración dentro de las páginas en las cuales viven. Esta desintegración es parte de la tragedia del hombre contemporáneo. Pero Baroja no supo ahondar en ella y prefirió quedarse en la superficie. Y su superficie no es agonía sino humorismo.» (349). Matías que no es, en ningún momento, ni autor ni crítico de superficies sino de descenso a las más intensas profundidades, utiliza de otro modo esta técnica de humor deshumanizado, pero no se detiene ahí, sino que amplía su técnica, con nuevos conceptos que recuerdan sus referencias a las tiras cómicas y al arte «pop», desarrolladas en su artículo: «Distorsión humorística del comic: postmodernidad lúdica de *Paradox, Rey»*. Los personajes de su novela, en más de una ocasión, responden a este tipo de caracterización.

---

[9] Sobre Baroja he consultado: «Trayectorias barojianas: de su intimidad y su superficie» *(Boletín de la Biblioteca Menéndez y Pelayo,* 1971) y «Distorsión humorísica del *comic*: postmodernidad lúdica de *Paradox, Rey»* (*Selected Proceedings of the First International Conference on Hispanic Humor.* 1998).

En este elaborado estudio barojiano, desarrolla conceptos que ya había puesto en práctica cuando escribió *Segar a los muertos* (1980)[10], finalista del Premio Cáceres de Novela Corta de 1975. Aunque el humor (y en particular el humor negro), juega un importante papel en toda su obra narrativa, es muy significativo, además de en la ya mencionada *Segar a los muertos,* en otras dos novelas: *Cartas de cabeza,* la cual es muy poco conocida y a la que me voy a referir brevemente más adelante, y en *Parto en el cosmos.*

Segar a los muertos se desarrolla en la confusión de los primeros días de la revolución castrista. Carmelo Gariano describe el ambiente de este modo: «La trama, discurre en La Habana durante los días del triunfo fidelista entre camiones repletos de barbudos y chusmas mesmerizadas por el estribillo de la hora: paredón, paredón» (142). Es un ambiente de esquizofrenia nacional vivida por unos personajes que se ven atrapados dentro de un conflicto que no pueden transformar. El humor dentro de lo trágico del momento va a ser parte integrante del texto. La secuencia que describe la intervención de la «Cofradía de los Millonarios» donde Gaudencio Ferragut sale de un armario desnudo bajo una ráfaga de ametralladora es verdaderamente alucinante. Este episodio de la novela tiene lugar en el edificio conocido como «Logia

---

[10] Las dificultades editoriales que se le presentan a los escritores cubanos en el exilio lleva a la publicación fragmentada de textos procedentes de las novelas que escriben. Dos capítulos de *Segar a los muertos* aparecerán primero en *Repertorio Latinoamericano* (Buenos Aires-Caracas, agosto 1975) y *El Diario* (La Paz, Bolivia, agosto 7, 1977). En *Consenso* (1977), dirigida por el escritor cubano Luis González-Cruz, aparecerá «Cólera Es», segmento tomado de *Cartas de cabeza.* Otro tanto ocurrirá con *Parto en el cosmos,* que primero se llamó *Espirales de celuloide* y de la que apareció un capítulo en *Término* (1983). De la misma novela, «Parto» se publicará en *Letras de Buenos Aires* (1984), «Celo en Weimar» en *Chasqui* (1984), «Capítulo de novela» en *Enlace* (1985), dirigida por Mauricio Fernández y José Kozer. Otros capítulos de novelas inéditas se encuentran dispersos: de *Los tres Villalobos* aparecen «El asesinato Koblanski-Villalobos» en *Chasqui* (1975); «Matusalén» en *Linden Lane* (1982) y «El complejo Balfour» en *Término* (1984). De *El hilo suspensor,* inédita, «Afán de combate» apareció en *Consenso* (1978), «El opio de los pueblos» e «Historia del cine» en *Guángara Libertaria* (1988). De *Concierto para sordos,* en proceso de formación, *Linden Lane* publicó «Ojo por ojo» (1985) y «El hilo suspensor» (1991). De la misma novela, «El panteón lucumí» apareció en *Caribe* (1999), indicándose el largo proceso de gestación hasta su publicación definitiva en el 2002, de forma parecida a como ocurre con *Parto en el cosmos.* Relaciones epistolares y encuentros personales, como el que sostiene con el escritor boliviano Hugo Buero Rojo, que conoce en su viaje a Bogotá, y con Victoria Puyrredón, en la Argentina, encaminan estas publicaciones, a pesar de los valladares que representa la politización internacional. Todo esto lo hace desde Hawai, gracias a una voluntad férrea.

de las Cariátides», situado al lado de una destartalada casa de vecindad, localizada en Malecón 13, donde Matías vivió por varios años. La secuencia mencionada parece un «comic» con los «globos» dialógicos de Lichtenstein. El autor desarrolla aquí un humor angustioso que tiene como telón de fondo los juicios sumarios, los paredones de fusilamiento, la intervención de las propiedades. Los personajes atrapados en medio de este acontecer histórico llevados por el deseo de supervivencia cometen actos de desquiciamiento propios de la demencia. Su humor tiene «vaho de tragedia, premonición de destrucción y muerte» (31), como señala el mismo Montes Huidobro en relación a Larra en su ya citado ensayo: «La actitud diferencial en Larra: superficie y fondo de la angustia».

La riqueza estilística de esta novela se pone también de manifiesto en el siguiente fragmento:

«Las comparsas pasaban con las farolas en alto, o con aquellos palos hacia los cuales ella no miró pero que estaban allí para asustar a la gusanera contrarrevolucionaria.

Maní, maní...
Caserita no te acuestes a dormir
sin comerte un cucurucho de maní.

¡Cuántas calumnias! ¡Cuántas mentiras! ¡Cuántos crímenes injustos se le achacaban a la Revolución! ¡Y lo cierto era que todavía quedaban maniseros, a pesar de la escasez y el simbolismo republicano del cucurucho!

El manisero tenía el consabido uniforme de las brigadas juveniles. Esperancita cogió su cucurucho y se dispuso a saborearlo. El cucurucho de Moisés Simons había evolucionado de tal modo que se había convertido en mensaje chino de Mao. Era un cucurucho flácido e incierto que hacía presentir el racionamiento de los maníes. Ella sabía que de un tiempo a esta parte los cucuruchos se vendían con su ración de cultura proletaria, como se le llamaba, y que Fidel había hecho un hábil injerto entre las galleticas de la fortuna de los descendientes de la dinastía Ming que vivían en el barrio chino de la calle Zanja, y las técnicas de adoctrinamiento de Mao. Esto lo había mandado a hacer Fidel para aumentar la venta del cucurucho y según consejos personales del Che, que como todos saben se había encargado de la industrialización». (60)

El espacio novelesco se convierte en una realidad alucinada donde las farolas de las comparsas, como si se tratara de una disolvencia cinematográfica, se vuelven palos castigadores de los contrarrevolucionarios. El tema del hambre nacional, el manisero uniformado de brigadista cantando las populares estrofas, unido al mensaje de Mao, son elementos de un humor negro que nos hablan de las vicisitudes que por muchos años ha sufrido el pueblo cubano. La estrofa admirativa nos obliga, y aquí echo mano del crítico que dice en el artículo antes citado referente a Larra: «debemos leer entre líneas y descubrir la verdadera intención del escritor interpretando lo opuesto de lo que dice» («La actitud...» 33). Esta novela es en su totalidad una danza de la muerte, que anticipa la de *Concierto para sordos*. Es una narración llena de la angustia y del frenesí que caracterizaron la toma del poder castrista. Una terrible pesadilla, una alucinación tanto visual como verbal, que nos hace revivir aspectos muy negativos y desagradables de ese momento histórico.

Método de trabajo

Los años setenta son de particular importancia en cuanto a las actividades profesionales de Matías en el campo universitario, ya que en este período se va a intensificar su prestigio académico en los Estados Unidos. Se inicia esta década cuando en 1970 es invitado a enseñar durante un año en la Universidad de Pittsburgh. Le sigue de inmediato, en 1971, su temprano ascenso a la categoría de «full profesor» en la Univesidad de Hawai (que es el rango más elevado dentro de los diferentes niveles universitarios norteamericanos). En 1972 se le otorgará un año de permiso para realizar investigaciones literarias, período en el cual escribe *Desterrados al fuego*. En 1976 recibe un reconocimiento especial por excelencia en las investigaciones académicas (honor que se le volverá a conceder en 1982). En 1978 es invitado a desempeñar la cátedra de Cornell Professor en el prestigioso Swarthmore College. Un año después recibirá otra nueva invitación para enseñar en Arizona State University como latinoamericanista. El resultado inmediato de estas investigaciones en campos de la literatura latinoamericana y española se pondrá de manifiesto en el sinnúmero de viajes que vamos a realizar a partir de estas fechas. Estos eran viajes compartidos en los que presentábamos trabajos en nuestros respectivos campos de investigación, en congresos nacionales e internacionales en Vitoria, Ottawa, Montreal, Edmonton, Salamanca, Madrid, Barcelona, Córdoba, Buenos Aires, Caracas, Bogotá, México, San Juan, Santurce, San Carlos de Bariloche, París, Londres, Madrid, Atenas, Berlín, Varsovia, Estocolmo. Esta trashumancia que parte de un quehacer universitario se va a transferir en Matías a la creación literaria.

En realidad se trata de un método de trabajo sistematizado que él pone en práctica con la constancia que lo caracteriza. Sus investigaciones teóricas surgían, con frecuencia, de una relación didáctica que conducía a la presentación pública en congresos, como paso previo para la publicación de las mismas. Gran parte de su libro *Persona: vida y máscara en el teatro puertorriqueño* se fue desarrollando de este modo, y los trabajos de investigación sobre Angel Ganivet, presentados en conferencias internacionales y publicados en revistas académicas, van dándole forma a su libro *La distorsión sexo-lingüística de Angel Ganivet*. Aunque debo aclarar que no todos sus ensayos y publicaciones se realizaban de la misma manera. La condición poco frecuente de un investigador universitario que es un ensayista con una producción de peso y un creador que ha recibido diferentes reconocimientos, determina una aproximación muy original que, en innumerables ocasiones, le daba un giro inusitado a sus ensayos. Se establecen vasos comunicantes que a pocos se les hubiera ocurrido entre ensayística y creación literaria, que lleva a conclusiones originales, sin contar con los de carácter ideológico, como es el caso de *Persona: vida y máscara en el teatro cubano*. Este libro sólo se podía publicar en una editorial del exilio, ya que no estaba dispuesto a sacrificar sus principios ideológicos, por reglas estrictas de publicación que tenían otras editoriales. Esta posición independiente lo distingue y al mismo tiempo, no deja de traerle sus inconvenientes. También es una posición única dentro de las letras cubanas, donde no es frecuente encontrar junto a un discurso crítico sistemático una actividad creadora de la dimensión de la que él ha desarrollado. Quizás esto explica su identificación con el trabajo realizado por José Antonio Ramos, no sólo como dramaturgo, sino como novelista y ensayista. Ramos, que adoptó una posición iconoclasta y agresiva frente a la cultura cubana, tuvo que enfrentar graves conflictos con sus contemporáneos, como ha ocurrido con Matías.

Ya he mencionado anteriormente que durante muchos años estuvo enseñando el curso de «Civilización Española» en la Universidad de Hawai. Esta labor pedagógica lo condujo a un proceso de profundas indagaciones sobre la cultura ibérica. De ahí que nuestros viajes se orientaran principalmente hacia España, en parte por razones profesionales. Desde el momento en que escribe *Desterrados al fuego,* este vínculo cultural se pone de manifiesto. Buen ejemplo de esto sería el caso de Goya (que formaba parte esencial de sus proyectos audio-visuales en las clases de civilización) y debo mencionar también el impacto que deja el románico catalán en *Desterrados al fuego*. Este componente se hace evidente en el último capítulo de la misma. Todos los elementos místicos de la cultura española, que literariamente se expresan mediante referencias intertextuales, se encuentran en su obra, pero principalmente los que se refieren, entre otros autores, a Santa Teresa y San Juan de la Cruz. Nuestros viajes podrían explicar también la importancia que adquieren los aeropuertos en la segunda parte de la novela, donde no faltan detalles sobre experiencias personales que compartimos. En la narrativa, otras huellas significativas pueden encontrarse en *Parto en el cosmos*, en el recorrido de las protagonistas, Teresa y Berta, en el que se refleja nuestra propia trayectoria física por paisajes europeos. La misma es consecuencia directa de la experiencia vital y profesional que representó la partida de nuestro país de origen y nos llevó a otros espacios que iban a vincularse de forma directa e indirecta con nuestro trabajo profesional y muy especialmente con su obra creadora.

El laúd del desterrado

Después de la publicación del poemario *La vaca de los ojos largos* gracias a la insistencia del profesor Stephan Baciu de la Universidad de Hawai, que editaba la revista de poesía *Mele,* no saldrá a la luz ningún otro libro de poemas hasta 1997. En este año reúne la mayor parte de ellos en *Nunca de mí te vas*. Estos poemas permanecían esparcidos en revistas internacionales de poesía y publicaciones de diversa índole. En su lírica contenida en el libro *Nunca de mí te vas*, encontramos, además de la experiencia ibérica, la bogotana. La primera se pone de manifiesto en diversos poemas, muy en particular en dos de los mejores, «Castilla es ancha», y en «El Sil a cada paso», cuyo recorrido en dirección a Santiago de Compostela hicimos juntos en compañía de nuestros hijos. La segunda, la encontramos en un largo segmento «Nocturno bogotano del 21 de junio» (71-90), que viene a ser un poemario en sí mismo. Estos sentidos poemas son intensamente desgarradores, los escribe en un viaje que realiza a Colombia debido a las investigaciones que habíamos realizado en colaboración en la preparación de la *Bibliografía Crítica de la Poesía Cubana (Exilio: 1959-1971)*. Investigaciones que comprueban una vez más cómo se conjugaban, en su caso, la enseñanza, la crítica y la creación literaria. [11]

Sus ensayos sobre poesía, son pocos[12], aunque tiene, inédito, *Claves significativas de la literatura cubana (Siglos XVII, XVIII y XIX)*, dedicado mayormente a la lírica. Su mayor contribución en este género es la edición crítica de *El Laúd del Desterrado,* con un largo ensayo introductorio, «*El Laúd del Desterrado:* toma de conciencia, santuario y desolación», y unos apuntes crítico-biográficos al final. Es muy lamentable que este libro no sea mejor conocido por los cubanos del exilio, y esto le duele, porque lo escribió precisamente pensando en todos nosotros. «La desubicación que presenta el exilio político tiene una serie de consecuencias bipartitas, ya que el desterrado vive en contextos duales de la cultura, la historia y la geografía» (142). «El destierro significa la existencia de dos espacios territoriales e históricos cuyo corte nunca se completa. De completarse, el desterrado dejaría de serlo, asimilado por completo a una nueva geografía y a una nueva historia: esta percepción del mundo es lo que distingue el exilio político de cualquier otra alternativa de la emigración y la inmigración […] La conciencia del destierro consiste precisamente en la inescapable circunstancia que imposibilita el corte» (146). El análisis crítico e histórico no es sólo una reconstrucción del pasado, sino del presente, como es el

---

[11] Como consecuencia de estas investigaciones publicaremos en colaboración, además del libro mencionado: «Circunstancia poética en el exilio» *(Exilio,* 1972), «Círculo y fuga en la poesía de Angel Cuadra Landrove» *(Círculo,* 1977), «Bibliografía de la poesía cubana en el exterior: 1959-1974» (*New Writers of Latin America*), «Nuevos escritores cubanos: una biografía trashumante» *(New Writers of Latin America,* 1978)

[12] Aunque ha reseñado numerosos poemarios y prologado algunos de ellos, sólo ha publicado «Pedro Santacilia: las relaciones hispano-cubanas en el discurso lírico histórico del siglo XIX» *(Alba de América,* 1993), «Metafísica de eros en Uva de Aragón» *(Anales Literarios,* 1995) y «El 0 al desnudo en la poesía de Rafael Catalá» *(Rafael Catalá: del círculo cuadrado a la cienciapoesía,* 1994).

caso de su obra dramática *Un objeto de deseo,* donde las referencias son transferibles al presente: «Si hoy estuvieras vivo y luchando en la inmigración (el exilio, la diáspora, como le dicen ahora) para derrocar la tiranía que hay en tu patria, te harían trizas y dirían horrores de ti, como hicieron contigo cuando luchaste por la independencia de Cuba, que tantos dolores de cabeza te dió» (35). Tanto en el ensayo como en la creación literaria y la crítica, en toda su obra la historia no es pasado, sino presente.

Debo señalar, además, que en el año 1976 Matías y yo fundamos la revista *Caribe* dedicada a la más amplia divulgación de la actividad literaria en la zona del Caribe, Puerto Rico, República Dominicana, México, Colombia, Venezuela y Centro América, aunque el énfasis estaba puesto en Cuba. Esto nos permitía la divulgación de la literatura cubana del exilio, incluyendo trabajos de creación literaria, siendo una de las primeras publicaciones dedicadas a darla a conocer nacional e internacionalmente. Desde su primer número *Caribe* recoge poemas de Angel Cuadra, cuando su obra apenas se había divulgado fuera de Cuba y él aún se encontraba en la cárcel. También publicamos en la revista poemas de Eugenio Florit, que habían permanecido inéditos y de un sinnúmero de críticos y creadores cubanos.

Cartas de cabeza

Esta novela es un producto representativo del momento en que se escribió, mediados de los años setenta. Carlos Espinosa Domínguez hace una brevísima referencia a ella definiéndola como «novela epistolar en clave humorística» (90). Quizás por el hecho de haber aparecido en una revista literaria, la novela no ha sido objeto de interpretaciones críticas. Sin embargo, esta «clave humorística» está presente en toda la obra narrativa de Matías y en otras aproximaciones ensayísticas además de las que ya he señalado.[13]

---

[13] Especial mención merecen sus publicaciones sobre el teatro bufo, y muy en particular *Teoría y práctica del catedratismo (1987),* edición crítica de *Los negros catedráticos* de Francisco Fernández que contiene un minucioso análisis sobre «el libertinaje antijerárquico de la parodia» en la escena cubana, temática que ya había desarrollado en «La reacción anti-jerárquica en el teatro cubano colonial» *(Cuadernos Hispanoamericanos,* 1978). Este tema lo ampliará más tarde, en «Lenguaje, dinero, pan y sexo en el bufo cubano» *(Cuadernos Hispanoamericanos,* 1988). En las interpretaciones críticas de autores tan disímiles como Virgilio Piñera y Angel

La novela está formada por una serie de cartas que el narrador se dirige a sí mismo sobre un supuesto Cabezón de Bogotá. Se trata de una recopilación absurda ya que, como el protagonista nos dice, «no incluyo ninguna de las suyas sino las que yo le escribí», pues «las que él me escribió las tendrá él....» (102), implicando que son cartas que nunca fueron enviadas. La referencia a Bogotá puede estar relacionada con el viaje que Matías realiza a Colombia en 1975. La acción de la novela está colocada más allá del tiempo y la distancia, y parece darle permanencia a la violencia por medio de la guerra de guerrillas y el terrorismo, elementos que desgraciadamente han permanecido hasta hoy día, no sólo en Latinoamérica sino en el mundo entero.

La ironía se manifiesta a través de un constante juego de palabras donde existen numerosas referencias a ensayos sobre el estilo del cual se vale el autor para decir abiertamente lo que no se debe decir. El mundo que se ve en estas cartas parece construído por medio de una fuerza centrípeta donde se van entremezclando elementos de su propia vida, incluyendo la experiencia universitaria, y la que ha vivido como creador y ensayista. Se hacen constantemente referencias directas y nominales, que parecen batirse y debatirse en un mundo que es un verdadero torbellino. Nos encontramos a medida que vamos leyendo una sucesión de metáforas increíbles. Estas, unidas al uso de la ironía, forman un verdadero disfraz detrás del cual se oculta el sufrimiento. Desencanto, decepción y escepticismo se descubren más allá de la superficie de la «clave humorística» a la cual se refiere Espinosa Domínguez. La novela encierra una gran cantidad de elementos disímiles que a pesar de su desigualdad mantienen una unidad angustiosa. Son cartas, además, para que no se entiendan: «quisiera escribir en tagalo, pero como hay gente que lo habla todo el mundo me entendería» (113). Repite este punto de vista con variaciones y contradicciones irónicas, «no le digo más porque le digo mucho» (102) Constatamos la presencia del grotesco de naturaleza quevediana: «era un poeta tan hermético que siempre tenía el culo cerrado para que nadie entendiera su poética» (106); comentario que hace referencia al propio texto que

---

Ganivet, se detiene minuciosamente en el «humor negro» de ambos escritores. Ver también «*Desnudo en Caracas*: el humor como corrosivo» que incluye en *La narrativa cubana entre la memoria y el olvido*.

escribe. «Como vivo en el culo del mundo esto quiere decir que seré el último en saber que ando muerto» (109).

El desempeño de la cátedra de estilística lo lleva de la mano a lo que yo califico de obsesión léxica. Piensa que a través de las palabras que configuran el estilo de un escritor puede llegar a la verdad última del texto, tal como sucede en *Desterrados al fuego* con el teclado de la máquina de escribir. Lo mismo ocurre en *Cartas de cabeza,* con la cruz de las letras que aparece al principio de la novela y con el secreto epitafio con el cual termina. Existe, además, el dibujo «mironiano», pintado por el autor, que aparece al comienzo de la novela y que sirve de «autorretrato del Cabezón de Bogotá, según Arrastrado Consejo» (97). La novela termina con otro dibujo, el de «Calderón surgiendo de las aguas sin firma» (150). Todos estos detalles que vengo señalando, son pruebas de la presencia del antecedente quevediano en su obra: el humor y la ironía, la sátira y la caricatura, burlándose de sí mismo y al mismo tiempo, tomándose en serio.

Ya he mencionado que no hay fecha exacta sobre el momento en que escribe esta novela, publicada en el 1977. Posiblemente lo hizo a mediados de los años setenta. Para esa fecha ya ha publicado *Persona: vida y máscara en el teatro cubano* (1973). En esta obra crítica sobresalen los capítulos dedicados al absurdo, y Matías hace un constante análisis del lenguaje como forma de incomunicación o, como medio de una comunicación irracional. En casos extremos, relaciona estos elementos con la esquizofrenia, a la que le dedica muchas páginas: «Las peculiaridades del lenguaje esquizofrénico han llamado la atención desde los momentos iniciales del estudio de dicha enfermedad. Sus relaciones con la conducta han sido foco de interés. Para el lector no científico, que se acerca al asunto desde un punto de vista literario, las peculiaridades de dicho lenguaje tienen una fascinación especial, por sus evidentes relaciones con la poesía, la fantasía y el absurdo. Literariamente se trata de un lenguaje moderno, de ritmo disonante, como la música contemporánea, que lleva la palabra hacia la desintegración» (*Persona,* 50-51). La contrapartida en la narrativa será *Cartas de cabeza,* donde partiendo de «claves humorísticas» la novela se convierte en una narración absurdista cubana.

También para esa fecha ya ha estado trabajando con la obra de Juan Valera, que cultiva el género epistolar como vía de comunicación de estados emocionales. Su estilo es claro y equilibrado a diferencia del que desarrollará Matías en esta obra. La primera carta de *Cartas de cabeza* se la dirige a Cadalso, aludiendo al erudito español autor de las *Cartas marruecas,* refiriéndose al mismo como «congénere del género» (102), al cual asocia en la postdata con el filósofo cubano Félix Varela, autor de las *Cartas a Elpidio.* Las asociaciones con el siglo XVIII, con el cual Matías nunca ha sentido mucha afinidad, se reiteran con referencias al Siglo de las Luces. Mantiene el carácter respetuoso y la formalidad del tratamiento según los procedimientos tradicionales del género, pero rompe abruptamente todas estas formas con ocurrencias de todo tipo. Hay que agregar, en medio de estas referencias epistolares, un ensayo de ese mismo período, «*Cartas finlandesas:* Ganivet, agonista de la percepción y del lenguaje». Debo aclarar, que al contrario de Valera, Ganivet era un diplomático de sesgo irracional, más cercano a las *Cartas de cabeza* de Matías. En este ensayo, el ensayista-narrador desmenuza los textos de Ganivet en busca del meollo de la escritura, que considera metafísico y unamuniano: «¿Y acaso no es natural que este poder actuante de la palabra no trate de ejercer su imperio sobre la muerte misma, sobre Dios mismo? [...] Expresión individual, nacional y universal, ni en los momentos de la muerte nos libramos del imperio de la palabra, que actúa insistente en su resumen vital último y como si, persuasiva, pudiera realizar un último esfuerzo y llevar su influencia hacia los dominios de Dios mismo» (19). La novela se desarrolla a partir de un «cabezón» cuyo vía crucis va de la Cruz de las Letras al Epitafio del Alfabeto. Es posible que la importancia que se le da a la palabra le de a la misma un carácter egotístico y paródico.

    Enfrascado en el análisis de los textos con fines ensayísticos, la documentación profesional va a establecer correspondientes vías de comunicación con la creación literaria, como ocurre en este caso. La intertextualidad de la novela, mezcla referencias documentales que nos remiten a autores (Calderón, Cervantes, Lope), referencias geográficas (Machu Picchu) e históricas (Balcárcel, Pizarro), y de otra naturaleza (Antonioni), todo de acuerdo con el supuesto saber «enciclopédico» del Cabezón de Bogotá. A esto se unen otras de carácter personal asociadas con amistades, relaciones profesionales en la Universidad de Hawai y distorsiones e invenciones que son pura ficción. Valdría asociar el texto con el análisis de *Don Juan* de Azorín publicado en la *Re-*

vista de Occidente, «Don Juan o como decir lo que no se puede decir» (N. 137, agosto 1974, 88-111), donde Matías recorre minuciosamente el posible significado de la «documentación» azoriniana, verdadero laberinto en el que parece recrearse el ensayista, como hace el novelista en *Cartas de cabeza.*

Parto en el cosmos

En *Parto en el cosmos* Matías desarrolla un delirante sentido del humor. Su tema es una aventura extraterrestre por el cosmos. Aquí se trata de dos fetos en el útero materno que mantienen escandalosas relaciones sexuales con Sigmund Freud. Ya he señalado anteriormente que Freud es otro de los autores citado frecuentemente en sus interpretaciones críticas.[14] Ya desde que escribe *Persona, vida y máscara en el teatro cubano,* hay interpretaciones freudianas, en especial a partir del apartado «Incesto: Iya mío, Edipo-Changó». Tomo como punto de partida su afirmación de que «Como nuestras intenciones indican y el título confirma, vamos hacia la tenebrosa pendiente del incesto. Y como formamos parte de un mundo blanquinegro o negriblanco, queremos hacer referencia a un latido incestuoso negro que servirá para unir inicialmente las fronteras de Edipo y Changó, integradas en el incesto como la magia y la fe» (26). Esta aproximación freudiana se encuentra en muchos de sus ensayos donde vuelve una y otra vez sobre las relaciones incestuosas. Estas interpretaciones las extiende a la narrativa, española o cubana, como hace, en «*Cecilia Valdés:* estética y política del color de nuestra piel», publicado en *La narrativa cubana entre la memoria y el olvido.* A pesar de que en este ensayo no cita a Freud su insistencia en el tema del incesto como algo vigente y como base de múltiples análisis nos remite a él. No debemos pasar por alto la presencia del mismo en su propia obra, que culmina en

---

[14] El discurso de eros a niveles místicos y trascendentes, al mismo tiempo que freudianos, se encuentra en muchas interpretaciones críticas que reflejan o complementan su proceso creador. Ver, por ejemplo, «El Dogma de la Inmaculada Concepción como interpretación de la mujer en la obra de Ganivet» *(Duquesne Hispanic Review),* «Ideárium erótico-religioso: Yerma de don Juan» (*Diálogos,* 1976); «Corrientes ocultas en *Los pazos de Ulloa*» (*España contemporánea,* 1991) Consultar en particular su interpretación de *El escultor de su alma,* quinto capítulo, «El escultor del incesto: El discurso escénico de Angel Ganivet» (157- 214), que aparece en *La distorsión sexo-lingüística en Angel Ganivet;* y «Recovering the Lost Erotic Priestess of Caribbean Tradition» publicado en *Women as Myth and Metaphor in Latin American Literature.*

Oscuro total. Todo su análisis de la internalización de un objeto de deseo (título de su obra dramática más reciente), tiene una base freudiana. Cuando cita a R. Morney-Kyrley en *Persona,* que en *The Meaning of Sacrifice* afirma que Freud «was the first to regard the shock of birth as the prototype of all subsequent state of fear» (33), nos lleva de la mano a *Parto en el cosmos.*

Debemos considerar también su sentido del humor que nos conduce, en la mayoría de los casos, a la descaracterización. Esto último nos dirige a otro de sus ensayos fundamentales, «Teoría y práctica del catedratismo» que sirve de introducción a su edición crítica de *Los negros catedráticos* de Francisco Fernández. En este trabajo, realiza un análisis del «choteo» y sus relaciones léxicas con el temperamento cubano, utilizando el humor como elemento corrosivo. En él parece estar parafraseando su caracterización de los procedimientos de Fausto Masó en su ensayo sobre *Desnudo en Caracas.* Podemos concluir afirmando, que lo fundamental de sus puntos de vista lo conduce en *Parto en el cosmos* a una descaracterización freudiana. Esto lo podemos comprobar cuando uno de los dos fetos establece desde el útero materno una correspondencia con Freud. Este se presenta en esta secuencia de la novela como un «loquero» delirante. En dicha carta le escribe: «¡Qué noticia tengo que darte! ¡Acabo de descubrir el Complejo de Edipo! Te puedo asegurar que has sido la musa que me ha inspirado y que si no hubiera sido por ti y lo que llevas contigo no hubiera podido llegar a conclusión semejante» (79). En este segmento aplica su propia interpretación antijerárquica establecida en el ya mencionado ensayo sobre *Los negros catedráticos*: «La parodia del bufo es una consecuencia de la necesidad del choteo como expresión de la rebeldía, de la actitud antijerárquica y de una concepción igualitaria de la existencia» (9). Los principios que acondicionan el «choteo» se trasladan del ensayo a la novela.

Todo esto que vengo comentando es bastante complicado, porque las posibilidades de correlación no terminan ahí. Otro vínculo de considerable importancia es don Miguel de Unamuno, cuyos textos enseñó una y otra vez en su cátedra universitaria, publicando diversos trabajos sobre *La tía Tula* [15]. En estos ensayos continúa la línea del

---

[15] Ver «*La tía Tula*: credo de la abejidad y erótica de Dios» *(Discurso Literario),* «*La tía Tula*: matrimonio en el cosmos» en *Homenaje a Ricardo Gullón,* (Society of Spanish and Spanish

retrato femenino dándole una mayor complejidad, con ideas freudianas, ontológicas y metafísicas, que ya había desarrollado en las páginas de *Parto en el cosmos*. Los óvalos en blanco que aparecen gráficamente en la novela como ilustración y que el lector tiene que completar en el retrato femenino de las protagonistas se vuelven hilos que retrospectivamente nos llevan a la génesis de su primer ensayo sobre Pepita Jiménez.

Parto en el cosmos es, sin embargo, una novela muy diferente. El concepto del *hieros gamos* entrará también en juego, como ocurre en diversos trabajos críticos. Desde fecha temprana lo encontramos en *Desterrados al fuego,* principalmente hacia el final de la novela, con todas sus implicaciones erótico-místicas. Esto es otro vínculo que lo une a la novela española. En *Parto en el cosmos,* Freud le hace a Berta una propuesta matrimonial con el objetivo de llevar a cabo la ceremonia nupcial en el útero. Si calificáramos esta ceremonia de *hieros gamos* paródico, la relación amatoria y geométrica que quieren establecer los padres de Teresa y Berta, sería un *hieros gamos* estético. Este es el sentido que puede dársele al encuentro «sexual» de los personajes: «La luz, de pronto, los envolvió como un manto en el desierto. Sobre la arena de cada cual trazaron una línea horizontal y en medio de ella elevaron un triángulo equilátero en cuya trilogía se conjugaba la unidad. Solos, como si fueran ellos los dos lados de un triángulo sobre un plano del desierto, avanzaron lentamente hacia un encuentro piramidal, que era la trilogía de la unidad ascendente» (85-86). La relación en este caso podríamos establecerla con uno de sus análisis sobre *La tía Tula,* que significativamente tituló: «*La tía Tula:* batalla de los sexos y cópula del intelecto». En el mismo, Matías discute la repugnancia de la protagonista por el proceso fisiológico que la conduce «a una conciencia anti-fisiológica que se pone de manifiesto, a la inversa, por su identificación con la geometría... La regularidad geométrica de los triángulos, tetraedros, pentágonos, octaedros, icosaedros y poliedros, representan una oposición a las irregularidades fisiológicas, resultados de la imperfección del ser humano» (40). Esta pureza geométrica va a pasar con un sello original a *Parto en el cosmos,* como ocurre también con la concepción cósmica y metafísica, que es su manera de interpretar la nove-

---

American Studies, Nebraska, 1984) «Un retrato femenino: la tía Tula» *(Kañina,* 1984), «*La tía Tula*: batalla de los sexos y cópula del intelecto» *(Confluencia,* 1990).

la de Unamuno. En su ensayo «*La tía Tula:* matrimonio en el cosmos» afirma que «El espejo último de Tula es el cosmos» (247), que también es el de los personajes de su novela (pensemos en el caso de Berta) que vive tanto en el útero como en el cosmos. Hay en esta novela mucho de la dialéctica metafísica de Unamuno por el constante contrapunto que se establece entre las protagonistas.

Las relaciones cronológicas resultan interesantes. Remitiéndonos a las fechas de publicación, la novela es anterior a los ensayos. La primera versión, bajo el título de *Espirales de celuloide,* quedó finalista en un concurso convocado por el Ateneo de Santander, y en 1983, 1984 y 1985, Matías publicó cuatro fragmentos de la misma en varias revistas. Los ensayos son ligeramente posteriores, a excepción del que publica en *Consenso* en 1990, formado por ideas que, dada la extensión de los trabajos anteriores, no pudo incluír en los mismos. Podría considerarse que son ideas que funcionan al unísono y que se mueven, al parecer en este caso, de la creación al ensayo, complementándose. La edición de *Los dragones del Edén*, de Carl Sagan, Premio Pulitzer 1978, que le sirve de base para elaborar el segundo capítulo, «Nueve segundos antes de la medianoche» es de 1980.

Finalmente, no debemos ignorar el cine[16]. Las posibilidades que se presentan en este terreno son múltiples y cada uno de los ensayos que escribe aproximándose fílmicamente a los textos *(Vista del amanecer en el trópico* de Cabrera Infante, *Gestos* de Sarduy, *Crónica de una muerte anunciada* de García Máquez, las novelas de Vicente Blasco Ibáñez, *Los santos inocentes* de Delibes, *La mueca* de Eduardo Pavloswki, *Orquídeas a la luz de la luna* de Carlos Fuentes, *Juego de cámara* de Carlos Gorostiza) nos ofrecen un importante material para muchas referencias, que por razones de espacio omito. Sobre este punto han comentado varios críticos. Los nexos son innumerables y se

---

[16] Sobre relaciones entre cine y narrativa deben consultarse: «Azorín: teoría y práctica del cine» (*España Contemporánea,* 1994); «Análisis fílmico-literario de *Los santos inocentes*» (*Letras Peninsulares,* 1994); «From Hitchcock to García Márquez» *Perspectives on García Márquez* (Society of Spanish and Spanish-American Studies, 1985); «*Un oficio del Siglo XX:* el montaje fílmico-histórico: *Vista del amanecer en el trópico»,* publicado en *La narrativa cubana entre la memoria y el olvido.* En cuanto a interpretaciones fílmico-teatrales, ver: «Juego de cámaras de Carlos Gorostiza» (*Hispania,* 1986) «Psicoanálisis fílmico-dramático de *La mueca» (Monographic Review,* 1992), «La relación fílmico-teatral en *Orquídeas a la luz de la luna* de Carlos Fuentes» (*Gestos,* 1993).

remontan a su infancia, donde tenía sus propios traumas que pone de manifiesto a través de imágenes fílmicas. Un buen ejemplo de ello es su cuento autobiográfico «El pez grande», en el cual establece una relación conflictiva con su padre, al que visualiza como Charles Laughton: «El verdugo estaba encapuchado y estoy seguro que era el mismísimo Charles Laughton el que llevaba a efecto aquella muerte macabra» (*Ratas en la Isla,* 120). Un hecho que comprueba una vez más que es un verdadero «fanático» del cine, es la inclusión de Bette Davis en la portada barroca y post-moderna a la vez de *La narrativa cubana entre la memoria y el olvido»,* junto a Martí, Villaverde y la bandera cubana. De este modo crea lo que él veía, según me ha dicho, como un montaje. Corresponden estas imágenes con los ensayos donde asocia el cine con la crítica literaria: «No hay que olvidar que una nueva ola de novelistas latinoamericanos se forma dentro del contexto cinematográfico que deja una huella profunda en la composición literaria... con el deliberado intento de *hacer cine»* (274). En este sentido, Matías no sólo tiene un interés en el cine a partir de los escritores de su generación. También el séptimo arte fascinó a Antonín Artaud, Jorge Luis Borges y Azorín. A este último lo somete nuestro autor, a un minucioso análisis en «Azorín: teoría y práctica del cine». En este ensayo afirma que «la anticipación fílmica de Azorín surge de su concepto del tiempo, de su atemporalidad, que es totalizador» (33) citando afirmaciones azorinianas, «el cine envuelve la totalidad del mundo» (33) y en el cine «el espacio y el tiempo son ilimitados» (33). Esto es, exactamente, lo que pone en práctica en *Parto en el cosmos:* «Detrás del novelista, hay un guionista» (38), dice de Azorín y lo mismo podría decirse de Matías. En *Parto en el cosmos* el novelista parece estar dirigiendo con la cámara en la mano, cuando nos dice que «desde el entarimado, con las gafas de Robert Siodmack se disponía a dirigir la comparsa de extras escondidos» y toma «la batuta del director de orquesta decidido a crear la sinfónica de la imagen en blanco y negro» (152). En más de un caso, el cine explica el procedimiento.

Hay en todo esto que venimos comentando una metafísica unamuniana que parte del cine. Lo expone en un ensayo inédito, «De *Niebla* a *The Purple Rose of Cairo»,* que presentó en San Antonio, Texas en un congreso de The American Association of Teachers of Spanish and Portuguese. En el mismo, de forma muy novedosa discute el unamunismo de *Blade Runner,* la película de Riddley Scott. En *Parto en el cosmos* Berta afirma, refiriéndose al cine, que «Lo más grande que tiene es el concepto de la eternidad. Fíjate que la espiral mística del celuloide conserva incorrupto el cuerpo de Errol Flynn. Lo que quiere decir que no está muerto, que no morirá jamás. Unamuno no llegó a comprender que el cine era la solución del problema, la base de toda metafísica. Cuando llegue el día del Juicio Final todo lo que tendrá que hacer Dios es ponerse a ver todas las películas, inclusive las nuestras, porque yo estoy segura que nos están filmando» (153). Lo que afirma respecto a Azorín al decir que la «noción totalizadora surge de la confluencia de dos vertientes, la espacial y la temporal» y que *Doña Inés* y *Don Juan* «son obras de espacio y tiempo ilimitados», podría aplicarse a *Parto en el cosmos*.

Esa fuente de dolor

Siguiendo el orden cronológico de su creación novelística, me veo obligada a realizar aquí un «flashback» ensayístico. Su primer ensayo dedicado a Juan Valera: «Un retrato femenino: *Pepita Jiménez»,* que apareció en *La Estafeta Literaria* de 1967, dará las pautas que ahora nos interesa seguir, motivo por el cual vamos a detenernos, con cierta extensión, en este trabajo. Según Matías, el novelista español nos va presentando al personaje femenino por etapas, en un proceso que él califica como técnica del rompecabezas. Primero, afirma, contemplamos un rostro ovalado, muy hermoso, pero carente de facciones que lo definan. Ni el rostro, ni las manos de Pepita, centro de este retrato decimonónico, cobrarán vida hasta que el personaje de Don Luis se la infunda a través del amor. Montes Huidobro cita las palabras de don Luis al comentar la belleza de la joven: «Hasta se me figura que tiene algo de simbólico» (6), agregando el crítico, «Símbolo, sí, aunque no sé si es el que tiene en mente Don Luis, porque lo que él hace es desnudar a Pepita siguiendo un complicado rito basado en una doble observación de las manos mediante el cual el guante se transparenta.» (6). Lo que sucede con Don Luis, agregó yo, es que él cree tener una vocación religiosa, por eso, al verla la contempla de soslayo, para evitar enamorarse de la joven. No es hasta el momento en que el personaje reconoce conscientemente su amor por ella que su rostro y toda su figura aparecen completos, como una hermosa unidad ante nosotros.

Treinta años después, en su novela *Esa fuente de dolor*, Premio Café Gijón de 1997, Montes Huidobro emplea una técnica similar al retratar a uno de sus personajes. Cronológicamente, no es esta su primera novela publicada, pero como certeramente ha apuntado el crítico Jorge Febles: «Pese a las dos décadas largas que las separan *Esa fuente de dolor* (1999), se revela como primera parte de *Desterrados al fuego* (1975) y como anticipación *a posteriori* (valga la paradoja) de dos piezas teatrales de Montes Huidobro, *Ojos para no ver y Exilio*. En ese sentido, constituye una imagen descarnada del madurar en La Habana entre 1950 y 1961» (150). Nos colocamos en la época de corrupción del gobierno de Batista. Elsa Gilmore, comentando el momento de desarrollo de la narración nos dice: «Far from a nostalgic icon, Havana is depicted as the precarious microcosm of a nation forged by a history of corruption, violence and abuse» (46). Esta visión difiere de la que muchos cubanos que idealizan el pasado tienen de la isla olvidándose por completo de la historia.

Salvando las diferencias de estilo con Juan Valera, nuestro autor presenta a Lázaro, protagonista de la misma, evadiendo el encuentro con el personaje femenino, Conchita, a través de imágenes obscenas y degradantes de fantasías eróticas que forman parte de su subconciente en un proceso de desacralización de la figura femenina. Durante toda esta primera parte el tratamiento de Conchita se realiza bajo una visión tan negativa que resulta difícil concebirla como aparecerá en la segunda secuencia. Es un proceso de deconstrucción y construcción del personaje ante el cual el lector, no puede menos que cuestionarse cuál de las dos es la auténtica Conchita Estrada Portela. Obviamente, la técnica del rompecabezas que el escritor aplica a su análisis de Pepita Jiménez no es la misma, pero el problema fundamental sí lo es: el desconocimiento de la verdadera Pepita y de la verdadera Conchita. No es hasta el capítulo VII, titulado «La esquina del pecado», cuando más de la mitad de la novela ya ha sido escrita, donde reaparece el personaje dentro de una nueva perspectiva como si Lázaro la contemplara por vez primera.

Juan Valera sitúa a la protagonista de su novela haciendo una minuciosa enumeración de detalles agradables: «Es hermoso sitio de lo más ameno y pintoresco que pueda imaginarse. El riachuelo que riega casi todas estas huertas, sangrando por mil acequias, pasa al lado de la que visitamos; se forma allí una presa, y cuando se suelta el agua sobrante del riego, cae en un hondo barranco poblado en ambas márgenes de álamos blancos y negros, mimbrones, adelfas floridas y otros árboles frondosos mil hierbas y flores, y cubriéndolas ahora con multitud de violetas» (Varela, citado por Montes Huidobro, *Estafeta,* 4). El paisaje de belleza bucólica le sirve de fondo maravilloso a la figura femenina. Montes Huidobro, que recurre en su novela a la misma técnica de describir el ambiente donde colocará a su personaje antes de que podamos visualizarlo, nos da una visión muy diferente, antiestética del mismo: «en medio de un bullicio pegajoso de gritos de vendedores, altisonantes conversaciones, altavoces, carreras, y el constante trepidar de los automóviles y los ómnibus; un constante chocar de voces, de una música irritante, de un escándalo donde no se podía distinguir una palabra de otra, un vértigo, un caos chabacano, producía aquella substancia grasienta que se extendía sobre la piel, que no era ni siquiera sudor, e impregnaba aquella esquina de sol recalcitrante donde todo parecía rechazarse; una claridad estruendosa, sin recato, donde hasta el pecado parecía imposible» (142). Si Pepita aparecía integrada armónicamente al paisaje bucólico, Matías, por el contrario ubica a su personaje en un contexto realista desagradable. A pesar de que en el ambiente descrito resalta la belleza sensual de Conchita, su aparición allí resulta anacrónica. Y aunque Lázaro en esta secuencia parece como Don Luis desnudar a Conchita a medida que la describe, embargado de un deseo de posesión sexual, más tarde él mismo reconoce: «La mitología pagana de aquella Esquina del Pecado creó su golpe de efecto calcinador bajo aquel sol que rajaba las piedras. Me había deshidratado, sudando demasiado, y empecé a ver alucinaciones» (147). Se podría interpretar que el novelista está haciendo un tratamiento irónico de la figura femenina, ya que Lázaro considera que da un «mal paso» en la tristemente famosa «Esquina del pecado» . Esto se comprueba en el desarrollo ulterior de la novela en la relación adúltera que se desarrolla entre ambos como una aventura vulgar, a ras de tierra, carente de altura espiritual, hasta el punto de que Lázaro tres capítulos más adelante dudando de ella comenta: «el hecho de que Conchita le hubiera hablado, (se refiere al marido de Conchita), de «nosotros», me había molestado desde el primer momento, como si ella fuera capaz de un entendimiento con Panchito que yo desconocía, compartido a espaldas mías» (222). Lo que deja claramente expuesta una relación insostenible donde la ética y la estética se contradicen como partes integrantes de la técnica del rompecabezas del novelista.

Concierto para sordos

El oxymorónico título, *Concierto para sordos,* encierra una narración en la que la palabra termina siendo sonido, acorde musical imposible de percibir por oídos que se niegan a escucharla. Esta novela está concebida en su totalidad en términos fílmicos, aunque la música, juega también un papel de primerísima importancia en la novela.

En este sentido, un antecedente ensayístico hay que irlo a buscar en «*Su único hijo,* sinfónico avatar de Clarín», uno de mis favoritos. Desde muy temprano en su carrera profesoral, Leopoldo Alas juega un papel importante en sus investigaciones literarias. *La Regenta*, que enseñó repetidamente en sus cursos, lo llevó a escribir su primer ensayo sobre el novelista asturiano, «Riqueza estilística de *La Regenta*». Poco después, ese mismo año va a superar este ensayo con «Leopoldo Alas: el amor, unidad y pluralidad en el estilo». Sin embargo, entre todos ellos sobresale, «*Sú único hijo:* sinfónico avatar de Clarin». La extensión y calidad de este análisis de más de cincuenta páginas, es un verdadero concierto ensayístico en torno al acercamiento sinfónico que utiliza Clarín como sistema para caracterizar al protagonista de su novela. «La evolución erótica de los principales personajes de la novela se desarrolla mediante una integración con lo musical. Es decir, lo erótico musical es clave esencial de la obra. Dejemos constancia además de la importancia de la música, no en la tonalidad orquestal, que la tiene, sino como solo ejecutado dentro de una sinfonía erótica» (206). «Lo musical se utiliza además en un juego de transformaciones emotivas, esencial en la novela, que guarda relación con otra serie de relaciones sicológicas observables» (206). Esto lo podríamos relacionar con «El concierto de Habanamburgo» de *Esa fuente de dolor.* Pensemos en el episodio entre Lázaro y Conchita que se desarrolla en clave sinfónica. No debemos olvidar, además, la parodización que contiene, que nos conduce retrospectivamente al ensayo sobre Clarín escrito décadas atrás.

En *Concierto para sordos* las dimensiones se amplían, y remito al lector al trabajo de Febles que aparece en este libro. Sin embargo, quiero de todos modos, acotar un par de citas del mencionado ensayo que son aplicables a una mayor dimensión de lo musical en *Concierto...* «*Su único hijo* es una novela que se desarrolla mediante un juego formal donde lo musical es clave de transformaciones» (204), y hacia el final de la novela de Alas «la música adquiere en este momento su verdadera dimensión: es la voz del Espíritu Santo» (188). En ambas novelas, la música eleva el texto y acaba por imponerse.

Sin embargo, no debemos ignorar los elementos visuales que juegan en el «concierto». Ya he indicado en el análisis de los textos de ficción y de crítica literaria que vengo realizando que la cinematograficidad ocupa un lugar primordial en la obra monteshuidobriana. Veinte años después de *Desterrados al fuego,* Matías continúa trabajando con elementos fílmicos. El cine se convierte en *Concierto para sordos* en parte integrante de su escritura: «Me movía», nos dice el narrador, «en cámara lenta, mientras me aproximaba a la arcada principal y con un movimiento de la cámara me acerqué en zoom hasta la cara del niño» (27). El cine se pone aquí al servicio de la narrativa haciendo énfasis en dilación y cercanía al mismo tiempo. Al reseñar esta novela en la revista *Encuentro*, Rolando D. H. Morelli hace observaciones sobre el particular, que deben consultarse.

Desde el comienzo de la narración el protagonista ha sido situado en un medio geológico inestable debido al proceso de formación de la petrografía de la Isla en que vive: «la consistencia misma de los diferentes estratos históricos había producido grietas en las capas subterráneas de la plataforma insular, escribiendo un mensaje caótico que los espeleólogos más expertos no habían podido descifrar» (1). Colocado sobre esta perturbada e ilegible geología donde «el canibalismo era una forma de sobrevivencia» (17) sufre un confinamiento espacial que pudiéramos calificar de kafkiano. Mientras permanece dentro de este sarcófago imaginario, «celda de incomunicado», su desgarramiento interior se va a materializar en un lento desangrarse mientras las consignas revolucionarias se suceden: «¡Con la Revolución todo! ¡Sin la Revolución nada!» (12).

Ricardo Gullón, en relación al uso del espacio en *La metamorfosis,* comenta que «desde que Gregor Samsa despierta convertido en insecto, es ciertamente el espacio de la soledad en que se confina», y ampliando aún más el concepto espacial de la novela añade en relación a la novela *El hombre caja,* (1937) de Kobo Abé, que: «la caja es un vacío, y su ocupante, contagiado del hueco, apenas es la forma de su escritura, la forma que va adquiriendo, en el texto, con la sustancia de la palabra» (29). En *Concierto para sordos* este proceso se cumple a cabalidad. El autor pudiera afirmar que él es su escritura y que su encierro deviene en símbolo. Aún después de salir de la caja en que está atrapado, no va a liberarse de su confinamiento hasta el último capítulo. Es todo un proceso de alienación. «Hacerse isla», agrega Gullón, «es condición primera para admitir la vida como reflexión sobre sí misma, sobre el pasado neblinoso y el futuro que se escribe y se describe para anticiparlo y conjugarlo sin ninguna seguridad en su cumplimiento.» (30) De ahí la tristeza y el desgarramiento que permea casi toda la novela.

Su *via crucis* comienza al ser condenado a la pena de muerte por garrote vil, por haber cometido alta traición. Cumplida la sentencia llega encerrado en un sarcófago a «La ciudad de los muertos», Cementerio de Colón habanero. En este laberinto escultórico de mármol, es enterrado en un nicho oscuro y estrecho. Este capítulo es un conjunto extraordinario de fantasías oníricas, en donde la alucinación y el delirio parecen ser partes integrantes del mismo. El autor logra a través del uso de la sátira la más completa desrealización. Nos asaltan visiones que parecen surgir de la prosa desengañada del Quevedo de *Los sueños*, o de las visiones dantescas del infierno.

La mujer hace su aparición en la novela encarnada en las tres virtudes teologales: Fe, Esperanza y Caridad. Representan las esculturas colocadas en la parte superior de la puerta del cementerio habanero que cobran vida en este triángulo cuyas figuras se transforman inesperadamente. Tan pronto se nos presentan como jineteras que como mater dolorosas; como integrantes de un Comité de Barrio y delatoras de sus propios hijos o como víctimas ellas mismas de Comités revolucionarios. El espacio se vuelve degradante y hostil por momentos o cambia vertiginosamente para convertirse en lo contrario. Nos sentimos trasladados a situaciones totalmente insólitas donde la sorna y el choteo contribuyen a la desrealización. La mujer se vuelve aquí un personaje múltiple y variado pasando de la singularidad a la multiplicidad .

En el capítulo titulado «Cuba eres tú», uno de los mejores capítulos de la novela, el protagonista cree, en un estado de delirio, que le han hecho una lobotomía. No obstante la modernidad que nos ofrece un espacio fílmico narrativo, no debemos olvidar que *Concierto para sordos* es la novela histórica de un ser totalmente alucinado metido dentro de una cámara negra.

El carácter fílmico de la novela se intensifica en este capítulo donde la narrativa interpela al narrador con una serie de preguntas tratando de establecer un diálogo para involucrarlo en la narración. Existe también el deliberado intento de llegar a la esencia de la mujer, de Cuba misma. Percepción visual de un texto que adquiere en sus descripciones un extraordinario lirismo. Compuesto por imágenes que aparecen y desaparecen, *flashbacks, primeros planos, disolvencias*; la mujer a través del tiempo, la mujer a través de sus manos a la manera de Valera en una imagen propia, modernizada. Dedos y manos que ya había descrito anteriormente en su encuentro con otra mujer, «Historia de Cuba», presencia de los nudos que lo aprisionan en un bordado realizado con hilos de sangre. En un espacio de confinación en el que inquisitivamente él se pregunta: «¿Quién era aquella mujer que tejía y destejía con su hilo de Ariadna en aquel telar histórico donde él era el todo y la nada?» (112).

Partiendo de la enfermera que se le acerca, la figura femenina que se multiplica como una actriz que representara papeles diferentes va a sufrir metamorfosis incesantes. En un ir y venir de una imaginaria cámara su figura se va desrealizando en *disolvencias* continuas con imágenes superpuestas que nos ofrecen una variedad femenina inusitada. Llega a concebir a la mujer fragmentada, como imagen picassiana. «Las recordaba a todas», nos confiesa, «maltratadas y heridas por un machismo milenario» (102), pero acto seguido, contradiciéndose a sí mismo, la figura maternal y tierna que le sonríe se va convirtiendo, «en transición teatral», de forma totalmente inesperada, en la cruel bordadora que lo espía. De buena a mala, de angelical a arpía, en una dualidad infinita que se nos ofrece como un imaginario e incesante péndulo de virtudes y maldades femeninas.

André Breton ha dejado escritas sus impresiones al visitar el Museo del pintor simbolista Gustave Moreau en París, visita que según él, condicionó para siempre su forma de amar. «It was there that beauty and love were revealed to me through a few feminine faces and poses.

The *type* this women belong to has probably hidden all other types for me: I was completely spellbound. Myth, kindled into life here as nowhere else, must have come into it. The woman who, almost without changing, was in turn Salome, Helen, Delilah, la Quimera, or Semele, became the incarnation of them all. From them she drew her power and fixed their feature in eternity» (14). Esta declaración de Breton no sólo revela la coincidente concepción femenina de ambos creadores, Gustave Moreau y Montes Huidobro, que les lleva a identificar este tipo de mujer con el concepto del eterno femenino, sino que también es prueba fehaciente de la calidad pictórica de la narrativa monteshuidobriana.

La hermosa mujer le habla, al mismo tiempo que lo anuda como había hecho antes otra mujer, «Historia de Cuba». Nise que borda. Novia o mujer enlutada. Flor blanca en el pecho manchada de sangre o flor negra en el pubis. Detalles, estos últimos, que nos recuerdan a una Lucía Jerez vista desde otro espacio. En su delirio, el autor, contemplándose a sí mismo como si fuera otro, nos dice en lenguaje fílmico: «En cámara lenta pudo ver como la aguja, convertida en afilada lanceta, bajaba lenta, precisa y afiladamente hacia su obra maestra» (109), bordado en el que queda atrapado su propio sexo.

En su libro de ensayos sobre Angel Ganivet, Montes Huidobro escribe: «No faltan en Ganivet textos alucinados unidos a su especial sentido del humor que no excluye lo grotesco haciendo que el lector se encuentre con frecuencia en el más profundo desconcierto» (215) comentario que muy bien pudiera estar haciendo el crítico sobre su propia novela. Existen en *Concierto para sordos* pluralidad de niveles de significación: histórico, simbólico, mítico, racial, psíquico y muchos más, lo que contribuye a enriquecer el texto extraordinariamente. Cuba está contenida en sus páginas desde innumerables perspectivas. «La complejidad y modernidad narrativa de Ganivet», amplía el crítico, «se pone de manifiesto a consecuencia de la multiplicidad del punto de vista que hay en su obra, lo que deja la puerta abierta a la diversidad de interpretaciones...» (216). Característica semejante a la que acabo de apuntar sobre *Concierto para sordos*. Es, esta además, una novela transida de un tiempo que sobrepasa los niveles de la muerte y de la vida: «Reunidos todos en la ciudad de los Muertos», nos dice el narrador, «salíamos de nuestros osarios para vivir dentro de una resurrección que era la continuación de la tortura» (35). Resurrección en donde no termina el sufrimiento, que no conduce ni a cielo ni a infierno, que se vuelve prolongación de la agonía.

La visita al Panteón Lucumí, poblado de deidades afrocubanas tiene una fuerte carga de erotismo, característica que permea gran parte de la novela y que acaba convirtiéndose en un sentimiento infausto. Si en *La navaja de Olofé,* una de sus obras teatrales, el autor «crea un mundo poblado de seres poseídos por los dioses Olofé y Changó que simbolizan la virilidad y la lujuria» (120) como ha observado el crítico Armando González-Pérez, en «El panteón Lucumí», son Ochún y Changó los que se posesionan de dichos símbolos. El capítulo termina con una visión de Obatalá, sosteniendo en la mano izquierda la arcilla con que nos forma, que no es otra cosa que excremento. La locura que se proyecta a lo largo de la narración de *Concierto para sordos* es una visión dislocada que pudiéramos calificar de grotesca. La misma corre paralela al análisis de la mentalidad ganivetiana que Matías aplica al autor granadino en *La distorsión sexolingüística en Angel Ganivet.* En relación con Ganivet, comenta que es un escritor que «considera la creación como «eyección» fisiológica, y esto ciertamente pone a la crítica en una posición difícil. No obstante ello, el desequilibrio mental en Ganivet se puede explicar de una manera hasta elemental si nos sostenemos en el concepto ganivetiano que en todos los grandes personajes hay un destello de «locura» (215-216). Ganivet termina citando los casos de Hamlet y Don Quijote como ejemplos de esta afirmación, que Montes Huidobro comparte.

La trayectoria del narrador-protagonista de *Concierto para sordos* continúa en el mundo aborigen en las primicias de la historia isleña entre manatíes y exuberantes y hermosísimos paisajes. Fondo espectacular para su encuentro con la bella y seductora «Historia de Cuba» que cruelmente lo mantiene anudado a sí misma. Los siboneyes, obligados al trabajo forzado terminan suicidándose. «Era todo un país que había optado por el suicidio como única salida frentre al genocidio de la tiranía» (64). El suicidio ocurría en medio de la muerte. El protagonista deambula por el laberíntico cementerio en una desorientación total ya que le es imposible crear una línea divisoria entre sus propias fronteras. Allí se abre de nuevo un espacio carnavalesco y pachanguero de comparsas habaneras que no es más que el reconocimiento de la muerte del amor y de la vida. La música vuelve a jugar un papel significativo y acaba convirtiéndose en un *réquiem*.

Montes Huidobro en sus ensayos ganivetianos nos dice que Joseph Campbell ha observado en el estudio comparativo de todas las mitologías, que existen temas comunes que se corresponden con las fantasías de la locura. Dichos temas coinciden con motivos universales, arquetípica y psicológicamente relacionados con la ezquizofrenia, ya que «las mismas figuras simbólicas aparecían en el destrozado y torturado estado mental de los individuos modernos que sufrían de una completa crisis esquizofrénica: la condición de alguien que ha perdido contacto con la vida y forma de pensar de su comunidad y fantasía compulsivamente fuera de su propia y perdida manera de hacer» (234). Y Montes Huidobro comenta: «En todo creador hay algo de esto, porque este compulsivo fantasear, acompañado de un estado mental que en los grandes momentos de la creación incluyen la tortura y la desesperación, ha sido parte intrínseca del oficio, reconocido por Ganivet al referirse a la locura dentro del proceso creador» (223). Otro tanto podríamos decir del proceso creador del propio Matías, en el que dadas las circunstancias vitales de la historia de Cuba encuentra que el mejor modo de explicarla es a través de la paranoia de su personaje. No es hasta el momento en que decide recurrir a la creación de un nuevo espacio, un espacio sonoro, musical que como la música de las esferas le lleva en su perfección al reconocimiento de sí mismo. Al identificarse consigo mismo y con un universo en que todos los seres humanos compartimos las estrellas y los astros (concepto desarrollado por Claudio Guillén que ya ha sido mencionado al hablar de *Desterrados al fuego*), logra llegar al conocimiento de la sílaba OM. En este momento tiene lugar una verdadera resurrección. Tejido por sí mismo, el protagonista se reconstruye y renace. El texto adquiere una luz nueva que nos conduce a una contemplación retrospectiva y total. Al volverse intemporal se coloca en un nuevo espacio deslumbrante e imperecedero: el de la inmortalidad.

El final de la novela reafirma la música. En un reciente *tour de force* del análisis crítico, su ensayo «La música cubana de Aurelio de la Vega», explica la interacción entre música y literatura cuando afirma, al referirse a la misma que cuando la oye, lee (90). Febles reitera la importancia del mismo. Es, efectivamente, un ensayo sumamente importante para un mejor entendimiento de la forma en que funciona la música en la escritura monteshuidobriana. La misma es concebida como un concierto, que explica cuando dice: «su música es una liberación sonora que no es el *chance* (pero que funciona como tal), donde el compositor (o el escritor) no puede equivocarse jamás: tan pronto se escucha la nota, el sonido es» (91). De ahí que escriba como si estuviera componiendo. En la siguiente observación sobre la música de Aurelio de la Vega, también se explica y, además, deja al descubierto su relación con la plástica, referencia que es bastante frecuente en su obra creadora y crítica. «La consistencia pictórica de la música de Aurelio de la Vega (que yo también siento fílmica) se me hizo evidente desde las primeras notas de su música que escuché mientras cerraba los ojos. Es así como *escucho* cuando veo a Kandinsky, Miró, Schwitters, Man Ray, Vasserely, o, en algunos casos, no sé por qué, los cuadros más abstractos del realismo de Richard Stees, o la música dentro de la piedra de una escultura de Chillida, que para mí es la quintaesencia de lo musical» (94). Este ensayo e «Imagen y sonido: anti-ética de *Gestos*», sobre la novela de Sarduy, donde correlaciona música, pintura y cine, son esenciales para un mejor entendimiento de sus puntos de vista sobre estos géneros en relación con su propio trabajo como creador. Se podría interpretar como una evolución que va de las artes plásticas[17] a la música, que culmina en el final inapresable de su propio «concierto».

Funeral en Teruel y Ojos para no ver

Como he señalado anteriormente, al establecernos académicamente en Hawai, el vínculo teatral, que era para Matías parte de sí mismo, va a verse afectado ya que por razones de trabajo tendrá que orientarse hacia la narrativa y el ensayo. Al desempeñar la cátedra de literatura española contemporánea, sus trabajos críticos se verán dirigi-

---

17 En este sentido debe consultarse: «El cubismo expresionista de una alucinación lírica: el caso de *El laberinto de sí mismo*», publicado en *Círculo* (2003), que incluirá después en *La narrativa cubana entre la memoria y el olvido*. Mucho hay en este trabajo de reiterados viajes a museos, que nos han llevado a un recorrido exhaustivo e incansable en viajes que hemos realizado juntos, y que forman parte de un proceso de asimilación que aplica a la crítica: «Baste recorrer una galería pictórica (en este caso me voy a referir a asociaciones que he encontrado en la colección del Museo de Arte Contemporáneo Peggy Guggenheim en Venecia) para confirmar su modernidad. No hay más que pasar la vista por una serie de pintores abstractos y nos encontramos que Labrador Ruiz está haciendo lo mismo con el pincel verbal que lo que hacia

dos hacia las letras peninsulares, alejándose del espacio cubano y latinoamericano. Estas circunstancias académicas van a dejar huellas significativas en *Funeral en Teruel*. En el año 1982 aparece una traducción que hace Francesca Collechia del primer acto de dicha obra, en *Verbena* (2-29), Revista Bilingüe de las Artes que se publicaba en Washington, lo cual parece indicar que la obra es de fines de los setenta. Como él mismo señala en la introducción a la pieza, estaba totalmente consciente del teatro «total», en el cual se integran música, coreografía y artes plásticas: «La escena sirve como medio integrador de opuestos, creándose así un espectáculo teatral respaldado por una visión casi «académica» del teatro español y la cultura hispánica» (15). A estos elementos agrega en la pieza, un concepto paródico muy cubano. La obra tiene una condición «intertextual» (que también utilizará en *Un objeto de deseo),* que Febles denomina «intertextualidad paródica» (16) en el prólogo que escribe para *Matías Montes Huidobro. Acercamientos a su obra literaria,* donde trabaja con las propias obras objeto de sus investigaciones y su enseñanza: *El señor de Bembibre, El trovador, Don Alvaro, Don Juan Tenorio, Los amantes de Teruel, El Idearium español* y los *Caprichos* de Goya.[18] Lejos de concebir una pieza «profesoral», utiliza todos estos elementos y los convierte en un «rock musical» delirante y muy teatral.

Mirando en dirección opuesta, *Ojos para no ver* es también de fines de los setenta, pero en este caso el texto, por su tema, se enfoca en Cuba. Refleja más bien otra obsesión personal y colectiva de los exiliados, la pesadilla que representa Fidel Castro. No es difícil descubrir en la obra muchos elementos históricos cubanos: «Que si un chulito de bigotico chaplinesco le puso casa en Solimar y se dio a los placeres de la buena vida... Que si estaba montando bicicleta y un general por poco la destarra y de la cama del hospital la pasó a la del ejército» (36). Pero repercute, como observa también Febles, la intertextualidad hispánica: «El inicio del segundo acto, por ejemplo, parece combinar la profana-

---

la vanguardia pictórica europea» (216). Todos estos recorridos forman parte de un plan de trabajo donde el ocio turístico no existe, sino un aprendizaje que después aplicará a sus tareas críticas o creadoras.

[18] A pesar de dictar repetidamente cursos sobre el romanticismo español, salvo los dos artículos mencionados sobre Gil y Carrasco y Larra, sólo publicará un ensayo sobre Bécquer, «Bécquer: el exilio poético como determinante del estilo» (*Revista de Estudios Hispánicos*, 1970)

ción del convento por el Tenorio de Zorrilla con la entrevista entre Celestina y Melibea, mientras que los prosaicos encuentros verbales entre Solavaya y Pútrida son casi parodias grotescas de lances de sainete y comedia de figurón» (129). Febles observa además, que Solavaya «resulta comparable al Tirano Banderas valleinclanesco o al Señor Presidente de Asturias» (133). Aunque *Tirano Banderas* (del que tiene un largo trabajo inédito) formaba parte del curriculum académico que enseñaba, su identificación y preferencia con la Generación del 98 lo acerca a la sensibilidad de Azorín, que es su favorito entre los de esta generación. También se siente afín a Unamuno por su preocupación metafísica. El análisis minucioso de *Tirano Banderas* vendrá después, en un extenso proyecto ensayístico que permanece inédito.

Cuba detrás del telón

Aunque no voy a cubrir en toda su extensión la concepción teórica monteshuidobriana con respecto al teatro en relación con su práctica como dramaturgo, creo importante señalar algunas pautas que sirvan de punto de partida para futuras indagaciones. A principios de los años setenta, mientras era profesor invitado en la Universidad de Pittsburgh, realiza investigaciones que van a dar como resultado la publicación de un libro fundamental y personalísimo: *Persona: vida y máscara en el teatro cubano*. Este libro, único en su clase es, entre otras cosas, la respuesta del exilio a las investigaciones sobre la dramaturgia cubana que se llevaban a efecto en Cuba en esos momentos. Es de los primeros en rescatar, en el exilio, la figura de Virgilio Piñera, marginada en la isla en esos momentos. Incluye autores identificados con el régimen, sin establecer limitaciones en este sentido. Este texto le sirve además, desde el punto de vista crítico, para reubicarse en el teatro cubano. Analiza en él aspectos fundamentales de nuestra dramaturgia y de la experiencia política cubana, interpretando el carácter y la conducta nacional a través del teatro. Su libro *El teatro cubano en el vórtice del compromiso*, en el que reúne sus artículos y ensayos teatrales publicados entre 1959-1961, lo coloca en el vórtice de su propia vida y de un compromiso con nosotros mismos que nos llevará a exiliarnos a fines del 1961. Esto da lugar a diversas ramificaciones respecto a su situación dentro del teatro cubano. *La Madre y la Guillotina* es una obra clave de este período. Las relaciones entre ética y estética constituyen el meollo de su creación y de su crítica. El compromiso que siente con los escritores del exilio, especialmente con los dramaturgos, lo lleva a dedicarse a la difícil tarea de divulgar su obra internacionalmente. Esto tiene que hacerlo en medios frecuentemente adversos a la cultura cubana que se produce fuera de Cuba. De esta forma realiza una tarea que considero fundamental e importantísima ya que gracias a este esfuerzo titánico de su parte, logra cubrir un enorme vacío crítico.[19]

Sus investigaciones críticas no son excluyentes y los reconocimientos que le hace a sus homólogos en el teatro[20] y en la narrativa[21] denotan una condición única independiente y en la mayoría de los casos no correspondida. Al contrario de lo que han hecho con él, Matías no ha escatimado su tiempo en la valoración de la obra de dramaturgos cubanos en Cuba o en el exilio, convirtiéndolo en un caso

---

[19] Este aspecto no debe soslayarse. Desde 1971, participando en el IV Congreso de la Asociación Internacional de Hispanistas, en la Universidad de Salamanca, donde da a conocer el resultado de sus primeras investigaciones sobre el teatro cubano, «Teatro dentro del teatro: técnica preferencial del teatro cubano contemporáneo», abarcador de toda la dramaturgia cubana, la insular y la del exilio, va a iniciar una larga trayectoria, que incluirá también narrativa y poesía. «Posibilidades de un teatro cubano fuera de Cuba» (Primer Congreso de Literatura Cubana en el Exterior, New York, 1973), «Desnudo en Caracas, la constante del humorismo» (Mountain Interstate Foreign Languages Conference, Berea College, Kentucky, 1978), «Constantes de la narrativa cubana en el exilio» (Latin American Students Association, University of Pittsburgh, 1979), «Nuevos escritores cubanos: una bibliografía trashumante» (co-autor, Yara González Montes, Bogotá, SALAM, 1975) «Cuatro escritoras cubanas: identidad y compromiso» (que presentamos en colaboración en Conference of Inter-American Women Writers, Universidad de Ottawa, 1978), «The Playwright in the Vortex of a Revolution» (Gannon College, Erie, Pensylvania) «Cuba: texto y revolución –entre la vida y la palabra» (Center for Latin American Studies, Arizona State University, 1979), «Teatro cubano en el exilio: águila de dos cabezas» (American Association of Teachers of Spanish and Portuguese, New York, 1985), «Teatro cubano en los Estados Unidos» (Seminario sobre el Teatro Cubano en los Estados Unidos, Florida International University, 1987), «El teatro cubano contemporáneo» (Casa de la Cultura Cubana, Florida International University, 1987), «Conciencia ética del teatro cubano» (Encuentro Internacional sobre Teatro Latinoamericano, University of Paris, 1988), «Identidad y cubanía en *Las hetairas habaneras*» (Círculo de Cultura Panamericano, Koubek Center, University of Miami, 1988), «1959-1987: Evolución del teatro de habla hispana en los Estados Unidos» (Congreso Internacional de Literaturas Hispanas, Barcelona-Torredembarra, España, 1988), «El dramaturgo cubano en el vórtice del compromiso: continuidad y ruptura» (*El Teatro Moderno de la América Latina en la Investigación Alemana*, Berlin, 1991), «La cuentística de Rolando Morelli» (Florida International University, 1993), «Censura, exilio y margi-

único en la historia del teatro cubano. Esto que acabo de afirmar queda documentado con sólo pasarle la vista a su bibliografía.

nación en el teatro cubano contemporáneo» (International Conference. Censorship, Exile and Marginality, London, 1994), «La voz del otro en la escena cubana: la disención ante el espejo» (Instituto Literario y Cultural Hispánico, Consejo Nacional de Cultura de Venezuela, Caracas, 1994), «Etica y estética en el teatro cubano del exilio» (Sesión plenaria, Congreso Internacional de Teatro Iberoamericano y Argentino, Universidad de Buenos Aires, 1995), «José Corrales: sistematización escénica de lo que no se dice» (Congreso Internacional de Teatro Latinoamericano, Kansas, 1997), «El teatro cubano en el exilio» (Pen Club de Escritores Cubanos del Exilio, Koubek Center, University of Miami, 1999), «Concursos y editoriales: España y Cuba. Del fin de siglo al nuevo milenio» (Spain in the Twenty-First Century, The Ohio State University, Columbus, 2000), «El discurso de la sexualidad en el teatro cubano del exilio» (Plenaria Fosteriana, Arizona State University, 2001), «Creación y exilio» (Trinity University, San Antonio, 2002), «José Corrales de cuerpo presente» (Pen Club de Escritores Cubanos del Exilio, Koubek Center, Miami University, 2002), «Sexualidad histórico-política de José Corrales» (Congreso de Teatro Latinoamericano, Lawrence, Kansas, 2003). Esta constante y sistemática contribución a la divulgación de la literatura cubana del exilio en congresos internacionales, en medios no siempre receptivos a dicha literatura, representa casi una tarea de divulgación subversiva y debe destacarse, para que se tome conciencia de su trabajo en este sentido, que se va a complementar con una serie de artículos publicados electrónicamente en TeatroenMiami. com., bajo el título de «Una dramaturgia sin escenario», donde hace planteamientos básicos sobre las dificultades sufridas por estos escritores, acompañadas de análisis críticos, asi como combativos artículos periodísticos en el Diario de las Américas. A esto se une la subsiguiente publicación de ensayos críticos, que se desarrolla paralelamente a su trabajo como dramaturgo, narrador y poeta del exilio, algunos de ellos incluídos en libros: «Escribir teatro en el exilio» y «El teatro cubano del exilio» que aparecieron respectivamente en *Cuba: Exilio y cultura. Memoria del Congreso del Milenio* y *Centenario de la república cubana*, ambos en el 2002; de ese mismo año es «Desarrollo de un teatro cubano en el exterior: continuidad y ruptura» publicado en *Imagen del teatro*. También deben citarse: «La castración como conducta histórica» (*Linden Lane*: 1990), «1959-1961: apertura, cierre y definición en el teatro cubano». (*Confluencia*, 1991), «La voz del otro en el teatro cubano contemporáneo» (*Ma Teodora*, 1998), «Concursos, premios y editoriales: otras reflexiones sobre la novela cubana del exilio» (*Anales literarios*, 2001). «Transgresiones y transgresores» (*Encuentro*, 2003) es una contribución excepcional para un mejor entendimiento de la cuentística cubana del exilio. En especial, el número que le dedicamos en Anales Literarios a nuestra dramaturgia en el exilio (*Anales Literarios*, 1995), donde aparece entre otros trabajos su ensayo «Censura, marginación y exilio en el teatro cubano contemporáneo», es una muestra de su incansable trabajo divulgando esta dramaturgia a través de la escritura.

[20] Ver el caso de su valoración al teatro de Estorino en «Abelardo Estorino: una metafísica de la teatralidad» (*Encuentro*, 2002-2003) o el de Triana en «La ética histórica como acondicionadora de la acción» (*Palabras más que comunes*, 1994), para limitarnos a dos ejemplos de las «dos orillas». De la dramaturgia del exilio autores tan disimiles como René Ariza, Manuel Martín Jr., Leopoldo Hernández, Julio Matas, Raúl de Cárdenas, José Corrales, Pedro Monge Rafuls, Iván Acosta, Ivonne López Arenal, y otros, han sido objeto de valoraciones críticas altamente positivas. Pocos creadores cubanos han dedicado tantos trabajos críticos al análisis de sus contemporáneos, divulgando la tarea realizada por los demás.

Persona: vida y máscara en el teatro cubano y el puertorriqueño

En cuanto a *Persona, vida y máscara en el teatro cubano,* los lineamientos fundamentales de su análisis son:

(1) La raíz y el ala martiana como interpretación nacionalista e ideológica de la conducta individual y colectiva. Esto lo va a conducir a su propia percepción de las circunstancias martianas en *Un objeto de deseo.*

(2) Las relaciones incestuosas como fundamento freudiano del análisis de las circunstancias familiares, como desarrolla en *La navaja de Olofé,* pero más específicamente en *Oscuro total.*

(3) El «cainismo» (terminología que acuña) como explicación de las luchas fratricidas en la historia nacional, que ejemplifica en *La Madre y la Guillotina.*

(4) La magia afro-cubana como componente esencial de la identidad blanqui-negra de nuestra nacionalidad, entre las cuales *La navaja de Olofé* es una muestra compacta y verdaderamente excepcional.

(5) El lenguaje como una obsesión lingüística y un componente esquizofrénico de la conducta. Se vale de esto para trazar los componentes patológicos de la conducta en *La sal de los muertos.*

(6) El teatro dentro del teatro como técnica preferida por gran parte de los dramaturgos cubanos. Esta característica también domina su producción. La utiliza incansablemente desde múltiples perspectivas, como si quisiera agotar sus posibilidades, como pueden verse en los ensayos que aparecen en este libro Se inicia con *Los acosados* y determina la estructura de las obras que escribe durante el período 1960-1961: *La sal de los muertos, Gas en los poros, La Madre y la Guillotina.* Sigue trabajando con ella en *La navaja de Olofé* y en el desarrollo simétrico de tres piezas de madurez: *Exilio, Su cara mitad* y

---

[21] A Guillermo Cabrera Infante, que se refiere a Matías en *Tres tristes tigres* como un compañero de bachillerato a quien le va a pedir un lápiz y un papel «sin decirle nada, porque él también escribía o quería escribir», le dedica tres ensayos en *La narrativa cubana entre la memoria y el olvido* que integran tres capítulos (209-251), porque Matías no es capaz de parecidas mezquindades. Todavía en fecha reciente, en una entrevista que aparece en *Barcarola* (Febrero 2001, N. 60, 277-310), se refiere al episodio sin dar el nombre de Matías agregando aquí, que *creía* se había llevado un premio en España. Matías también le dedica un capítulo a Sarduy en el mencionado libro.

Oscuro total. Todo esto culmina, aunque debo aclarar que de otro modo, en *Un objeto de deseo.*

El concepto «vida y máscara» que utiliza para la estructuración general del libro, lo transfiere en la que posiblemente sea una de sus investigaciones más amplias y profundas sobre el teatro puertorriqueño, *Persona: vida y máscara en el teatro puertorriqueño.* En el mismo recorre el espacio histórico puertorriqueño estableciendo una correlación entre la vida nacional y la escena. Ningún investigador del teatro puertorriqueño había hecho un estudio semejante en la dimensión que Matías lo lleva a efecto, hasta el momento en que lo escribe, y en esta afirmación estoy incluyendo a los propios puertorriqueños. Este estudio representa una entrega total en la búsqueda de un entendimiento de una nacionalidad que no es la suya. Esto lo obliga a transferir su propia identidad en beneficio de la ajena, y pienso que quizás esta haya sido una de sus aventuras críticas más quijotescas. Nunca hemos sabido en qué medida ha sido apreciado por la crítica puertorriqueña a pesar de haber sido publicado por El Centro de Estudios Avanzados de Puerto Rico y el Caribe, que es en sí mismo un reconocimiento de la validez del estudio realizado. A la crítica puertorriqueña posiblemente le resulta difícil aceptar que un extranjero, cubano exiliado para ser más precisa, se dedicara a bucear tan a fondo en la identidad nacional. Este estudio bien hubiera podido subtitularse «Puerto Rico detrás del telón». Es mucho más extenso y meticuloso que *Persona: vida y máscara en el teatro cubano.* Los textos dramáticos objetos de estudio aparecen interpretados a través de un esquema de fuerzas (inspirado en las ideas dramáticas de Etienne Souriau). En ellos Matías parte de un núcleo u objetivo que se encuentra sometido a un juego de signos ascendentes y descendentes que conducen la acción dramática hacia el descubrimiento de la incógnita y el desenlace. En este sentido, el libro se convierte en un ejercicio metodológico de la escritura escénica, con una sucesión de diagramas, de esquemas funcionales, de proyecciones geométricas, detrás de los cuales pueden descubrirse las herramientas dramáticas de su propia obra.[22]

---

[22] Matías ha publicado dos ensayos adicionales sobre la dramaturgia puertorriqueña: «Convergencias y divergencias en *Revolución en el infierno»* (*Gestos,* 1986) y «Mítica de *Olú Clemente» (Américas Review,* 1986). Sobre el mexicano: «Emilio Carballido: Zambullida en el *Orinoco»* y «Bestiario y matamorfosis en *Santísima la Nauyaca»,* ambos en *Latin American Theatre Review* en 1982. «Poder o no poder: la argentinidad de Carlos Gorostiza» aparece en *Teatro argentino durante el proceso.*

El teatro cubano durante la República

Debo indicar que el análisis crítico de la dramaturgia cubana que inicia Matías con *Persona: vida y máscara en el teatro cubano,* sólo será superado por el propio dramaturgo y crítico cuando, años después se sitúe nuevamente desde el punto de vista crítico, sobre el espacio teatral republicano, para ofrecernos como resultado uno de los trabajos más completos, valiosos e incisivos sobre este tema en *El teatro cubano durante la República.* Con el significativo subtítulo de *Cuba detrás del telón,* cubre aspectos no discutidos previamente ampliando y complementando su trabajo anterior sobre la dramaturgia cubana. Admiro profundamente la constancia, paciencia y tenacidad que Matías puso en práctica para llevar a efecto una investigación de estas dimensiones y como pudo documentarlo tan minuciosamente desde el exilio. Este libro ha sido ampliamente reconocido por la crítica, incluyendo la crítica insular. A esto debo anticipar una serie de investigaciones inéditas en su fase final, *La dramaturgia cubana entre la estética y el compromiso* (1959-1969) y *Creación colectiva, realismo socialista y exilio* (1969-1979), en la que extiende por veinte años más su proyecto investigativo sobre «Cuba detrás del telón».

La recepción crítica que ha recibido *El teatro cubano durante la República* ha sido excepcional. Arístides Falcón, en «Mucho teatro para neófitos y conocedores» destaca la monumentalidad del texto desde los primeros renglones de una reseña iconoclasta: «Este reciente libro de crítica teatral de Matías Montes Huidobro es tan monumental como el Capitolio habanero, con su conglomerado de columnas jónicas que aparece en la portada y una opulenta ceiba que recuerda el Parque de la Fraternidad. ¿Monumental? ¿Opulento? Sí, ambos inclusive; 728 páginas en apretada letra, en una edición más holgada hubiera dado para tres volúmenes».... «La crítica huidobriana en un dicotómico y paradójico juego de espejos, recupera esa memoria desgarrada de la historia, la parte que se quiere olvidar...» «No existen estudios ni en un antes ni en un ahora que lo superen en amplitud y profundidad...” (Falcón, 279-280). Si de un lado los críticos observan lo minucioso de la investigación, del otro confirman la presencia del creador, y más específicamente del dramaturgo. «Carga las explicaciones de una subjetividad que, aun respetando las normas de la academia, la libera de su aire distanciado y doctoral. El texto es también un inventario de las fobias y pasiones de su autor, por eso, y por su habilidad para contarnos la trama de las obras e ilustrarlas con abundantes textos –por algo él es también un dramaturgo- a pesar de su estructura de libro de estudio, se lee con el interés de una novela amena» (Fandiño, 215). «Of epic proportions, spanning the work of thirty-four playwrights, *El teatro cubano durante la República: Cuba detrás del telón* reads as both testimony and homage to the «esfuerzo titánico» (83) of dramatists undertaking a Herculean journey to establish a theatrical discourse that articulates and constitutes national identity» (Van Hove, 544). Van Hove apunta también a la relación dinámica que pulula en un texto donde la dramaticidad está latente: «It is the dynamic tension between historical documentary and personal sound-bite that makes the book both challenging and engaging reading» (Van Hove, 545). Emil Volek reconoce también la dinámica del enfrentamiento, que le da dramaticidad a la escritura: «On the other hand, writing unapologetically from exile, as he is, he carves for himself a sensible space of dissidence, defying both the rituals of the now decrepit Marxist orthodoxy imposed on the island and the dulcified myths about the Republic fostered by some in exile. Montes Huidobro's principle yet dispassionate study points toward the unavoidable future space of encounter and dialog among the *membra disjecta* of the Cuban cultural universe» (Volek, 191). Este crítico apunta al diálogo dramático que establece toda la obra de Matías, dentro de una realidad histórica. Dicho diálogo no se transforma en ningún momento de su estudio en una abstracción crítica sin vitalidad. En ello sigue la tradición de Ramos. Aunque todas las reseñas reiteran una y otra vez el valor crítico-investigativo de este libro, sobresale el carácter vibrante que se desprende de su lectura. Rolando D. H. Morelli observa que el libro podría considerarse como «un gran «performance» en el que vemos en escena la república cubana y su dramaturgia, hecho este que se corresponde y arroja luz sobre la preferencia –señalada también por el estudioso en su trabajo– que muestran muchos de los dramaturgos cubanos por el recurso del teatro dentro del teatro» (Morelli, 122). Todos estos comentarios tienen en común el reconocimiento, explícito o implícito, de la conjunción del creador y el ensayista.

El libro, además, representa una reinserción de Matías, cuando menos parcial, en el discurso crítico teatral cubano, con la aparición en la revista *Tablas* de dos trabajos asociados con la publicación de este libro. De un lado Judith Weiss, en «La dicotomía cubana: dos perspectivas sobre José Antonio Ramos», hace minuciosa referencia a la interpretación monteshuidobriana de José Antonio Ramos (que es a la que le dedica mayor espacio en su libro), haciendo un análisis comparativo con el de Francisco P. Rodríguez Alemán, *José Antonio Ramos: un hombre de su tiempo,* publicado en Cuba en el 2003. Aunque Weiss hace algunas objeciones a ambos textos, la evaluación es muy favorable a los dos, en particular al de Matías, reconocimiento que adquiere mayor relieve debido a que el artículo se publica en Cuba. La ensayista destaca la dramaticidad de su análisis: «Montes-Huidobro aporta el instrumental (y el sesgo) dramático-literario que permite descodificar la ideología de Ramos a través de sus personajes» (Weiss, 17), y concluye fundamentalmente en lo esencial: «El profundo conocimiento que posee este colega y la pasión con que ha estudiado a Ramos, con quien busca compenetrarse y aún identificarse, informan un libro que incluye algunos de los análisis más detallados del teatro de Ramos» (Weis, 19). La inclusión, también en este número de *Tablas,* de «Una historia literaria detrás del telón», reseña de Enrique Río Prado, denota un reconocimiento no menos válido. Río Prado le pone objeciones, lo cual es lógico porque Matías sólo puede escribir de forma apasionada sobre el proceso cubano, destacando que algunas de «sus inquietudes intelectuales rezumen, más que nostalgia, un profundo y amargo resentimiento» (Rio Prado, 82). Pero, ¿podría ser de otro modo ante su experiencia histórica y las repercusiones en su vida como escritor? Es inevitable que se resienta ante las injusticias cometidas. Lo importante es que Enrique Río Prado llega a la conclusión de que «el *investigador* ha trabajado conscientemente rastreando y exponiendo la crítica textual de cada título y el *crítico* se ha expresado con rigor acucioso y libre de prejuicios artísticos. Perfecto conocedor de las técnicas de dramaturgia, realiza su análisis, sustentando fundamentalmente desde una perspectiva literaria, sin obviar jamás el sentido teatral del discurso dramático» (Río Prado, 82). En Miami, han aparecido dos reseñas breves pero positivas de William Navarrete y Luis de la Paz, ajustadas a los límites de espacio que les fueron asignados. Es curioso que el libro haya tenido mayor resonancia en los círculos teatrales insulares que en los del exilio, tratándose de un crítico y dramaturgo que ha residido en el exilio por casi medio siglo. Quizás se deba a lo que dice Falcón en su reseña: "¿Teatro cubano de la Fraternidad? No. No es un libro fraternal si de teatro se trata, y Cuba está detrás del telón« (Falcón, 279). Este comentario es válido no sólo con respecto a la revolución, sino también en lo que se refiere a la república y el exilio.

Itinerario del deseo

De entre todos los autores estudiados en *El teatro cubano durante la República*, además de Carlos Felipe y Virgilio Piñera, sobresale el espacio que le dedica a José Antonio Ramos. Habiendo sido Ramos un dramaturgo eminentemente realista, no se puede afirmar que haya ejercido una influencia formal en la obra de Matías. Los vasos comunicantes pueden establecerse básicamente por su preocupación ética. La misma tendrá su punto culminante en *Exilio* en el contrapunto establecido entre la conducta de Román y la de Miguel Angel. Es una situación que también forma parte del «cainismo» que Matías analiza en *Satanás, Tembladera* y *La recurva*. Al estudiar a Ramos él hace referencia con frecuencia a los vínculos ibsenianos de este autor. La presencia de Ibsen nos la revela nuestro dramaturgo en su teatro de madurez. Puede afirmarse que esto es el resultado también de una revalorización ibseniana que va desarrollando poco a poco en sus análisis críticos.

Los vínculos con Ramos se ponen de manifiesto más allá del teatro y la narrativa, hasta llegar a niveles más íntimos en *José Antonio Ramos. Itinerario del deseo,* que escribimos entre los dos, a modo de diálogo contrapuntístico. Desarrollamos este libro a partir de páginas del diario del propio Ramos que nos hizo llegar su viuda, Josefina de Cepeda, que fue una amiga nuestra muy querida. Matías lo concibió con un concepto de montaje, casi de forma novelada. La idea de hacerlo de esta forma creo tiene su origen en ese interés en el cine que siempre le ha caracterizado. Es un libro muy especial y muy apreciado por ambos, donde la ficción y la realidad se entretejen.

«Cuba detrás del telón» podría definir la esencia de toda la obra de Matías en sus dos vertientes: la crítica y la creadora. En esta afirmación incluyo algunas piezas, como *Las paraguayas,* obra a la que le dedico un ensayo en este libro, que dado su argumento no parecen referirse de forma directa a lo cubano. Existe una versión de esta obra en un acto, *El hombre del agua,* que es un ejemplo que demuestra la cubanía subyacente en el subtexto. Con la excepción de *Sobre las mismas rocas,* por su condición metafísica, Cuba siempre está detrás del telón. Presente en las penurias económicas de la República, en *Los acosados,* o en las implicaciones más alejadas de *Oscuro total y Su cara mitad.* En el caso de *Ojos para no ver* la presencia es más obvia por la síntesis histórica que se descubre en los referentes del texto. No menos importante en cuanto a esto es en esta misma obra su alegoría del sufrimiento cubano expresado por medio de la trilogía mariana, el significado de El Ciego de la Bahía dentro del presente histórico de los balseros y el evidente significado de Solavaya, que es un verdadero arquetipo de «nuestra» tiranía.

Entre todas estas obras quizás sean *Ojos para no ver, Exilio* y *Un objeto de deseo,* los mejores ejemplos de esta presencia. Respecto a *Exilio* debo decir que su título en su sencillez lo abarca todo: «cainismo» y «temática de las dos orillas», polos entre los que se desarrolla la historia argumental de una obra que se ha convertido en un clásico de la literatura cubana.

Un objeto de deseo.

Finalmente, *Un objeto de deseo.* Poco antes de la escritura de esta obra, se publica en España *Ratas en la isla,* texto que reúne cuentos publicados en 1967, en *La anunciación y otros cuentos cubanos,* algunos de ellos escritos en Cuba en los años cincuenta conjuntamente con otros escritos después. Desde esa época, ya Matías va trabajando con «el retrato femenino», con el cual iba componiendo su crítica y su narrativa. En «La constante distancia», «Leandro», «Los ojos en los espejos» y «Las auras», la mujer ocupa un primer plano, con todas las vicisitudes sufridas durante la época republicana que reflejaban diversas manifestaciones del machismo cubano, del cual habían sido víctimas personas muy allegadas de su familia. No hay duda de que estas experiencias dejan profundas huellas que lo llevarán al análisis creador y ensayístico de la mujer. En *Ratas en la isla,* la mujer sigue ocupando el primer plano desde la primera página en la que dedica el libro precisamente a su madre, sus tías y mi abuela, indicando en el prólogo que la matriz de esos cuentos «está en el sufrimiento del quehacer republicano, y es por ello que dedico este libro a un grupo de mujeres que conocí de cerca, muy unidas a mi diario vivir, que encarnaron dentro de sus propios contextos, ese doloroso sentir de muchas mujeres en la República, víctimas del patriarcado nacional» (17). No resulta raro que esa fijación en el análisis de caracteres femeninos, medio siglo después de su iniciación en las letras cubanas, le conduzca nuevamente a sentirse obsesionado por Lucía Jerez, la protagonista de la novela de Martí que lleva su nombre, y por Carmen Zayas Bazán, la esposa de Martí, que posiblemente la inspira. Con todos estos materiales construirá otro «retrato femenino», el de Carmen en *Un objeto de deseo,* que convierte en la apasionada antagonista de Martí.

Además de ser una síntesis de su destreza y dominio teatrales, *Un objeto de deseo* es una obra donde se suceden los desdoblamientos que sintetizan la teoría y práctica de su *persona* dramática. La presencia del teatro dentro del teatro, característica de su dramaturgia, reaparece también unida a su condición de ensayista, ambas en plena madurez. Concebida a partir de su ensayo, *«Lucía Jerez:* una amistad funesta», publicado en *La narrativa cubana entre la memoria y el olvido,* la novela de Martí sube a escena con características monteshuidobrianas muy definidas. Aquí va a la fuente clave de la identidad cubana, a José Martí, dándole un nuevo significado. Se traslada a otro tiempo histórico en busca de nuevas perspectivas, personales y colectivas. En ese viaje que emprende vivifica el pasado, el presente y el futuro e indaga incisivamente en el ser cubano.

Contemplando en su totalidad la obra de Matías Montes Huidobro puedo afirmar que su labor ha sido extraordinaria, digna de la más profunda admiración por el esfuerzo constante, la persistencia continua, el respeto que siempre ha sentido por la obra literaria de sus contemporáneos y sus incansables esfuerzos por darla a conocer, por la seguridad que siempre ha tenido en los valores de su escritura, por la honestidad y sinceridad que encierra cada palabra que ha escrito y por su inextinguible amor a Cuba.

OBRAS CITADAS

Delevon, Robert L. *Symbolist and Symbolism*. New York, Rizoli, 1992. 14.

Espinosa Domínguez, Carlos. *El peregrino en comarca ajena*. Boulder, Colorado: 2001, Society of Spanish and Spanish-American Studies, 88-90, 189-90

Fandiño, Roberto. Reseña. *El teatro cubano durante la República. Cuba detrás del telón*. Revista Hispano Cubana, N. 22, 2005, 213-219

Febles, Jorge. Reseña. *Esa fuente de dolor. Caribe*. Núm. 2, Vol. 2 Diciembre 1999. 149-152.

Febles, Jorge, y González Pérez, Armando. Eds. *Matías Montes Huidobro: acercamientos a su obra literaria*. New York-London: The Edwin Mellen Press, 1997

Gariano, Carmelo. Reseña. *Segar a los muertos. Hispania*. Num.1 Vol. 66. March 1983, 142-143

Gilmore, Elsa Martínez. «Picaresque Traces in Matías Montes Huidobro's *Esa fuente de dolor*». *Anales Literarios, Narradores,* Núm. 3, Vol, VII, 2001, 46-60

González-Pérez, Armando. *Acercamiento a la literatura afrocubana*. Miami. Ediciones Universal. 1994. 120.

Guillén, Claudio. *«El sol de los desterrados». Múltiples Moradas*. Barcelona: Tusquets 1998. 30, 34.

Gullón, Ricardo. *Espacio y novela*. Barcelona. 1980. 29-30.

Hove, Lucy Van. Reseña, *El teatro cubano durante la República: Cuba detrás del telón. Bulletin Hispanic Studies*. England: N.82, 2005, 544-545

Montes-Huidobro, Matías. Para todas las obras de este autor citadas en este ensayo consultar la bibliografía activa que aparece al final de este libro.

Morelli, Rolando. Reseña, *Concierto para sordos. Encuentro*. Otoño-Invierno, 2003-2004, N. 30-31, 291-293

——. Reseña. *El teatro cubano durante la República*. Caribe. Tomo 8, Núm.1. Verano 2005, 120-122

Río Prado, Enrique. «Una historia detrás del telón». *Tablas,* V. LXXVII, enero-mayo 2005, 82-83

Siemens, William. «Parallel Transformations in *Desterrados al fuego*». *Término,* Invierno 1984, 17-18

Suárez, Virgil. «Uprooted Cuban's journey to madness». Reseña, *Qwert and the Wedding Gown. The Philadelphia Inquirer*, Junio 28, 1992

Volek, Emil. Reseña, *El teatro cubano durante la República. Cuban Studies,* N. 36, 190-193

Weiss, Judith. *La dicotomía cubana: dos perspectivas sobre José Antonio Ramos. Tablas.* Vol. LXXX, julio-septiembre 2005, 15-20

BIBLIOGRAFÍA ACTIVA

NARRATIVA

–*La anunciación y otros cuentos cubanos.* Clemares, Madrid, 1967
–*Desterrados al fuego.* Fondo de Cultura Económica, México, 1975
–*Segar a los muertos.* Ediciones Universal, Miami, Fl., 1980
–*QWERT and the Wedding Gown.* Plover Press, Honolulu, Hi., 1992
–*Esa fuente de dolor.* Algaida Editores, Sevilla, España, 1999
–*Concierto para sordos.* Bilingual Press, Tempe, Arizona, 2001
–*Parto en el cosmos.* Betania, Madrid, 2002
–*Ratas en la Isla.* Aduana Vieja, Cádiz, España 2004

TEATRO

–*Ojos para no ver.* Ediciones Universal, Miami, Fl., 1979
–*Exilio.* Editorial Persona, Honolulu, Hi., 1988
–*Funeral en Teruel.* Editorial Persona, Honolulu, Hi., 1991
–*Obras en un acto.* Editorial Persona, Honolulu, Hi., 1991
–*Las paraguayas.* Suplemento, Revista Caribe. Milwaukee, Wisconsin, 2004
–*Un objeto de deseo.* Ediciones Universal, Miami, Fl,, 2005

POESÍA

–*La vaca de los ojos largos.* Mele, Honolulu, Hi., 1967
–*Nunca de mí te vas.* Ediciones Universal, Miami, Fl., 1997

EDICIONES CRÍTICAS

–*Los negros catedráticos* de Francisco Fernández (en *Teoría y práctica del catedratismo)*. Editorial Persona, Honolulu, Hi., l987
–*El Laúd del Desterrado*. Arte Público Press, Houston, Texas, 1995

BIBLIOGRAFÍA

–*Bibliografía crítica de la poesía cubana (1959-l971)* (co-editor, Yara González Montes). Plaza Mayor, Madrid, l972

ENSAYÍSTICA. LIBROS

–*XIX: Superficie y fondo del estilo*. Estudios de Hispanófila, University of North Carolina, 1971
–*Persona: vida y máscara en el teatro cubano*. Ediciones Universal, Miami, Fl., l973
–*Persona: vida y máscara en el teatro puertorriqueño*. Centro de Estudios Avanzados de Puerto Rico y el Caribe, San Juan, Puerto Rico, l986
–*La distorsión sexo-lingüística en Angel Ganivet*. Universidad de Granada. Centro de Investigaciones Etnológicas «Angel Ganivet», Granada, 2001
–*El teatro cubano en el vórtice del compromiso*. Ediciones Universal, Miami, Fl., 2002
–*El teatro cubano durante la República*. Society of Spanish and Spanish American Studies, University of Colorado at Boulder, Boulder, Colorado, 2003
–*La narrativa cubana entre la memoria y el olvido*. Ediciones Universal, Miami, Fl. 2004
–*José Antonio Ramos, Itinerario del deseo,* co-autor con Yara González Montes. Ediciones Universal, Miami, Fl., 2004

ENSAYOS PUBLICADOS EN LIBROS

—«Teatro» (introducción, selección y notas). *La Enciclopedia de Cuba*. Enciclopedia Clásicos Cubanos. Puerto Rico, 1973, Vol. II, 375-512

—«Observaciones estructurales sobre la narrativa de Lydia Cabrera». *Homenaje a Lydia Cabrera*. Ediciones Universal, Miami, Fl., 1978, 41-50

—«Nuevos escritores cubanos: una bibliografía trashumante». *New Writers of Latin America*. Salam, Colombia, 1978. 423-437

—«Bibliografía de la poesía cubana en el exterior: 1959-1974».(coautor Yara González Montes). *New Writers of Latin America*. Salam, Colombia, 1978, 416-422

—«Leopoldo Alas, Clarín: unidad y pluralidad en el estilo». *Leopoldo Alas, «Clarín»* Taurus, Madrid, 1978, 253-262

—«*Tiempo muerto*: ideario de lo que no fue». *Nuestro Mañach*. El Undoso, Miami, Fl., 1981, 7-16

—«*Grimpolario* en el *Laberinto*». *Homenaje a Enrique Labrador Ruiz*. Editorial Ciencias, Montevideo, 1981, 70-76

—«*La tía Tula:* matrimonio en el cosmos». *Homenaje a Ricardo Gullón*. Society of Spanish and Spanish American Studies, Nebraska, 1984, 229-248

—«From Hitchcock to García Márquez». *Critical Perspectives on García Márquez*. Society of Spanish and Spanish-American Studies, Nebraska, 1985, 105-123

—«Recovering the Lost Erotic Priestess of Caribbean Tradition». *Women as Myth and Metaphor in Latin American Literature*. University of Missouri Press, Columbia, Missouri, 1985, 107-120

—«Cuba». *Handbook of Latin American Literature*. Garland Reference Library, New York, 1987, 203-245

—«Luis F. González-Cruz». *Biographical Dictionary of Hispanic Literature in the U.S.* Greenwood Press, Westport, Conn., 1990, 131-137

—«José Antonio Ramos», «Luis Felipe Rodríguez» *Dictionary of Twentieth-Century Cuban Literature*. Greenwood Press, Westport, Conn., 1990, 395-408

—«Sobre Valera: el estilo». *Juan Valera.* Taurus, Madrid, 1990, 347-371

—«Entwicklung des spanischsprachigen Theaters in Miami, 1959-1988». *Theater in Latein Amerika.* Dietrich Reimer Verlag, Berlin, Germany, 1991, 213-223

—«El caos como proceso creador». *Camilo José Cela: Homage to a Nobel Prize.* University of Miami, Miami, Fl., 1991, 83-90.

—«Poder o no poder: la argentinidad según Carlos Gorostiza» *Teatro argentino durante el proceso.* Instituto Literario y Cultural Hispánico. Editorial Venciguerra, Buenos Aires, Argentina, 1992, 99-112

—«Der kubanische Theatearautor in Strudel des Engagements. Kontinuitat und Brunch». *Das moderne Theater Lateinamerikas.* Vervuert Verlag, Frankfurt am Main, 1993, 252-264

—«La ética histórica como acondicionadora de la acción en el teatro de José Triana». *Palabras más que comunes.* Society of Spanish and Spanish-American Studies. University of Colorado, Boulder, Colorado, 1994, 41-52

—«El escritor y su público». *The Seventeenth Louisiana Conference on Hispanic Languages and Literatures,* Louisiana State University, Baton Rouge, La., 1996, 43-45

—«Distorsión humorística del cómic: post-modernidad lúdica de *Paradox, Rey*». *Selected Proceedings of the First International Conference on Hispanic Humor,* Scripta Humanistica, Maryland, 1998, 121-130

—«Escribir teatro en el exilio». *Cuba: exilio y cultura. Memoria del Congreso del Milenio.* Ediciones Universal, Miami, Fl. 2002, 117-120

—«El teatro cubano del exilio» *Centenario de la república cubana.* Ediciones Universal, Miami, Fl. 2002, 397-406

—«Siervos cubanos». *Virgilio Piñera. La memoria del cuerpo.* Editorial Plaza Mayor, San Juan, Puerto Rico, 183-197

ENSAYOS PUBLICADOS EN REVISTAS

- «Necesidad de José Antonio Ramos». *Lunes de Revolución.* Cuba, Junio 29, 1959, 9-11
- «Nueva mirada hacia el pasado». *Lunes de Revolución.* Cuba, Noviembre 27, 1960, 30-31
- «Cervantes en escena: técnica del entremés». *Lunes de Revolución.* Cuba, Agosto 22, 1960, 18-20
- «Un actor se prepara». *Lunes de Revolución.* Cuba, Abril 3, 1961, 13-14
- «Un retrato femenino: Pepita Jiménez». *La Estafeta Literaria.* España, Agosto 12, 1967, 5-7
- «El realismo estético de Pereda en La Leva». *Hispania.* Diciembre 1968, 839-846
- «Sencillez arquitectónica y aderezos estilísticos en Pedro Antonio de Alarcón». *Hispanófila.* University of North Carolina, No. 34, 1968, 47-57.
- «El Dogma de la Inmaculada Concepción como interpretación de la mujer en la obra de Ganivet». *Duquesne Hispanic Review,* Duquesne University, Primavera, 1968, 9-25
- «Riqueza estilística de *La Regenta*». *Revista de Estudios Hispánicos,* University of Alabama, Abril 1969, 43-60
- «Variedad formal y unidad interna en *El señor de Bembibre*» *Papeles de Son Armadans.* Palma de Mallorca, España, Junio 1969, 233-253
- «Mesonero Romanos: el estilo como permanencia de lo efímero». *Hispania.* Septiembre 1969, 401-408
- «Leopoldo Alas: el amor, unidad y pluralidad en el estilo». *Archivum.* Universidad de Oviedo, España, N. XX, 1969, 207-220
- «Un retrato de Azorín: doña Inés». *Revista de Occidente.* España, Diciembre 1969, 362-373
- «Réquiem en el Jarama». *Proceedings, Pacific Northwest Conference.* University of Victoria, Canada, Vol. XXI, 1970, 150-158

—«Bécquer: el exilio poético como determinante del estilo». *Revista de Estudios Hispánicos.* University of Alabama, Noviembre 1970, 261-279

—«La actitud diferencial en Larra: superficie y fondo de la angustia». *Hispanófila.* University of North Carolina, No. 39, 1970, 29-41

—«Técnica dramática de José Antonio Ramos». *Journal of Interamerican Studies and World Affairs.* Abril 1970, 229-241

—«Trayectorias barojianas: de su intimidad y su superficie» *Boletín de la Biblioteca Menéndez y Pelayo.* Santander, España, Ns. 1-4, 1971, 335-364

—«Sobre Valera: el estilo». *Revista de Occidente.* España, Noviembre 1971, 168-192

—«Fuerzas deformantes de la realidad en *La conquista del Reino de Maya*». *Proceedings, Pacific Northwest Conference.* Oregon State University, Vol. XXIII, 1972, 281-287

—«Circunstancia poética en el exilio» (co-autor, Yara González Montes). *Exilio.* Año 6, N. 1, 1972. 139-143

—«*Su único hijo:* sinfónico avatar de Clarín». *Archivum.* Universidad de Oviedo, España, N. XXII, 1972, 142-209

—«Azorín: Comedia del arte resucitada». *Primer Acto.* España, Octubre 1973, 4-12

—«El teatro de Milanés y la formación de la conciencia cubana». *Anales de Literatura Hispanoamericana.* Universidad de Madrid, Nros. 2-3, 1973-1974, 223-240

—«Azorín: *Don Juan* o como decir lo que no se dice». *Revista de Occidente.* España, Agosto 1974, 88-111

—«Prehistoria del erotismo». *Cubanacán.* Revista del Centro Cultural Cubano, New York, Verano 1974, 20-31

—«*Cartas finlandesas*: Ganivet, agonista de la percepción y del lenguaje». *Revista de Estudios Hispánicos.* University of Alabama, Enero 1973, 3-30

—«Labrador Ruiz: estética del subconsciente en la narrativa cubana». *Anales de Literatura Hispanoamericana.* Universidad de Madrid, Nro. 5, 1976, 209-220

—«La novela cubana: el sitio de la palabra» (co-autor, Yara González Montes). *Caribe.* Primavera 1976, 127-146
—«Ideárium erótico-religioso: Yerma de don Juan». *Diálogos.* México, Mayo-Junio 1976, 6-10
—«Naturalismo estético-romántico en *Niño y grande* de Gabriel Miró». *Hispania.* Septiembre 1976, 449-459
—«Círculo y fuga en la poesía de Angel Cuadra Landrove». *Círculo.* Revista del Círculo de Cultura Panamericano, Vol. VII, 1977, 89-96
—«El caso Dorr: el autor en el vórtice del compromiso». *Latin American Theatre Review.* University of Kansas, Otoño 1977, 35-43
—«Labrador Ruiz: pruebas de galera de un proceso creador». *Chasqui.* Noviembre 1977, 5-15
—«*Vejigantes*, síntesis erótica de la historia puertorriqueña». *Revista del Instituto de Cultura Puertorriqueña.* Abril-Junio 1977, 33-40
—«La reacción anti-jerárquica en el teatro cubano colonial». *Cuadernos Hispanoamericanos.* Abril 1978, Nro. 334, 5-515
—«Itinerario del Ebó: Lydia Cabrera y Guillermo Cabrera Infante». *Círculo.* Revista del Círculo de Cultura Panamericano, Vol VIII, 1978, 105-114
—«Itinerario del Ebó». *Studies in Afro-Hispanic Literature.* The City University of New York, Volumen II-III, 1978-79
—«El teatro de Luis Rafael Sánchez». *American Hispanist.* Noviembre-Diciembre 1978, 22-25
—«Nueva Generación antes de Lunes». *Chasqui.* Noviembre 1979, 39-74
—«*Sotileza*: dragón y héroe en las tribus de Winnebago». *Crítica Hispánica.* Vol. I, N. 2, 1979, 169-185
—«*Don Gonzalo González de la Gonzalera:* la revolución de la palabra como pecado original». *Boletín de la Biblioteca Menéndez y Pelayo.* Santander, España, Enero-Diciembre 1979, 147-169
—«Cinco horas con Carmen». *Kañina.* Universidad de Costa Rica, Julio-Diciembre 1980, 67-80

—«El audaz: ideárium erótico-revolucionario de Galdós». *Hispania.* Septiembre 1980, 487-497

—«Virgilio Piñera: un proceso de anulación verbal». *Memoria XIX Congreso Internacional de Literatura Iberoamericana.* University of Pittsburgh, 1980, 265-274

—«Significantes de la teatralidad: *Carnaval afuera, carnaval adentro*». *The Bilingual Review.* Enero-Abril 1980, 39-52

—«Emilio Carballido: Zambullida en el *Orinoco*». *Latin American Theatre Review.* University de Kansas, Primavera 1982, 37-47

—«Bestiario y metamorfosis en *Santísima la nauyaca* de Tomás Espinosa». *Latin American Theatre Review.* University of Kansas, Otoño 1982, 41-51

—«Charada». *Escandalar.* Enero-Junio 1982, 137-140

—«Ficción y realidad en *La muerte no entrará en Palacio*». *Revista Interamericana.* Interamerican University of Puerto Rico, V. XII, Nro. 2, 1982, 272-299

—«Teatro puertorriqueño: anti-épica de *La invasión*». *Anales de Literatura. Hispanoamericana.* Universidad de Madrid, Nro. 11, 1982, 149-172

—«*El Grito de Lares*: el sueño de una épica jíbara». *Kañina.* Universidad de Costa Rica, Enero-Diciembre 1982, 37-41

—«Dinámica de la correlación existencial en *La familia de Pascual Duarte*». *Revista de Estudios Hispánicos.* University of Alabama, Mayo 1982, 213-222

—«New York New York: *Esta noche juega el joker*». *Chasqui.* Noviembre 1983, 46-54

—«*La casa sin reloj*: la solución del absurdo». *Hispanic Journal.* Indiana University of Pennsylvania, Otoño 1983, 101-116

—«René Marqués: *El hombre y sus sueños*». *Nueva Estafeta.* España, Abril 1983, 46-54

—«Bíblica histórica puertorriqueña: la impotencia según Marqués». *Crítica Hispánica.* Vol. V, 1983, 149-168

—«La nostalgia de *Alma guajira*». *Guángara Libertaria.* Primavera 1984, 26-27

—«Teatro en Lunes de Revolución». *Latin American Theatre Review.* University of Kansas, Otoño 1984, 17-34

- «Riqueza verbal en 'Abril es el mes más cruel'» *Círculo.* Revista del Centro de Cultura Panamericano, V. XVIII, 1984, 97-104
- «Un retrato femenino: la tía Tula». *Kañina.* Universidad de Costa Rica, Enero-Diciembre 1984, 83-89
- «*La tía Tula*: credo de la abejidad y erótica de Dios» *Discurso Literario.* Oklahoma State University, Primavera 1985, 457-479
- «Convergencias y divergencias en *Revolución en el Infierno*». *Gestos.* University of California, Irvine, Primavera 1986, 131-145
- «*Juego de cámaras* de Carlos Gorostiza». *Hispania.* Septiembre 1986, 521-530
- «Mítica de Olú Clemente». *Americas Review.* University of Houston, Otoño-Invierno 1986, 136-149
- «Imagen y sonido: anti-ética de *Gestos*». *Hispanic Journal.* Indiana University of Pennsylvania, Primavera 1987, 23-29
- «Lenguaje, dinero, pan y sexo en el 'bufo cubano'». *Cuadernos Hispanoamericanos.* Enero-Febrero 1988, Nros. 451-52, 241-253
- «José Antonio Ramos: una aproximación sico-histórica». *Alba de América.* Julio 1988, 209-222
- «Monogamia y poligamia: contrapunto de Pío Cid». *España Contemporánea,* Ohio State University, Primavera 1989, 61-79
- «El montaje fílmico-histórico en *Vista del amanecer en el trópico*». *Alba de América.* 1989, 379-394
- «*La tía Tula*: batalla de los sexos y cópula del intelecto». *Confluencia.* University of Northern Colorado. Otoño 1990, 39-44
- «Espacio lírico y espacio narrativo en *Los trabajos del infatigable creador Pío Cid*». *Letras peninsulares.* Michigan State University, Otoño-Invierno 1990, 179-200
- «José Antonio Ramos: viñeta a dos voces». *Revista Iberoamericana.* Julio 1990, 845-852
- «La castración como conducta histórica». *Linden Lane.* Marzo 1990, 15-16

—«La liberación del espacio escénico en el teatro de Abelardo Estorino». Instituto Literario y Cultural Hispánico, California. *Alba de América.* Julio 1991, Vol. I, N. 16-17, 245-258

—«1959-1961: apertura, cierre y definición en el teatro cubano». *Confluencia.* University of Northern Colorado, Otoño 1991, Vol. 7, N. 1, 89-97

—«Corrientes ocultas en *Los pazos de Ulloa*». *España contemporánea,* Ohio State University, Otoño 1991, 33-50

—«Mónada, cuanta y entropía en el caos celiano». *Ometeca.* Volume II, N. 2, 1991, 39-70

—«Psicoanálisis fílmico-dramático de *La mueca*». *Monographic Review.* Vol. VII, 1992, 297-314

—«Sistematización histórica del discurso poético-teatral en la dramaturgia cubana». *Alba de América.* Vol. X, Julio 1992, 115-134

—«Pedro Santacilia: las relaciones hispano-cubanas en el discurso lírico-histórico del siglo XIX». *Alba de América.* Vol. II, Junio 1993, 127-136

—«La relación fílmico-teatral en *Orquídeas a la luz de la luna* de Carlos Fuentes». *Gestos.* University of California Irvine, Año 8, Nro. 16, Nov. 1993, 75-88

—«Azorín: teoría y práctica del cine». *España Contemporánea.* Ohio State University, tomo VII, N. 1, Primavera 1994, 29-46

—«Análisis fílmico-literario de *Los santos inocentes*». *Letras Peninsulares.* Michigan State University, Primavera 1994, Vol. 7.1, 293-312

—«Censura, marginación y exilio en el teatro cubano contemporáneo». *Dramaturgos,* N. 1, Vol. 1, 1995, 7-25

—«Un vals que no se ha tocado todavía». *Dramaturgos.* N. 1, Vol. 1, 1995, 28-31

—«La voz del otro en el teatro cubano contemporáneo». *Má Teodora.* N. 1, Oct.-Dic. 98, 3-7

—«Metafísica de eros en Uva de Aragón». *Anales literarios.* Vol. II, Núm. 2, 1998, 98-107

- «Virgilio Piñera: el que dijo NO». *Caribe.* Marquette University y Western Michigan University, Invierno 2000, Nro. 2, 34-50
- «José Corrales: nadie sabe nada». *Caribe.* Marquette and Western Michigan Univs. Invierno 2001-02, Nro. 2, 238-248
- «Concursos, premios y editoriales: otras reflexiones sobre la novela cubana del exilio». *Anales literarios.* Vol. 3, Nro. III, 2001, 141-153
- «Reflexiones del 20 de mayo». *Sinalefa.* Mayo-Agosto, 2002, N. 2, 2-5
- «Hacia una metafísica de la escritura». *Sinalefa.* Mayo-Agosto, 2003, N. 5, 8-11
- «Transgresiones y transgresores». *Encuentro.* Primavera-Verano 2003, Nms. 28-29, 273-285
- «Abelardo Estorino: Una metafísica de la teatralidad». *Encuentro.* Nros. 26-27, Otoño-Invierno 2002-2003, 33-40
- «*Sangiven en Union City,* Estado de sitio». *Ollantay.* V. II, N. 21, 2003
- «La música cubana de Aurelio de la Vega». *Caribe.* Marquette y Westerm Michigan Univs.Vol. 2, N. 2, Invierno 2003-04
- «Cuba detrás del telón». *Sinalefa.* Mayo. Agosto, 2004, N.8, 13-19

BIBLIOGRAFÍA PASIVA

—Acevedo, Norma Niurka. Reseña. «Un triángulo apasionado y peculiar». Enero 26, 2006. *El Nuevo Herald, 4D.*
—Aguilú de Murphy, Raquel. Reseña, *Exilio. The Americas Review,* Primavera 1991, Vol 10, N. 1, 119-122
—Alba-Buffill, Elio. Reseña, *Persona: vida y máscara en el teatro cubano. Anales de Literatura Hispanoamericana*, Vol. 3, N. 4, 1975, 318-319
—Alba-Buffill, Elio. «La cuentística de Matías Montes Huidobro: búsqueda angustiosa de ideales». *Conciencia y quimera.* New York: Senda Nueva de Ediciones, 1985, 59-68
—Aragón, Uva de. «El 'exilio' de Matías». *Diario las Américas*, Abril 6, 1988, 2-B
—Aragón, Uva de. «Los juegos del dolor en el monte de Matías». *Diario las Américas,* Sept. 9, 1999, 5-A
—Aragón, Uva de. «Itinerario del deseo o la madeja sin fin», *Diario las Américas,* Dic. 9, 2004, 5-A
—Aragón, Uva de. «*Un objeto de deseo:* una obra controversial». *Diario las Américas,* Febrero 10, 2006, 4-A
—Artalejo, Lucrecia. Reseña, *Concierto para sordos. World Literature Today,* Oct.-Dec. 2003, 144-145
—Baciu, Stephan. Prólogo, *La vaca de los ojos largos.* Honolulu, Hawaii: Mele, 1967, 2-4
—Baeza Flores, Alberto. Reseña, *Desterrados al fuego. The Miami Herald,* Miami, Mayo 23, 1977, 4
—Bello, Francisco R. Reseña, *Funeral en Teruel. Repertorio Latinoamericano,* Abril-Junio 1991, 15-16
—Betanzos, Lourdes. Reseña, *El teatro cubano en el vórtice del compromiso. Chasqui,* Nov. 2001, 162-164
—Bissett, Judith. Reseña, *Persona: vida y máscara en el teatro puertorriqueño. Chasqui,* Mayo 1988, 108-110
—Bissett, Judith. «*La madre y la guillotina* and *Las paraguayas*». En *Matías Montes Huidobro: acercamientos a su obra literaria.*

Eds. Febles y González Pérez. New York: Mellen Press, 1997. 135-142

—Burunat, Sylvia. *Biographical Dictionary of Hispanic Literature in the United States.* Nicolas Kanellos, Editor. New York: Greenwood Press, 1990, 216-217

—Cabrera Infante, Guillermo. Nota sobre «La constante distancia» *Carteles,* Noviembre 4, 1956, 32

—Catalá, Rafael. Reseña, *Desterrados al fuego. Crítica,* Vol. I, Primavera 1985, N. 2, 144-148

—Colecchia, Francesca; Matas, Julio. Introducción, *The Guillotine. Selected Latin American One-Act Plays.* Pittsburgh, Pa.: University of Pittsburgh Press, 1973, 94-123

—Colecchia, Francesca. «Matías Montes-Huidobro: His Theater». *Latin American Theater Review,* Summer 1980, 77-80

—Colecchia, Francesca. Reseña, *Ojos para no ver. Hispania,* Mayo 1982, 16

—Colecchia, Francesca. «Niveles temporales en *Funeral en Teruel».* Prólogo, *Funeral en Teruel.* Honolulu, Hawaii: Editorial Persona, 1991

—Colecchia, Francesca. Reseña, *Teoría y práctica del catedratismo. Chasqui,* Nov. 1988, 37-9

—Colecchia, Francesca. «Some Temporal Considerations in the Theater of Matías Montes Huidobro». En *Matías Montes Huidobro: acercamientos a su obra literaria.* Eds. Febles y González Pérez. New York: Mellen Press, 1997. 157-164

—Connor, Olga. «La pesadilla infernal del cubano» *El Nuevo Herald,* «Galería», 14 de julio, 2002, 4E

—Connor, Olga. «Matías Montes Huidobro en la encrucijada de Guadalajara». *El Nuevo Herald,* «Galería», 5 de enero, 2003, 1E

—Connor, Olga. «Homenaje a Matías Montes Huidobro». *El Nuevo Herald,* 25 de mayo del 2003, 1E

—Connor, Olga. «Homenaje a Matías Montes Huidobro: su teatro». *El Nuevo Herald,* 1ro de junio del 2003, 1E

—Connor, Olga. «Los intríngulis de *Un objeto de deseo». El Nuevo Herald,* enero 17, 2006, 4D

—Corrales, José. Reseña, *Funeral en Teruel. Círculo,* Vol. XXI, 1992, 186-188

—Cortina, Rodolfo J.. «About the Author». *Cuban American Theater.* Arte Público Press, Houston, Texas, 1991, 55-57
—Cremer, Victoriano. Reseña, *La vaca de los ojos largos. Proa,* León, España, Oct. 22, 1967, 16
—Cuadra, Ángel. «Grupo Prometeo en el Festival de Teatro». Reseña, *Ojos para no ver. Diario de las Américas,* Junio 25, 1993
—Cuadra, Ángel. «Teatro en el Congreso Cuba: Exilio y Cultura» Reseña, *Exilio. Diario de las Amérias,* Oct. 24, 1999.
—Cuadra, Angel. Reseña, *«Oscuro total,* obra cubana en el Festival de Teatro». *Diario de las Américas,* Junio 21, 2000, 2-B
—Dauster, Frank. Reseña, *Persona: vida y máscara en el teatro cubano. Revista Iberoamericana,* Abril-Junio 1975, 371-373
—Dauster, Frank. *Historia del teatro hispanoamericano.* México: Ediciones Andrea, 1973, 128
—Dauster, Frank. Reseña, *Persona: vida y máscara en el teatro puertorriqueño. The Americas Review,* Otoño-Invierno 1988, 235-237
—Dellepiane, Angela. Reseña, *Qwert and the Wedding Gown. Linden Lane.* Marzo 1993, 30
—Díaz, Manuel C. Libros recibidos, *El teatro cubano en el vórtice del compromiso. El Nuevo Herald,* 9 de febrero del 2003, 3E
—Escarpanter, José. «El teatro cubano fuera de la isla» *Escenarios de dos mundos.* Madrid: Centro de Documentación Teatral, 1988, 333-341
—Escarpanter, José. Prólogo, *Exilio.* Honolulu, Hawaii: Editorial Persona, 1988, 5-8
—Escarpanter, José. «El exilio en Matías Montes Huidobro y José Triana». *Linden Lane Magazine,* Oct.-Dec. 1990, 61-62
—Escarpanter, José. *Dictionary of Twentieth-Century Cuban Literature.* Julio A. Martínez, editor. New York: Greenwood Press, 1989, 309-314.
—Escarpanter, José A. «*Funeral en Teruel* y el concepto de la hispanidad». Prólogo, *Funeral en Teruel.* Honolulu, Hawaii: Editorial Persona, 1990, 11-14
—Escarpanter, José A. «*Su cara mitad*: una confrontación con trama de suspense» *Teatro cubano contemporáneo, Antología.* Centro de Documentación Teatral, Fondo de Cultura Económica, Sociedad Estatal del Quinto Centenario, Madrid, España, 1992, 623-629

—Escarpanter, José A. Reseña, *Obras en un acto. Gestos,* Abril 1993, 185-186
—Escarpanter, José A. «La impronta de la revolución cubana en el teatro de Montes Huidobro». En *Matías Montes Huidobro: acercamientos a su obra literaria.* Eds. Febles y González Pérez. New York: Mellen Press, 1997. 59-69
—Escarpanter, José A. Reseña, *El teatro cubano en el vórtice del compromiso. Gestos,* Noviembre 2004, 196-198
—Espadas, Elizabeth. «El círculo ardiente: el destierro en *Desterrados al fuego* y en *Exilio». Revista Iberoamericana,* Julio-Diciembre 1990, 1078-1090
—Espinosa Domínguez, Carlos. *El peregrino en comarca ajena.* Boulder, Colorado: 2001, Society of Spanish and Spanish-American Studies, 88-90, 189-90
—Espinosa Domínguez, Carlos. «Un septuagenario laborioso y vital». Edición electrónica, *Encuentro en la red,* julio 4, 2001
—Esquiroz, Luisa. «Últimas presentaciones de *Exilio* del dramaturgo Matías Montes Huidobro». *Diario de las Américas,* Abril 1ro, 6-8
—Estrella, Mimí. «La otra mitad. El Teatro de las Américas presenta *Su cara mitad»* Publicación electrónica. www. VenturaCountyStar.com
—Falcón, Arístides. *El teatro de la crueldad de Matías Montes Huidobro.* Boulder, Colorado: Society of Spanish and Spanish-American Studies, 2006.
—Fandiño, Roberto. Reseña: *El teatro cubano en el vórtice del compromiso. Revista Hispano Cubana,* N. 15, 2003, 211-216
—Fandiño, Roberto. Reseña. *El teatro cubano durante la República. Cuba detrás del telón. Revista Hispano Cubana,* N. 22, 2005, 213-219
—Febles, Jorge. «La disfiguración enajenante en *Ojos para no ver». Crítica Hispánica,* N. 2, 1982, 127-136
—Febles, Jorge. «Metáfora del artista adolescente: el juego alucinante en *Sobre las mismas rocas». Latin American Theatre Review.* Primavera 1994, 115-126
—Febles, Jorge, y González Pérez, Armando. Eds. *Matías Montes Huidobro: acercamientos a su obra literaria.* New York-London: The Edwin Mellen Press, 1997

—Febles, Jorge. «La transmigración del rito parricida en *Oscuro total*». En *Matías Montes Huidobro: acercamientos a su obra literaria*. Eds. Febles y González Pérez. New York-London: Mellen Press, 1997. 185-202
—Febles, Jorge. Reseña, *Esa fuente de dolor. Caribe*. Vol. 2, N. 2, Diciembre 1999, 149-152
—Febles, Jorge. «Entre sombras anda el juego: la monstruosidad filial en *Recordando a mamá* de Monge Rafuls y *Oscuro total* de Matías Montes Huidobro». *Creación y Exilio, I Encuentro con Cuba en la distancia*. Madrid, España: Editora Hispano Cubana, 2001. 300-307
—Febles, Jorge. Reseña, *Esa fuente de dolor. Revista Hispano Cubana*, N. 9, Invierno 2001, 157-160
—Febles, Jorge. Reseña, *Concierto para sordos. Chasqui,* Vol. XXXI, N.2, Nov. 2002, 138-139
—Febles, Jorge. «El arte de escribir reescribiendo*: Ojos para no ver* antes, dentro y después de *Esa fuente de dolor*». *Revista Hispano Cubana,* N. 21, 2005, 105-116
—Febles, Jorge. «*Las paraguayas* en su contexto». *Suplemento especial. Caribe*. Michigan-Milwaukee: Marquette University and Western Michigan University, 2004
—Fernández Vázquez, Antonio. «Disquisiciones sobre *Esa fuente de dolor* de Matías Montes Huidobro». *Caribe,* Tomo 8, N. 2, Invierno 2005-06, 51-60
—Fernández, José. Reseña. *Persona: vida y máscara en el teatro cubano. Modern Languages Journal,* Sept.-Oct., l975, 8-9
—Fernández, José. Reseña, *Qwert and the Wedding Gown. The Americas Review*, Primavera 1993, ll9-120
—Ferro, Hellen. Reseña, *Bibliografía crítica de la poesía cubana. Repertorio Latinoamericano,* Abril l975, 8-9
—Ferro, Hellen. Reseña, *Desterrados al fuego. Repertorio Latinoamericano*, Diciembre l975,12-13
—Ferro, Hellen. Reseña. *Funeral en Teruel, Repertorio Latinoamericano*, Abril-Jun l991, 15-16
—Fornés Bonavia, Leopoldo. Reseña. *Parto en el cosmos. Revista Hispano Cubana,* Oct.-Dic. 2002, 174-177

—Foster, David William. «Montes Huidobros's *Exilio* and the Representation of Gay Identity». *Sexual Textualities.* Austin, Texas: University of Texas Press, 1997, 87-93
—Foster, David William. Reseña, *El teatro cubano durante la República. Cuba detrás del telón.. Chasqui,* Nov. 2004, 183-184
—Gainza, Ramón. Reseña, *Los acosados. El Mundo,* La Habana, Marzo 19, 1960
—García Béjar, Ligia. «La literatura siempre antes que la política». *El Informador,* Guadalajara, México, Diciembre 6, 2002.
—García-Camargo, Armando. Reseña, *Un concierto para sordos. Revista Hispano Cubana.* Primavera-Verano 2002, 172-174
—Gariano, Carmelo. Reseña, *Segar a los muertos. Hispania,* Marzo 1983, 142-143
—Gariano, Carmelo. «Hito narrativo de Montes Huidobro». *Diario de las Américas,* Junio 30, 2002, 9-B
—Gariano, Carmelo. «La narrativa espectral de Montes Huidobro». Premio Los Carbonell, Círculo de Cultura Panamericano 2002. *Círculo.* V. XXXIII, 2004, 190-199
—Gilmore, Elsa Martínez. «Picaresque Traces in Matías Montes Huidobro's *Esa fuente de dolor». Anales Literarios, Narradores,* Núm. 3, Vol, VII, 2001, 46-60
—Gilmore, Elsa Martínez. «Vista del amanecer en el trópico: el discurso de la iluminación escénica en *Ojos para no ver».* En *Matías Montes Huidobro: acercamientos a su obra literaria.* Eds. Febles y González Pérez. New York: Mellen Press, 1997.
—Giral, Sergio. Reseña, «Una reflexión sobre el exilio desde el exilio». *Éxito,* 11 de diciembre de 1996, 64
—González-Cruz, Luis. Reseña, *Teoría y práctica del catedratismo en Los Negros Catedráticos. Cuban Studies,* N. 19, 1988, 267-269
—González-Cruz, Luis. Reseña. *Funeral en Teruel. Confluencia,* Primavera-Otoño 1993, Vol 8-9, N. 1-2, 291-292
—González-Cruz, Luis. Artículo, «*Concierto para sordos* de Matías Montes Huidobro». *Diario de las Américas,* Sept. 21, B-9
—González-Cruz, Luis. Reseña: *Concierto para sordos. Círculo,* Vol. XXXII; 2003, 247-250
—González Freire, Natividad. *Teatro cubano.* La Habana: Ministerio de Relaciones Exteriores, 1961, 143-146

—González Montes, Yara. «Entre nosotros: viñeta testimonial». En *Matías Montes Huidobro: acercamientos a su obra literaria.* Eds. Febles y González Pérez. New York: Mellen Press, 1997. New York-London: Mellen Press, 1997. 203-220
—González Montes, Yara. «Autobiography, Historiography, and Mythography in Matías Montes Huidobro's *Desterrados al fuego» ReMembering Cuba.* Austin, Texas: University of Texas Press, 2001, 269-275
—González Montes, Yara. Reseña. *Su cara mitad. Gestos.* Abril 2006, 197-198
—González-Pérez, Armando. «Magia, mito y literatura en *La navaja de Olofé». Acercamiento a la literatura afrocubana.* Ediciones Universal, Miami, Florida, 1994, 111-123
—Gutiérrez de la Solana, Alberto *Investigación y crítica literaria y lingüística cubana.* New York: Senda Nueva de Ediciones, 1978, 20-21
—Gutiérrez, Mariela. «*La navaja de Olofé:* trilogía freudiana de lo grotesco y ritual dionisíaco». En *Matías Montes Huidobro: acercamientos a su obra literaria.* Eds. Febles y González Pérez. London-New York: Mellen Press, 1997. 115-133
—Hénriquez-Ureña, Max. *Panorama histórico de la literatura cubana.* Puerto Rico: Ediciones Mirador, 1963, 404
—Hernández Miyares, Julio. Introducción a los cuentos de Montes-Huidobro. *Narradores cubanos de hoy.* Miami: Ediciones Universal, 1975, 123-124
—Hernández Miyares, Julio. «Apuntes sobre *Segar a los muertos* y otros textos narrativos de Montes-Huidobro». En *Matías Montes Huidobro: acercamientos a su obra literaria.* Eds. Febles y González Perez. New York-London: Mellen Press, 1997, 175-183
—Hernández-Henríquez, Jesús. «Al teatro la claridad de un oscuro total» *Revista del Diario.* Miami, Junio 9, 2000, 6
—Hove, Lucy Van. Reseña, *El teatro cubano durante la República: Cuba detrás del telón. Bulletin Hispanic Studies.* England: N.82, 2005, 544-545

—Izquierdo-Tejido, Pedro. Introducción a los cuentos de Montes-Huidobro. *El cuento cubano.* Costa Rica: Imprenta y Litografía Lil, 1984, 314-315
—Jaimes Freyre, Mireya. Reseña, *Desterrados al fuego. Latin American Literary Review.* Fall-Winter 1976, 96-98
—Leal, Rine. Introducción a *Gas en los poros. Teatro cubano en un acto: antología.* La Habana: Ediciones Revolución, 1963, 9-18
—Leante, César. «Lunes de Teatro Cubano: *La botija y Los acosados*». *Verde Olivo,* 1960. Archivos de MMH, Copia xerox, sin fecha.
—LeRiverend, Pablo. *Diccionario biográfico de poetas cubanos en el exilio.* New Jersey, Ediciones Q21, 1988, 134-136
—Lichtblau, Myron. Reseña, *Teoría y práctica del catedratismo en Los negros catedráticos. Alba de América,* July 1990, 311-312
—Lorenzo, Alejandro. Reseña, «En busca de la identidad cubana» *El Nuevo Herald,* 8 de agosto, 1999
—Magnarelli, Sharon. Reseña, *Teoría y práctica del catedratismo en Los negros catedráticos, Revista Iberoamericana,* Julio-Dic. 1990, 1390-1392
—Maratos, Daniel C.; Hill, Mamesba D, *Cuban Exile Writers, A Biobibliographical Handbook.* New Jersey: The Scarecrow Press, 1986, 243-244
—Mario, Luis. «Montes Huidobro y los poetas de *El laúd del desterrado*». *Diario de las Américas.* Miami, Abril 30, 1998, 5-A
—Morelli, Rolando D. H. «El recurso de la estrategia teatral en la novela *Desterrados al fuego,*de Matías Montes Huidobro». *Creación y Exilio, I Encuentro con Cuba en la distancia.* Madrid, España: Editora Hispano Cubana, 2001, 294-299
—Morelli, Rolando. «Un *Exilio* con ventana al universo: coordenadas y proyecciones del teatro monteshuidobriano». En *Matías Montes Huidobro: acercamientos a su obra literaria.* Eds. Febles y González Pérez. New York-London: Mellen Press, 1997. 143-156
—Morelli, Rolando. Reseña. *El teatro cubano durante la República. Cuba detrás del telón, Caribe,* Verano 2005, T. 8, N. 1, 120-122
—Morelli, Rolando. Reseña, *Concierto para sordos. Encuentro.* Otoño-Invierno, 2003-2004, N. 30-31, 291-294

—Montilla, Patricia M. Reseña, *Esa fuente de dolor. Chasqui,* Vol. XXXI, N. 2, Nov. 2002, 140-142
—Marín, Rubén. Reseña, *La anunciación. Abside*, México, Julio-Sept., 359
—Martí de Cid, Dolores. Reseña, *Persona: vida y máscara en el teatro cubano. Interamerican Review of Bibliography*, Jan-March l976, 92-94
—Matas, Julio. Prólogo, *Persona: vida y máscara en el teatro cubano.* Miami: Universal, l973, 9-l8
—Matas, Julio. Reseña, *Persona: vida y máscara en el teatro cubano. Cuban Studies*, Enero l975, 44-45
—Matas, Julio. «Teatro cubano del exilio». *Círculo,* Vol. XX, l990, 73-75
—McMurray, George. *Spanish American Writers*. New York: Ungar, l987, 260
—Meléndez, Priscilla. Reseña, *Persona: vida y máscara en el teatro puertorriqueño. Latin American Theatre Review*, Primavera l990, l6l-l63
—Montané, Diana, «*Exile's playwright attends reading*». *The Miami News*, Jan 2l, l986, 4
—Montané, Diana. Reseña. «Ojos que no ven, corazón que no siente» *Exito*, 23 de junio de 1993, 61
—Muñoz, Miguel Elías. Reseña, *Exilio. Gestos*, Nov. l989, l99-200
—Navarrete, William. Reseña, «Seis décadas de teatro cubano en la República». *El Nuevo Herald,* 18 de abril, 2004, 3-E
—Ojito, Mirta. «And faraway Cuba still tugs at the heart». *The Miami Herald,* Nov. 8, 5
—Ortúzar-Young, Ada. Reseña, *Persona: vida y máscara en el teatro puertorriqueño. Círculo*, Vol. XVII, 1988, 163-165
—Otero, José. Reseña, *Exilio. Chasqui,* Mayo 1990, l29-l32
—Paz, Luis de la. «Exilio, en el exilio» *Diario de las Américas,* 3 de febrero, 1997, 5-B
—Paz, Luis de la. Reseña, «*Oscuro total*: oscuridad del alma» *Diario de las Américas,* Julio 2, 2000, 11-B
—Paz, Luis de la. Reseña, *Itinerario del deseo. La Revista del Diario,* 14 de enero, 2005, 12

—Paz, Luis de la . Reseña, *El teatro cubano durante la República. La Revista del Diario*, 26 de marzo, 2004, 12
—Paz, Luis de la. «Una pieza teatral inesperada». *La Revista del Diario*, enero 20, 2006
—Paz, Luis de la. Reseña. *Un objeto de deseo. La Revista del Diario*, enero 28, 2006
—Palacios, Conny. Reseña, *El Laúd del Desterrado Hispania*, Diciembre 1999, 783
—Pérez-Montané, Jaime. Reseña, *Desterrados al fuego. Chasqui*, Febrero 1977, 87-89
—Prado, Pura del. «Matías Montes Huidobro: *La anunciación*». *La Opinión*, Los Angeles, Ca., 21 de enero, 1972, p. 6
—Raggi, Carlos M.Reseña, *La vaca de los ojos largos. Círculo*, Verano 1970, 135-136
—Remos, Ariel. Artículo, «Se encuentra en Miami el autor de *Exilio*» *Diario de las Américas*, Enero 20, 1986, 14
—Río Prado, Enrique. «Una historia detrás del telón». *Tablas,* V. LXXVII, enero-mayo 2005, 82-83
—Roberts, Gemma. Reseña, *Desterrados al fuego. Revista Iberoamericana*, Julio-Diciembre 1976, 642-644
—Roberts, Gemma. «Víctima de la historia: la enajenación en una novela cubana contemporánea». En *Matías Montes Huidobro: acercamientos a su obra literaria*. Eds. Febles y González Pérez. New York: Mellen Press, 1997, 33-47
—Rodríguez-Florido, Jorge J. Reseña, *Funeral en Teruel. Latin American Theatre Review,* Fall 1991, 176-177
—Rodríguez-Sardiñas, Orlando (Suárez-Radillo, Carlos Miguel). Prólogo y notas, *La sal de los muertos. Teatro Selecto Contemporáneo Hispanoamericano.* Madrid: Escelicer, 1971, Vol. III, 117-124
—Rodríguez-Sardiñas, Orlando. Prólogo y notas, *La última poesía cubana.* Madrid: *Hispanova*, 1973, 247
—Sánchez-Grey de Alba, Esther. *«La sal de los muertos* o la comedia de espanto de Montes Huidobro». En *Matías Montes Huidobro: acercamientos a su obra literaria*. Eds. Febles y González Pérez. New York: Mellen Press, 1997. 157-164

—Schmidhuber, Guillermo. Reseña, *Exilio. Latin American Theatre Review,* Spring 1990, 172-174
—Schmidhuber, Guillermo. «Apología a Montes Huidobro: Vale más dramaturgia que destino». En *Matías Montes Huidobro: acercamientos a su obra literaria.* Eds. Febles y González Pérez. New York: Mellen Press, 1997. 25-31
—Schmidhuber, Guillermo. «Teatro cubano de la diáspora: Matías Montes Huidobro.» *Indagación sobre el oficio de la palabra.* Guadalajara. México: Universidad de Guadalajara, 2003. 187-193
—Siemens, William. «Parallel Transformations in *Desterrados al fuego*». *Término,* Invierno 1984, 17-18
—Souza, Raymond. Prólogo, «Exile in the Cuban Literature Experience». *Escritores de la diáspora cubana,* Maratos and Hill, editors. New Jersey: The Scarecrow Press, 1986, 1-5
—Souza, Raymond. Reseña. *Desterrados al fuego. Explicación de textos.* N.2, 1978, 241
—Soto, Francisco. Reseña, *Funeral en Teruel. The Americas Review,* Spring 1993, 120-121
—Soto, Francisco. Reseña, *Funeral en Teruel. Chasqui,* Mayo 1994, 142-143
—Stavans, Ilan. Reseña, *Qwert and the Wedding Gown. Review of Contemporary Fiction,* Spring 1993, 264-65
—Suárez, Virgil. «Uprooted Cuban's journey to madness». Reseña, *Qwert and the Wedding Gown. The Philadelphia Inquirer,* Junio 28, 1992
—Torres Fierro, Danuvio. Reseña, *Desterrados al fuego. Plural,* México, Marzo 1976, 55-56
—Valdivieso, Teresa. Reseña, *Ojos para no ver. Chasqui,* Feb.-Mayo 1981, 69-70
—Villaverde, Fernando. Reseña, *Segar a los muertos. The Miami Herald,* Miami, Fl., Mayo 10, 1981, 10
—Villaverde, Fernando. «Un puente hacia lo puertorriqueño». Reseña, *Persona: vida y máscara en el teatro puertorriqueño. El Miami Herald,* Miami, Fl., Feb.1ro., 1987, 15
—Volek, Emil. Reseña, *El teatro cubano durante la República. Cuban Studies,* N. 36, 190-193

–Zalacaín, Daniel. «La dialéctica del marginado en *Sobre las mismas rocas*». En *Matías Montes Huidobro: acercamientos a su obra literaria*. Eds. Febles y González Pérez. New York: Mellen Press, 1997. 105-113
–Zelina, María. Reseña, *Qwert and the Wedding Gown. Chasqui,* May 1994, 145-146

ENTREVISTAS

–Acevedo, Norma Niurka. «Un autor en busca de escenarios» *El Miami Herald,* Enero 9 1986, 9
–Escarpanter, José A. «Entrevista con Matías Montes Huidobro» *Ollantay,* Vol. V., N. 2, 98-105
–Falcón, Arístides. «Entrevista a Matías Montes Huidobro» *Gestos,* Vol. 10, N. 20, 135-139
–Febles, Jorge, y González-Pérez, Armando. Entrevista publicada en *Matías Montes Huidobro: acercamientos a su obra literaria.* New York-London: Edwin Mellen Press, 1997, 221-234
–González-Cruz, Luis. «Matías Montes-Huidobro. The Poet». *Latin American Literary Review,* Spring-Summer 1974, 163-170
–Lorenzo, Alejandro. «Galería dominical», *El Nuevo Herald,* Abril 5, 1998, 3F
–Montané, Diana. «Matías Montes-Huidobro: hombre apuntando al Caribe», *Exito,* Junio 16, 1993, 45-46
–Paz, Luis de la. «5 preguntas a Matías Montes Huidobro», *Diario de las Américas,* Agosto 29, 1999, 14-B

RESEÑAS. REPORTAJES. SIN FIRMA

Desterrados al fuego. Vanidades Continental. Caracas, Feb. 1976, 6
La anunciación. La Prensa. Buenos Aires, Sept. 10, 1967, 16
La anunciación. Siempre. New Orleans, Oct. 30, 1969, 8
Qwert and the Wedding Gown, Publishers Weekly. Jun. 8, 1992, 57
Qwert and the Wedding Gown, Library Journal. Sept. 1, 1992
«A Reading» *The Honolulu Advertiser.* Nov. 2, 1992, C5

«El cubano MMH gana el Premio Café Gijón de novela». *El País*, Nov. 30, 1997

«Escritor exiliado gana importante premio español». *El Nuevo Herald*. Nov. 30, 1997

«MMH gana el Premio de Novela Café Gijón». *Diario de las Américas*, Dic. 2, 1997

«MMH califica su novela de expresionista». *El Comercio,* Gijón, May. 30, 1999

«*Habanera y Esa fuente de dolor*, dos visiones de Cuba desde la distancia». *ABC Sevilla,* Jun. 6, 1999

«Dos visiones de Cuba desde la distancia». *El Correo de Andalucía,* Jun. 9, 1999

«La desmitificación de los parajes cubanos». *Diario de Andalucía*, Jun. 9, 1999

«Matías Montes y Angeles Dalmau presentan sus últimos libros» *Sur*, Jun. 7, 1999

PREMIOS. NARRATIVA

Desterrados al fuego, Unica mención, Primera Novela, Fondo de Cultura Económica, México, 1974

Segar a los muertos, Finalista, Premio Cáceres de Novela Corta, España, 1975

Espirales de celuloide (Parto en el cosmos) Finalista, Ateneo de Santander, 1983

Esa fuente de dolor, Premio Café Gijón, España, 1997

Los tres Villallobos. Finalista, Jorge Isaacs, Colombia, 1982

OTROS RECONOCIMIENTOS

Municipio de Sagua la Grande en el Exilio, Honor al Mérito, 1998

Premio Palma Espinada, Cuban-American Cultural Institute, California, 2000

Homenaje, II Congreso Con Cuba en la distancia, Cádiz, 2003

Homenaje, Primer Congreso de Literatura y Cultura Caribeñas. Marquette University, 2004
Premio René Ariza, Miami, 2006

TEATROLOGÍA MONTESHUIDOBRIANA

OBRAS DE TEATRO ANTOLOGADAS

–*El tiro por la culata. Teatro cubano revolucionario.* Ediciones del Municipio de Marianao, Cuba, 1961, 3-19
–*Gas en los poros. Teatro cubano en un acto.* Ediciones Revolución, La Habana, Cuba, 1963, 221-242
–*La sal de los muertos. Teatro selecto contemporáneo hispano-americano.* Escelicer, Madrid, España, 1971, V. III, 115-220
–*The Guillotine. Selected Latin American One-Act Plays.* University of Pittsburgh Press, Pittsburgh, Pa., 1975, 93-126
–*Your Better Half. Cuban American Theater.* Arte Público Press, Houston, TX., 1991, 53-110
–*Su cara mitad.Teatro cubano contemporáneo. Antología.* Centro de Documentación Teatral, Fondo de Cultura Económica. Sociedad Estatal del Quinto Centenario, Madrid, España, 1992, 621-704
–*Olofe's Razor. Cuban Theatre in the United Sate.* Bilingual Press, Tempe, Arizona, 1992, 43-58
–*La Madre y la Guillotina. Literatura Revolucionaria Hispanoamericana.* Betania, Madrid, Spain, 1994, 94-118
–*Once Upon a Future. Little Havana Blues, A Cuban-American Literature Anthology.* Arte Publico Press, Houston, Texas, 1996, 300-325
–*Gas en los poros. El tiempo en un acto.* Ollantay Press, Colección Teatro, V. III, New York, 1999, 119-143
–*Der Mann aus dem Wasser. Kubanische Theaterstucke.* Vervuet, Frankfurt am Main, 1999, 396-412
–*La navaja de Olofé.Presencia negra: teatro cubano de la diáspora.* Betania, Madrid, Spain, 1999, 37-47
–*Exil. Theaterstucke des lateinamarikanischen Exil.* Frankfurt: Vervuet, 2002, 261-307

OBRAS DE TEATRO PUBLICADAS EN PERIÓDICOS Y REVISTAS

–*Los acosados.* Lunes de Revolución, La Habana, Mayo 4, 1959, 10-14
–*La botija.* Revista Casa de las Américas, La Habana, 1959
–*Gas en los poros.* Lunes de Revolución, La Habana, Marzo 27, 1961, 40-43
–*Hablando en chino.* Escolios, California State University, Mayo-Noviembre 1977, 76-82
–*Funeral en Teruel.* Verbena, Bilingual Review of the Arts, Washington D.C. Verano 1982, 2-29
–*La navaja de Olofé.* Prismal/Cabral, University of Maryland, Primavera 1982, 120-13.
–*Fetuses.* The Americas Review, Verano 1991, 39-41
–*La diosa del Iguazú.* Puentelibre, Vol. II, Núms. 5/6, Verano 1995, 135-136
–*Oscuro total. Ollantay,* Vol. V, Núm. 2, Verano/Otoño 1997, 115-195
–*Las paraguayas. Gestos,* Año 15, Núm. 29, Abril 2009, 99-141
–*El hombre del agua.* Revista Baquiana. Miami, Fl. Anuario V, 2003-2004, 279-293

MONTAJES Y PREMIOS

Las cuatro brujas
Mención de Honor, Concurso Prometeo, La Habana, 1950

Sobre las mismas rocas
Primer Premio, Concurso Prometeo, La Habana, 1951
Estrenada por Prometeo, La Habana, 1951

Los acosados
Estrenada por la Asociación Pro-Arte Dramático, La Habana, 1960
Llevada a escena en Camagüey y Matanzas, Cuba, 1959-60
Llevada a la TV en Pueblo y Cultura, CMBF, La Habana, 1961
Lectura dramática, Biblioteca Nacional, Caracas, Venezuela, Febrero 1994

Lectura dramática, Instituto Cultural René Ariza, Cámara Obscura, Miami, Julio 2006

Las vacas
Premio Nacional José Antonio Ramos, La Habana, 1961
Estrenada en el Palacio de Bellas Artes, La Habana, 1961

El tiro por la culata
Estrenada por el Teatro Nacional, Festival de Teatro Obrero y Campesino, La Habana, 1961
Llevada a escena por Teatro Estudio, Municipio de Marianao, Cuba, 1961
Llevada a la televisión por CMBF, La Habana, 1961

La Madre y la Guillotina (The Guillotine)
Estrenada en Contemporary Theater, Symposium and Festival, Queensborough Community College, CUNY, Abril 23, 1976
Llevada a escena en el Hispano Festival II, Mercy College, New York, Agosto, 1976
Llevada a escena por Prometeo, Café Teatro El Portón, New York, Agosto 6-29, 1976
Llevada a escena, en inglés, en el Symposium on Alienation and Revolution, Marquette University, Milwaukee, Marzo 27-29, 1980
Llevada a escena, en inglés, en University of Wisconsin, Superior, Abril 1981
Llevada a escena, en inglés, en Florida International University, New Theater Symposium on Cuban Theater in the United States, Abril 1987
Lectura dramática en Teatro Campesino, California, Verano 1988
Workshop production, Department European Languages, University of Hawaii, Primavera 1991
Llevada a escena por Pulse Ensemble Theatre, One Act Plays Festival, New York, Marzo 20-Abril 7, 1991

Gas en los poros (Once Upon A Future)
Estrenada por Prometeo, La Habana, 1961
Llevada a la televisión, guión del autor, por CMBF TV, Revolución, La Habana, 1961

Llevada a escena por Prometeo, CUNY, Mayo 1987
Llevada a escena por Prometeo, Drew University, Oct. 1987
Lectura dramática, ILYCH International Conference, Córdoba, Argentina, Agosto 1989
Lectura dramática, Theatre Fest '94, Dallas, Texas, Enero 1994
Llevada a escena por El Patio, Caracas, Venezuela, Agosto 1994
Lectura dramática, The First Conference on Caribbean Culture and Literature Marquette University, Milwaukee, Wisconsin, October 2004

Exilio
Lectura dramática, Coconut Grove Playhouse, Miami, Fla., Enero 1986
Lectura dramática, El Portón, Latin American Theatre Ensemble del Barrio, New York, Verano 1987
Estreno, Museo Cubano de Arte y Cultura, Miami, Fla, Marzo/Abril 1988
Finalista, Concurso Letras de Oro, Universidad de Miami 1987
Llevada a escena por Gran Teatro Cubano, Diciembre 1996
Llevada a escena por Gran Teatro Cubano, Congreso: Cuba: Exilio y Cultura, Octubre 1999

La navaja de Olofé (Olofe's Razor)
Estreno, Teatro Nuevo, Festival Internacional de Teatro Hispano, Miami, Fla., Mayo 1986
Llevada a escena por la Universidad Espiritu Santo, Brasil, en Portugués, Mayo 1991
Lectura dramática, Theatre Fest '94, Dallas, Texas, Enero 1994
Llevada a escena por Teatro Cimarrón, Festival de Oralidad Escénica. Sala Dora Alonso del Centro Cultural Edison, La Habana, Cuba, Agosto 2002

Hablando en chino
Llevada a escena en Marquette University, Primavera 1988

Las paraguayas
Finalista, Premio Letras de Oro, University of Miami, 1988.
1988 Lilla Wallace Foundation Award

Lectura dramática, Teatro Campesino, Verano 1989

Ojos para no ver
Prometeo, Miami Dade Community College. International Hispanic Theatre Festival Coral Gables, Fl., Junio 10-27, 1993

La garganta del diablo
Play reading, Biblioteca Nacional, Caracas, Venezuela, Aug., 1994

La soga
Lectura Dramática, Teatro Ensayo, Caracas, 1994.

Oscuro total
Trigolabrado, International Hispanic Theater Festival, Junio 2-18, 2000

Su cara mitad
Teatro de las Américas, Oxnard, California. Octubre 1-23, 2005

Un objeto de deseo
Pro Teatro Cubano, Teatro Ocho. Miami, Enero 20-Febrero 5, 2006

Premio René Ariza 2006, Fundación Cultural René Ariza, Miami, 2006

NÓMINA DE COLABORADORES

JESÚS BARQUET

Nació en La Habana. Llega a los Estados Unidos en 1980 vía Mariel. Estudia su Ph.D. en Tulane University. Como poeta cuenta con *Sin decir el mar* (1981), *Sagradas herejías* (1895), *Ícaro* (1985), *El Libro del desterrado* (1994), *Un no rompido sueño* (1994), *El Libro de los héroes* (1994), *Naufragios/ Shipwrecks* (1998-2001) y *Sin fecha de extinción* (2004). Como crítico ha publicado: *Consagración de La Habana* (1991), *Escrituras poéticas de una nación* (1999), *Teatro y Revolución Cubana: subversión y utopía en «Los siete contra Tebas», de Antón Arrufat* (2002). En co-edición con otros escritores ha publicado: *Más allá de la isla* (1995), *«The Island Odyssey»* (2002), *Poesía cubana del siglo XX* (2002), *Haz de incitaciones* (2003) y *«José Angel Valente: a Selection of His Poetry»* (2005). Desde 1991 es profesor de literaturas hispánicas en New Mexico State University, en Las Cruces.

JOSÉ A. ESCARPANTER

Nació en La Habana. Recibió su doctorado de Filosofía y Letras en la Universidad de La Habana con la tesis: *El teatro cubano del Siglo XX.* (1956). Obtuvo por oposición la Cátedra de Historia del Teatro en la Academia Municipal de Artes Dramáticas de La Habana en 1960. Fue miembro del Centro de Investigaciones Literarias en la Habana, donde editó textos de autores cubanos del siglo XIX. Viajó a Praga y a Sofía, donde enseñó literatura hispanoamericana y española. En 1970 se estableció en Madrid, donde trabajó en el Programa de las Universidades Reunidas Norteamericanas en la Universidad Complutense como profesor de teatro español contemporáneo. En España continuó publicando textos de autores cubanos. En 1982 se trasladó a los Estados Unidos. Enseñó en la Universidad de Auburn, Alabama, de donde es, actualmente, Profesor Emérito. Ha publicado extensamente. Uno de sus trabajos más importantes en colaboración con José A. Madrigal, ha sido el libro *Teatro* de *Carlos Felipe* publicado por The Society of Spanish and Spanish-American Studies.

JORGE FEBLES

Se doctoró en literatura hispanoamericana en la Universidad de Iowa con una tesis sobre Alfonso Hernández Catá. Durante 25 años se desempeñó como profesor de lengua española y cultura y literatura hispanoamericanas en Western Michigan University. Recientemente asumió la jefatura del «Department of World Languages» de la University of North Florida (Jacksonville). Febles tiene en su haber una amplia labor crítica entre la que se destacan sus enjundiosos trabajos sobre Matías Montes Huidobro, Roberto G. Fernández, Alfonso Hernández Catá y José Martí, prestándole particular atención a la dramaturgia y narrativa cubanas del exilio. Junto con Armando González-Pérez, dirige la revista literaria *Caribe* que fundaran en 1976 Montes Huidobro y Yara González Montes, y ha sido co-autor de *Teatro cubano de la diáspora, Matías Montes Huidobro: acercamientos a su obra literaria.*

DAVID WILLIAM FOSTER

Obtiene un doctorado en Lenguas y Literaturas Hispánicas en la Universidad de Washington en 1964. Fue Jefe del Departamento de Lenguas y Literaturas y Regents' Professor of Spanish and Women's and Gender Studies en Arizona State University. Sus investigaciones tienen como centro focal la cultura urbana de Latinoamérica, con énfasis en temas relacionados con la construcción de género e identidad sexual. También realiza investigaciones relacionadas con la cultura judía. Ha escrito extensamente sobre la narrativa y el teatro de la Argentina. Ha obtenido «Fulbrights Teaching Appointments» en Argentina, Brasil y Uruguay. Ha sido Inter-American Development Bank Professor en Chile. En el 2006 dirigió un «National Endowment for the Humanities Summer Seminar for College and University Teachers on Urban Brazilian Fiction», y en el 2007 dirigirá un seminario para el mismo programa en relación con la cultura judía en Buenos Aires.

LUIS F. GONZÁLEZ-CRUZ

Se doctoró en Lenguas y Literaturas Hispánicas en la Universidad de Pittsburgh. Por muchos años fue profesor en Penn State University. Ha publicado extensamente poesía, narrativa, y ensayos de crítica literaria. Sus publicaciones han recibido premios y reconocimientos especiales de Penn State University, Concurso de Poesía Mairena, Concurso de Cuento de la *Revista Chicano-Riqueña*, American Council of Learned Societies, Premios Letras de Oro, y otros. Entre sus libros más importantes figuran *Cuban Theatre in the United States: a Critical Anthology* y su novela *El arco iris de Olurún,* aparecida recientemente. Ha sido incluído en el *Biographical Dictionary of Hispanic Literature in the United States* y en el *Dictionary of Twentieth-Century Cuban Literature.*

ARMANDO GONZÁLEZ-PÉREZ

Recibe su doctorado en Lenguas y Literaturas Hispánicas en la Universidad Estatal de Michigan. Desde hace varios años es profesor de Marquette University en Milwaukee, Wisconsin. Ha publicado numerosos ensayos sobre literatura española e hispanoamericana. Se ha dedicado ampliamente al estudio de la literatura afro-hispana. Cuenta entre sus publicaciones: *Antología clave de la poesía afroamericana, Presencia negra: Teatro cubano de la diáspora, Matías Montes Huidobro: acercamientos a su obra literaria,* que co-edita con Jorge Febles en 1977, con el que también es co-editor de la revista literaria *Caribe.* Tiene en imprenta su último libro: *Voces femeninas en la poesía afrocubana contemporánea.*

ELSA MARTÍNEZ GILMORE

Se doctoró en literatura hispanoamericana y francesa contemporáneas en Penn State University. Actualmente es profesora en la United States Naval Academy. Ha publicado numerosos artículos sobre teatro hispanoamericano, especialmente de Chile y de Cuba en *Latin American Theatre Review, Gestos, Hispania* y otras revistas académicas. Es miembro de la junta editorial de *Latin American Theatre Review.* Actualmente prepara una monografía sobre el teatro de Marco Antonio de la Parra.

PATRICIA MONTILLA

Se doctoró en la Universidad de Chicago en poesía hispanoamericana contemporánea y en literaturas y culturas hispánicas en los Estados Unidos. Se especializó en poesía de vanguardia. Dicta cursos de cultura y literatura hispanoamericana en Western Michigan University. Es autora de *Parody, the Avant-garde, and the Poetics of Subversion in Oliverio Girondo*. Ha publicado también numerosos ensayos sobre literatura hispanoestadounidense. Entre los autores estudiados se encuentran Judith Ortiz Cofer, Carlota Caufield, Mariano Brull, Eugenio Florit y Matías Montes Huidobro.

ROLANDO D. H. MORELLI

Pertenece a la llamada «Generación del Mariel». Obtuvo su doctorado en Temple University. Ha enseñado en la Universidad de Tulane y en la Wharton Business School de la Universidad de Pennsylvania. Actualmente enseña en la Universidad de Villanova. Entre sus publicaciones podemos citar: *Algo está pasando,* (cuentos) y *Coral Reef: voces a la deriva* (cuentos), *Varios personajes en busca de Pinocho* (pieza teatral para niños), *Leve para el viento* (poemario). Sus poemas y narraciones han aparecido en varias antologías, entre ellas *Shouting in a Whisper/Los límites del silencio* de Santiago de Chile y en números antológicos de varias revistas. *Repaso de sombras* (cuentos) recibió la única mención del concurso del Instituto Cultural Iberoamericano «Mario Vargas Llosa». Ha concluído recientemente la re-edición de *Layka Froyka: el romance de cuando yo era niña,* de Emilia Bernal Agüero y la compilación de *Cuentos y relatos* de José María Heredia, publicado por Ediciones La gota de agua.

JORGE RODRÍGUEZ-FLORIDO

Obtuvo su doctorado en literatura hispanoamericana en la Universidad de Wisconsin-Madison. De 1970 a 1978 ejerció la docencia en la Universidad de Illinois en Chicago. Y de 1978-2000 (año de su jubilación) en la Universidad Estatal de Chicago. Ha publicado un libro sobre la obra narrativa de Ciro Alegría y dos opúsculos de poesía. Ha contribuído con docenas de poemas, artículos críticos y reseñas a revistas literarias. Sus principales áreas de especialización han sido la literatura afrohispana y la obra creativa de los hispanos residentes en los Estados Unidos.

WILLIAM L. SIEMENS

Obtuvo su doctorado en la Universidad de Kansas y ejerció la docencia en la Universidad de West Virginia y en la Universidad de Oklahoma, entre otras. Escribió su tesis doctoral sobre Guillermo Cabrera Infante. Tiene varios artículos publicados sobre éste y otros novelistas del «boom». Su libro intitulado *Mundos que renacen: El héroe en la novela moderna hispanoamericana* apareció en 1997. Fue uno de los fundadores de la Asociación de Colombianistas y se ha especializado en la obra de Alvaro Mutis. Su libro *Las huellas de lo trascendental: La obra de Alvaro Mutis* fue publicado en el año 2002.

GEORGINA WHITTINGHAM

Nació en Budapest, Hungría y vivió por muchos años en varios países de Latinoamérica y Centroamérica. Es profesora de español y literatura latinoamericana en la Universidad Estatal de Nueva York en Oswego. Se doctoró en Rutgers, Universidad Estatal de Nueva Jersey. Escribió su tesis doctoral bajo la dirección del Dr. Frank Dauster. Ha publicado estudios sobre Juan Tablada, Guillermo Owen, Javier Villaurrutia, Marcela del Río, Eliseo Diego, Pedro Shimose, Julieta Campos, Laura Esquivel, Gabriel García Márquez y otros escritores latinoamericanos. Sus investigaciones recientes versan sobre la relación entre la imagen verbal y visual en la literatura mexicana contemporánea.

PHYLLIS ZATLIN

Estudió su doctorado en Lenguas Románicas en la Universidad de la Florida. Es profesora de español y traductología en Rutgers, Universidad del Estado de Nueva Jersey. Sus campos de especialización incluyen teatro, narrativa, cine contemporáneo y traducción teatral. Es autora de numerosos artículos y de varios libros; entre estos, *Cross-Cultural Approaches to Theatre: The Spanish-French Connection, The Novels and Plays of Eduardo Manet: An Adventure in Multi-Culturalism* y *Theatral Translation and Film Adaptation: A Practitioner's View*. Sus traducciones de obras de teatro de autores españoles como J. L Alonso de Santos, Itziar Pascual y Paloma Pedrero han sido llevadas a escena. También se han representado sus traducciones del autor francés Jean-Paul Daumas y del autor cubano-francés Eduardo Manet.

Traductores

Oscar Montero López, ABD de la Universidad de California, recinto de Berkeley, actualmente enseña en Gulliver Preparatory School, Miami. Ha realizado investigaciones sobre Alejo Carpentier, Enrique Labrador Ruiz, Lino Novás Calvo y otros autores.

Wilma Detjens Montero, obtuvo su doctorado en la Universidad de California, recinto de Berkeley. Enseñó por varios años en Wichita State University, Kansas. Su tesis doctoral, *Home as Creation*, ha sido publicada por Peter Lang. Ha realizado investigaciones sobre Virgilio Piñera, Hilda Perera, Rafel Catalá, Juana Rosa Pita y otros escritores latinoamericanos.

Portada

Josep Lloveras de Reina

El dibujo que aparece en la portada es obra del pintor catalán Josep Lloveras de Reina. Nacido en Cassà de la Selva, provincia de Gerona, estudió en la Academia Tarrega, en la Escuela Superior de Bellas Artes de Barcelona, y después en la Escuela del Louvre en París. Su presentación oficial como pintor tuvo lugar en la Galería Argos en Barcelona en 1945. Se establece en Cuba a partir de 1947, continuando su obra pictórica y dedicándose, además, a la enseñanza de las artes plásticas entre niños y adolescentes. Después de su salida de Cuba en 1966, se establece nuevamente en Cataluña. Se han llevado a efecto exhibiciones de sus obras en Barcelona, Gerona, Figueres, Madrid, París, Ceuta, Tetuán, Cairo, Bruselas, Génova, Milán, Londres, La

Habana, Caracas, Nueva York, etc. Ha recibido innumerables reconocimientos, siendo el más reciente el homenaje realizado por el Ayuntamiento de Cassà de la Selva y la Escuela Municipal de Artes en el 2006.

Contraportada

Mario García Joya

La fotografía de la contraportada fue tomada por Mario García Joya, fotógrafo, cineasta y profesor de arte que estudió en la Academia de Bellas Artes San Alejandro en La Habana. Tiene una licenciatura en Lenguas y Literaturas Hispánicas de la Universidad de La Habana. Comenzó a trabajar en el suplemento literario *Lunes de Revolución* en 1959 y en 1960 en el Instituto Cubano de Arte e Industria Cinematográfica. Ha participado en más de noventa películas de largo y cortometraje, entre ellas *La última cena, Cartas del parque y Fresa y chocolate*. Destacado fotógrafo, ha recibido innumerables premios, no sólo en La Habana, sino en Colombia, Hungría y Alemania, además de premios obtenidos en equipo en festivales internacionales de cine.

Editora

YARA GONZÁLEZ MONTES

Se doctoró en Filosofía y Letras en la Universidad de La Habana. Se trasladó a Estados Unidos en 1961. Más tarde obtuvo un American Ph.D. en la Universidad de Pittsburgh. Es Profesora Emérita de la Universidad de

Hawaii donde desempeñó la cátedra de Profesora Titular de Lengua y Literatura Españolas de 1965-1997. Fue Jefa del Departamento de Español de esta Universidad durante varios años. Fue Jefa de Redacción de la Revista literaria *Caribe*, co-editora del Boletín Teatral *Dramaturgos*, presidenta de *Editorial Persona* y co-editora de la revista *Anales Literarios*, donde editó un número especial dedicado a la poesía cubana del exilio escrita por mujeres. Ha publicado extensamente en numerosas revistas académicas. Entre sus libros se cuentan *Pasión y forma en Cal y Canto de Rafael Alberti,* y es co-autora de *Bibliografía crítica de la poesía cubana* (Exilio: 1959-1971) y de *José Antonio Ramos: Itinerario del deseo.*

Julie de Grandy, Eliana Iviricú, Jorge Reyes, Pedro Rentería y Jorge Trigoura. Fotografías de Asela Torres.

Nattacha Amador y José E. Zurbero en *Ojos para no ver*.
Fotografía de Asela Torres.

Humberto Rossenfeld y Frank Quintana en *Oscuro total*.
Fotografía de Asela Torres.

Armando Rey, Lourdes Solórzano, Iriany Pellican, Roberto Sánchez y Oscar Franco en *Su cara mitad*.

Nattacha Amador, Jorge Hernández y Yamilé Amador en *Un objeto de deseo*. Fotografías de Asela Torres.

Programa. Diseño de Yara González Montes.